KAI TWILFER

FINN-LUCA, KOMM BEI FUSS!

Der verrückte Familienhorror von nebenan

FISCHER Taschenbuch

Originalausgabe
Erschienen bei FISCHER Taschenbuch
Frankfurt am Main, April 2016

© 2016 S. Fischer Verlag GmbH, Hedderichstr. 114,
D-60596 Frankfurt am Main

Dieses Werk wurde vermittelt durch die Literaturagentur Scriptzz,
www.scriptzz.de
Lektorat: Franziska Fischer
Illustrationen Innenteil: Eva Hoppe, www.die-gruenanlage.de
Satz: Dörlemann Satz, Lemförde
Druck und Bindung: CPI books GmbH, Leck
Printed in Germany
ISBN 978-3-596-03217-4

»Finn-Luca, mein Sohn, hier musst du ordentlich untereinander die Kapitel eintragen.
Das nennt man dann **Inhaltsverzeichnis**, hörst du?«

Unser ist der Klügste und Beste	9
Born to be child?	13
Für Hektik hat mein Kind keine Zeit	31
Der Premium-Kauartikel	49
Die Mama bläst mal fleißig	69
Das Problem ist die Lösung	87
Einbildung ist auch eine Bildung	103
Menschen schmecken besser als Hunde	125
Verhaltensauffällig	143
Ein Heim für Hunde	161
Zu vieL EGO hat noch keinem Kind geschadet	181
DOG Holiday	197
Kurzsichtig fernsehen	215
Little Mister Beckham	233
Gangwerkskontrolle	251
Heimat? Los!	275
Was sagt man?	282

»Finn-Luca, das hast du fein gemacht. Als Belohnung gibt's zwei leckere Soja-Drops aus dem Reformhaus, hörst du?«

> Je kleiner der Hund,
> umso giftiger seine Kommentare.
>
> (Werner Mitsch)

Unser ist der Klügste und Beste

Der berühmte deutsche Schriftsteller und Maler Wilhelm Busch hat es damals sehr treffend gesagt. In Bezug auf das Thema Erziehung, welches ihm in seinen Werken immer sehr am Herzen lag, formulierte er die schlauen Worte: »Aus faulen Eiern werden keine Küken.« Ob ihm die Formulierung beim Frühstück einfiel und er tatsächlich Hühner, doch eher Kleinkinder oder gar Hundewelpen im Hinterkopf hatte, sei dahingestellt. Für ihn stand fest, dass jedes heranwachsende Individuum so früh wie möglich eine gewisse Aufmerksamkeit, Pflege, aber auch einen gesunden Drill benötigt, um zu einer gestandenen Persönlichkeit heranzureifen.

Diese heutzutage (nicht selten übertriebenen und total aus dem Ruder gelaufenen) Bemühungen am jungen Geschöpf werden dann von Eltern und Hundehaltern unter dem Label »Erziehung« abgeheftet.

Was für ein fürchterliches Wort, oder? Ganz ehrlich, woran denken Sie, wenn Sie das Wort Erziehung lesen? An vierzehn Tage Fernsehverbot im Grundschulalter? An Käfighaltung im SM-Studio? Oder doch eher an die Pflichtübung eines Hundes, einen vergammelten Stock, den ein Herrchen im weit entfernten Morast versenkt hat, wieder zurückzubringen? Erziehung an Hund und Kind ist so allgegenwärtig und vielschichtig wie die Menschen, die versuchen, sie seit Jahrmillionen zu praktizieren.

Der Steinzeitmensch beispielsweise hat seine 36 Kinder dazu erzogen, nicht in die Höhle zu pinkeln, sondern vor sie, und der Homo smartphonicus aus dem Ghetto von nebenan macht es heute fast genauso. Erziehung ist eben keine Wissenschaft, die klaren Regeln unterworfen ist.

Aber warum sind wir eigentlich so über alle Maßen bemüht, alles und jeden erziehen zu wollen? Sie werden niemanden auf dieser Welt finden, der von sich behauptet, keine Erziehung »genossen« zu haben. Sei es durch die eigenen Eltern, die Lehrer in der Klötzchenaufbauschule oder den Justizvollzugsbeamten aus der Jugendhaftanstalt. Ein bisschen gesunden Drill hat jeder irgendwie mitbekommen. Zudem wird niemand zugeben, schlecht oder falsch erzogen worden zu sein. Viele geben nur das qualitative Maß und die Art der Erziehung an ihre Kleinen weiter, die sie selbst in ihrer Kindheit erfahren haben. Und heute möchte man als Eltern oder Hundehalter lediglich das Erziehungs-Beste an seine eigenen Kleinen weitergeben, was absolut notwendig ist, um das heranwachsende Geschöpf auch gut auf seinen steinigen Lebensweg vorzubereiten. Ein Kind gilt als Lebenserfolg, der die Eltern dazu animiert, ein hohes Maß an Stress in Bezug auf eine perfekte Erziehung in Kauf zu nehmen. Und dass dabei manchmal die bizarrsten und wahnwitzigsten Geschichten entstehen, liegt auf der Hand. Erziehung ist gleichsam zu einem Lieblingshobby der Deutschen geworden und somit Basis für eine ganze Industrie, die sich um dieses Thema herum entwickelt hat.

Jeder will nicht nur ein Kind oder einen Hund unter vielen, sondern ausschließlich das oder den besten und klügsten, um sich damit brüsten zu können, die beste Mutter, der beste Vater oder der beste Hundehalter aller Zeiten zu sein. Die Olympischen Spiele in Sachen Kind und Hund sind damit eröffnet, und die Trainer namens Eltern, Frauchen und Herrchen geben Vollgas, um Kind und Hund zu Profiathleten heranzuzüchten. Man will sich schließlich später nicht den Vorwurf gefallen lassen müssen, auch nur irgendeine Kleinigkeit im Laufe der erzieherischen Jahre falsch gemacht zu haben. Alles wird bis ins Kleinste geplant und generalstabsmäßig umgesetzt. Jeder noch so dämliche Trend wird aufgesaugt wie Hundepipi von einem Stoffsofa.

Was aber halten eigentlich die davon, die den ganzen Quatsch unfreiwillig mitmachen müssen? Sprich: die, die nicht erziehen, sondern erzogen werden?

Ich finde, unsere kleinen, liebgewonnenen Geschöpfe werden viel zu selten angehört und gefragt, ob Fellmützchen für Hunde wirklich stylisch aussehen und einen Nutzen haben. Und ob fünfmal die Woche Geigenunterricht tatsächlich den Charakter eines Kindes bildet oder es doch eher zum zukünftigen Amokläufer mutieren lässt, ist die große Frage.

Was würde passieren, wenn Kinder und Hunde ihre Erziehung einmal selbst in der Hand hätten? Kein Bastelnachmittag in der Waldorf-Astoria-Förderschule für Hochbegabte mehr. Kein Pipi-Training vor der in Samt ausgeschlagenen Hundehütte aus Kirschholz. Stattdessen: die Rebellion der Kleinen durch Self-Erziehung.

Folgen Sie mir nun bitte in den ach so perfekten Haushalt der Klein-Urbans, einer vierköpfigen Familie, die es mit der Erziehung ihres Kindes und Hundes ein bisschen zu genau nimmt und die Sie im wahren Leben wahrscheinlich nicht treffen möchten, da Sie sie zur Genüge von Elternabenden, aus Fußgängerzonen und von Hundeplätzen her kennen. Die Klein-Urbans leben seit gut einem Jahr in einem Reihenhäuschen in einem Neubaugebiet einer Kleinstadt, irgendwo in Deutschland.

Neubaugebiet! Na, Sie wissen schon. Das sind diese Areale, auf denen Sie erst in hundert Jahren Baumhäuser bauen können und wo Sie noch zwanzig Jahre nach dem Einzug mit Matsch an den Füßen über Holzpaletten ins Haus stiefeln müssen, weil nichts richtig fertig wird. Die allmorgendlich zwitschernden Vogelarten heißen hier Raupenbagger X2001 und Betonmischmaschine Z100. Und nun übergebe ich das Wort an Dandy, den saucoolsten Jack-Russell-Terrier des ganzen weiten Univers…, äh, Neubaugebietes.

Born to be child?

Solveig Klein-Urban! Ist das ein Name für ein Frauchen oder eine Mutter? Nein! Das ist eine Zumutung. Nichts gegen den wunderschönen Vornamen Solveig (skandinavisch für *Weg der Sonne*). Auch habe ich nichts gegen die Namen Klein und Urban oder gar etwas gegen von Politikerinnen erfundene Namenskombinationen mit Bindestrich. Aber diese Kombi ist gewöhnungsbedürftig und klingt so gar nicht nach coolem Frauchen, oder? Ich als Hund habe während meiner Gassimärsche durch unsere Reihenhaussiedlung schon Frauchen und Herrchen getroffen, die weitaus coolere Namen tragen. Vor allem Namen, die passend zur Hunderasse an ihrer Seite sind. Zum Beispiel der gammelige Opa, der gegenüber von uns diese kleine Werkstatt betreibt. Der heißt Günther Knutmann und ist stolzer Besitzer eines ausgewachsenen Schäferhundes. Das passt. Oder die alte Frau mit der hübschen Dackeldame, die unter starker Inkontinenz leidet. Die treffe ich oft an der alten Linde im Grüngürtel beim Dauerstrullen. Meistens hocken sie dort sogar beide zusammen. Die Frau heißt Franziska Zießmüller. Auch hier passen Hund und Frauchen in Bezug auf Name und Rasse irgendwie gut zusammen. Aber Solveig Klein-Urban und ich daneben als drahtiger Jack-Russell-Terrier ... Hallo? Ich bin ein Jagdhund, verflucht nochmal. Ein Killermonster auf vier Beinen quasi.

Ein Terrier halt. Den Fußballer Berti Vogts nannte man auch mal »Der Terrier«, weil er an keiner Wade vorbeilief, ohne vorher reinzugrätschen. Okay, Berti klingt für einen Terrier auch dämlich, aber Dandy ist doch noch viel schlimmer.

Ja, Leute, ich heiße tatsächlich Dandy. Nicht, weil ich das so wollte, sondern weil man mir diesen Tiernamen bereits als Welpe direkt nach der Entführung aus dem Tierheim-Knast mit auf den Lebensweg zementiert hat.

Bis vor einer Woche saß ich noch in meinem plüschausgeschlagenen Hundekorb. Einen Fressnapf mit fernbedienbarer Höhenverstellung vor der Nase und ein Hundehalsband mit gelben Glücksherzchen und dem eingestickten Vornamen Dandy um den Hals. Dandys nannte man wohl früher arbeitsscheue Lebemänner in auffälliger Kleidung. Okay, arbeitsscheuer Lebehund würde schon passen, aber das mit der komischen Kleidung schmeckte mir gar nicht. Solveig ist nämlich regelmäßig die Erste, die modische Errungenschaften, die irgendein selbsternannter Designer für Hundemode auf den Markt geschmissen hat, kauft und mit ihrem Family-Van nach Hause kutschiert. Sie kennt es halt nicht anders, da auch sie regelmäßig irgendwelche Hanfboutiquen durchstöbert, um sich total angesagte Kot-outure zu organisieren.

Nee, Dandy passt absolut nicht zu mir. Sie merken schon, mein Alltag war bisher nicht gerade der coolste, zumal neulich wieder einmal bei uns im Haus dieser jährlich anberaumte grausame Tag, den Menschen Kindergeburtstag nennen, stattfand. Mein inhäusiger Leidensgenosse bei diesem Kindergeburtstag, also der Sohn von Solveig und ihrem

DIE GRÖSSTEN ERZIEHUNGSIRRTÜMER

In harmonischen Familien streiten die Kinder weniger

Mann Gunnar, heißt übrigens Finn-Luca und wurde elf. Finn-Luca ist ein weiteres verhätscheltes Wesen im Klan der Klein-Urbans, allerdings auf zwei Beinen. Irgendwie tut er mir mittlerweile genauso leid wie ich mir selbst, da die Klein-Urbans zwar die sorgenvollsten Eltern weit und breit sind, aber es in Sachen Erziehung immer einen Tick weit übertreiben.

Die Kindergeburtstage bei uns liefen bisher jedes Jahr gleich ab. In den guten alten Zeiten gab es auf einem amtlichen Kindergeburtstag wenigstens noch so versaut klingende Arbeitsbeschaffungsmaßnahmen wie *Sackhüpfen* und *Eierlaufen*. Da konnte Herrchen als fürsorgender Vater dem Nachwuchs vormachen, wie man mit einem strapazierfähigen Sack möglichst schnell hinter Schulfreundinnen herjagt und wie viel Geschick man sich antrainieren kann, um seine Eier schadenfrei durch die Weltgeschichte zu transportieren. Alles total überholt.

Kindergeburtstage liefen bei uns in der Regel so ab: Ungefähr ab 15.00 Uhr verstand man sein eigenes Bellen nicht mehr, da zeitgleich Dutzende Allrad-Geländewagen vor der Tür hielten und Mütter eifrig ihre kreischenden Kinder namens Inga-Charlotte oder Tilmann-Jasper in feinsten Zwirn gekleidet bei uns abluden. Finn-Luca, die arme Sau, musste dann allen brav die Hand geben, um sich nach jedem entgegengenommenen Geschenk gespielt freundlich zu bedanken. Nachdem er dann zum vierzehnten Mal das gleiche gerade im Angebot befindliche *Harry Potter*-Puzzle ausgepackt hatte, wurden alle Kinder von Mutter Solveig pädagogisch wertvoll mit Knetgummiarbeiten und Gesangsübungen beschäftigt, bevor ab 18.00 Uhr alle darum bettelten, nun endlich an die Playstation zu dürfen, die es bei uns aber selbstverständlich nur zeitlich reglementiert gibt. Wegen Elektrosmog und so, Sie wissen schon. Und ich musste den ganzen Nachmittag im Nebenzimmer glucken, nur weil Finns Schulkameradin Anna-Lena als Chef-Hypochonderin vom Dienst eine angebliche Tierhaarallergie mit auf die Veranstaltung geschleppt hatte. Diskriminierend, so was. Die alte Tussi soll sich mal nicht so anstellen. Ich schnuppere schließlich regelmäßig an fremden Kackhaufen, ohne gleich einen auf Killerkeime zu machen und tot umzufallen.

Ja, so liefen bisher die Kindergeburtstage im Leben des Finn-Luca und Dandy ab.

Solveig glaubte bis dato, die beste Gastgeberin der ganzen Erde zu sein, und Finn und mir kam regelmäßig das kalte Kotzen, wenn wir Anna-Lena bereits an der Garderobe krakeelen hörten, dass sie aber nur laktosefreie Milch vertrage und sie heute lieber Litschi-Bionade statt Holunder möchte. Und Solveig dem Befehl auch noch gehorchte.

Das Elend spielte sich also Jahr für Jahr ähnlich ab. Bis zu besagtem Kindergeburtstag vor einer Woche, als man mich wieder zwischen Bügelstation und Kinderwebrahmen in den Hauswirtschaftsraum sperrte und ich nicht mal die Chance auf Pay-TV bekam, um die Wiederholungen vom *Hundeflüsterer* zu gucken. Ein bisschen Reality-Comedy hätte mir an diesem Tag wirklich gutgetan. Zudem hatte mir die Mutter eines Kindes aus Finn-Lucas Ökobande einen Hundepyjama mitgebracht, den mir die kleine Nele auch direkt über den Kopf gewuchtet hatte. Allerdings ungefragt und so ungünstig, dass das riesige Preisschild für ein lästiges Dauerjucken auf dem Rücken sorgte, das ich den ganzen Nachmittag nicht loswurde. Mir kam langsam die Galle hoch, nicht nur weil ich erkannte, dass das schweinewarme Angoramonster stolze 64,99 Euro gekostet hatte. Dekadente Saubande! So was braucht doch kein Mensch. Und Hunde schon mal gar nicht.

Sie werden sich nun sicher fragen, warum ein so selbstbewusstes Kampfmonster, wie ich es bin, nicht etwas dagegen unternommen hat. Schließlich bin ich einer der wenigen Hunde, die reden können. Und das konnte nicht mal der Hund bei Loriot. Sie ziehen eine Augenbraue hoch? Ja, ich kann reden. Wie langweilig wäre es denn für Sie als Leser, wenn Sie sich ein spaßiges Sachbuch im Laden kaufen würden und über Hunderte von Seiten folgenden Wortlaut ertragen müssten?

Finn-Luca: »Dandy, du willst wirklich von zu Hause abhauen?«

Dandy: »Heul, winsel, jaul, wuff, hechel, furz, sabber, geif, bell, bell.«

Das wäre dann *Bell*etristik vom Feinsten und irgendwie uncool, oder? Also seien Sie happy, ein Buch erworben zu haben, in dem der Protagonist auch redet und seine Meinung endlich mal frei kundtun darf. Schließlich stellen Sie sich bei den ganzen Disney-Fernsehkötern, die seit Jahrzehnten das Super-RTL-Nachmittagsprogramm vollquatschen, ja auch nicht so an.

Aber meinen Stolz habe ich auf diesem Kindergeburtstag

trotzdem behalten, so dass ich es gar nicht einsah, mich bei meinem Frauchen auch noch über meinen Stand als verzogener Hund zu beschweren und winselnd mit treudoofem Dackelblick vor ihr zu stehen.

Solveig duldet ohnehin nicht viel Widerspruch, was ihren konsequenten Erziehungsstil betrifft. Auch ihr Eheopfer Gunnar, der ihr vor 15 Jahren in die Ökofalle ging, kann davon ein Lied singen. Wer Solveig widersprechen will, muss für die dann folgende Diskussion seinen Jahresurlaub opfern.

Es blieben also bei besagtem Kindergeburtstag vor einer Woche nur zwei Möglichkeiten: juckende Hundepyjamas ertragen und schweigen oder endlich die Rebellion ausrufen, von zu Hause abhauen und an der Gesamtsituation mal etwas ändern.

Mein Blick fiel auf den Haufen fein säuberlich gestapelter und nach Farben sortierter Polohemden mit Bügelkante. Immer intensiver dachte ich an Flucht. Es musste mehr geben als dieses langweilige Hundeleben in dieser politisch überkorrekten Familie. Immerhin stammen Hunde vom Wolf ab, und Wölfe leben schließlich nicht neben Bügelstationen aus dem Teleshopping. Ich wollte sehen, was es da draußen sonst noch für Familien gab und ob die Welt jenseits der bekannten Gassiroute tatsächlich so furchtbar spießig ist, wie ich sie live und aus dem Fernsehen zur Genüge kannte. Bis zu diesem Zeitpunkt war ich nämlich unfreiwillig ein Fernsehhund. Zwar nicht wie im Zeichentrick, bei *Lassie*, *Rex* oder wie die ganzen erfundenen Retortenmonster so heißen, aber immerhin als passiver Fernsehhund, der seine Erkenntnisse überwiegend aus der Glotze bekam, auf dem Korkboden liegend. Mit Vollwert-Trockennahrung vor dem Maul musste ich als stiller Beobachter allabendlich das typische Fernsehprogramm im Hause Klein-Urban ertragen. Die Fernbedienung ruhte meist genauso unerreichbar wie die biologischen Apfel-Chips auf dem hohen Glascouchtisch, unter dem ich lag. Das klassische Fernsehprogramm der spießigen deutschen Durchschnittsfamilie Klein-Urban mit Hund und Kind bewegt sich allabendlich meist irgendwo zwischen *Tagesschau*, Pilcher-Verfilmungen, *Sportstudio* und *Tatort*. Formate zum Abgewöhnen, da in der Regel politisch überkorrekt, häufig mit wenig Witz und meist ohne hübsche Hundedamen, die mich vielleicht mal etwas früher animiert hätten, von zu Hause abzuhauen. Auch das Fernsehprogramm für Kinder, welches in der guten alten Zeit mit einer überschaubaren Anzahl an Klassikern wie der *Sesamstraße*, der *Sendung mit der Maus* oder *Löwenzahn* zumindest ansatzweise einem erzieherisch förderlichen Bildungsauftrag für den Nachwuchs nachkam, ist im Laufe der Jahre durch schlecht gezeichnete Mangazombies und dämlich winkende *Teletubbies* qualitativ verwässert worden. Obwohl die *Teletubbies* bereits wieder im TV-Nirwana verschwunden sind, laufen richtig coole neue Sachen für Kind und Hund heutzutage schon lange nicht mehr.

Während ich also zwischen Wischmopp und dem Vorteilseimer Bohnerwachs über ein alternatives Hundeleben vor mich hin sinnierte, flog plötzlich die Zimmertür auf, und ein plärrender Finn-Luca platzte zu mir in den Hauswirtschaftsraum. Er schmiss die Tür von innen wieder zu und stand nun wie die Pavarotti-Kinderedition im feinen Outfit kreischend vor mir. So ein Gejaule schafft nicht mal ein Hund bei Vollmond. Der Kindergeburtstag hatte mal wieder seinen Zenit überschritten, und Finn-Luca heulte sich bei mir aus. Solveig war sauer, weil ihr eigener Sohn und von ihr ernannter Kinderspiel-Weltmeister beim angestaubten *Spitz pass auf!*-Spiel nur den zweiten Platz belegt hatte. Das ging gar nicht. Das Kind durfte ausschließlich als Erster den Tisch verlassen, da Mutter Solveig sonst der Annahme war, dass sie bei ihrem intensiven Trainingsprogramm Abende zuvor etwas falsch gemacht und das Kind nicht ausgiebig genug auf die Wettbewerbe beim Kindergeburtstag vorbereitet hatte. Außerdem hatte Finn in der letzten *Spitz pass auf!*-Runde so enthusiastisch an seinem Faden gezogen, dass er mit dem Ellbogen ein Tablett mit sechs Latte-macchiato-Gläsern vom Tisch zu Boden gerissen hatte. Ausgerechnet die edlen Latte-macchiato-Gläser aus dem letzten Toskanaurlaub der Klein-Urbans. Das waren für Solveig nicht einfach nur blöde Gläser. Nein! Das waren für sie die Kelche des Lebens. Die heiligen Grale des Feminismus. Solveig ohne Latte-macchiato-Gläser? Undenkbar! Je älter ihr Mann Gunnar wird, desto wichtiger ist ihr die Latte aus dem Glas.

Finn-Luca ist offen gesprochen eine Memme und zudem ein schüchternes Muttersöhnchen. Aber er konnte ja nichts dafür, denn er war ja durch seine Mutter dazu gemacht worden. Da, wo bei uns Hunden noch ein gewisser Jagdinstinkt in der Genetik liegt und wir nicht darum herumkommen, auch mal Reviere mit Eigensaft abzustecken und laut zu bellen, wenn wir was zu melden haben, hat so ein Finn-Luca leider gar nichts Urtypisches mehr in seinem Chromosomenpaket, das ihn vor solchen Extremsituationen wie Kindergeburtstagen schützen könnte. Okay, der Heulinstinkt gehört vielleicht noch dazu, ebenso wie der panikartige Fluchtreflex ins Nebenzimmer. Und der war aufgrund von langweiligem *Spitz pass auf!* in Kombination mit den tausendteiligen Lattemacchiato-Gläsern nun aktiviert worden. Noch abschließend zur Erläuterung: *Spitz pass auf!* ist ein ziemlich altbackenes Kinderspiel, das so ähnlich funktioniert wie das deutsche Steuerwesen. Die Fäden, die jeder Mitspieler in die Hand bekommt, sind unser Einkommen, und der Becher ist der Fiskus. Ist der Staat nun der Meinung, die richtige Zahl gewürfelt zu haben, schnappt der Fiskus zu, und alle, die ihr Einkommen nicht schnell genug in Sicherheit gebracht haben, hängen unter dem Pott des Fiskus fest und haben verloren. Dagegen ist *Monopoly* Sozialismus pur.

Ich war zumindest froh, dass das Gepolter, das die Becher beim Spiel auf dem IKEA-Esstisch aus Buchenimitat verursacht hatten, nun endlich ein Ende gefunden hatte, und überlegte, ob ich Finn-Luca in meine Fluchtpläne einweihen sollte. *Spitz pass auf!* war in meinen Augen ohnehin ein hunderassistisches Spiel, und ich als kleiner Jack-Russell-Terrier konnte einen menschlichen Helfer auf meiner Flucht ganz gut gebrauchen. Das Problem war nur, dass Finn-Luca so dermaßen gut erzogen und ängstlich groß geworden ist, dass er einem so abstrusen Plan, wie ich ihn nun ausgeheckt hatte, sicher nicht unmittelbar und bedingungslos zugestimmt hätte. Solveig hatte unbewusst so viele Regeln und Abläufe in sein Tagesprogramm integriert, dass Finn-Luca alles, was außerhalb dieses Stundenplans lag, als falsch empfand und er sich unwohl fühlte, wenn man ihn mal zu etwas Außergewöhnlichem überreden wollte. Ich überlegte mir daher einen billigen Trick, um meinen besten Kumpel doch noch zu überzeugen.

»Ey, Finn, du beschwerst dich doch immer, dass du unter einem so großen Erwartungsdruck stehst und alles perfekt ablaufen muss, oder? Und dass dir als Kind oft weniger Freizeit bleibt als Angela Merkel während eines G7-Gipfels. Ich hab die Lösung!«

Ich hielt Finn eine *Brigitte* von 2013 unter die Nase und log ihm schamlos ins Gesicht, dass in unmittelbarer Nähe der Mega-Flagship-Store, das Outlet-Wunderland, das Himmelreich für Latte-macchiato-Gläser eröffnet hatte. Ein gigantischer Tempel für Latte-Gläser in allen Formen und Farben. Da könne er in Bezug auf Solveig doch wieder Boden gutmachen.

Finn schaute die Werbeanzeige verheult, aber neugierig an. Ha, dachte ich mir. Den hab ich im Sack. Der Laden existierte zwar, lag aber mindestens zwei Bundesländer weiter rechts und hatte nicht mehr Auswahl an irgendwelchen Kaffeepötten als jede x-beliebige Möbelhauskette. Aber handyfreie Kinder mit elf Jahren sind ja in Sachen Notlüge noch wesentlich empfänglicher als pubertierende Smartphone-Teenies, die das mal eben überprüfend googeln können. Ich hatte kein schlechtes Gewissen.

Finn fragte nach, ob das denn weit sei, da er ja morgen, am Samstag, nicht viel Zeit habe, um nach den neuen Gläsern zu schauen. Der Samstag lief bei Klein-Urbans nämlich meist so ab, dass Vater Gunnar bereits um 5.30 Uhr morgens zwei Stunden lang joggen ging. Er musste so früh damit beginnen, da Solveig einen sportlichen Ehemann einforderte, und vor allem, damit der durchgestylte Terminplan von Sohn Finn-Luca nicht allzu empfindlich gestört wurde. Der arme Kerl musste also auf Befehl von Solveig mit Stirnlampe und 347 Reflektoren am Körper nachts losjoggen, um pünktlich um 8.00 Uhr frisch gestriegelt und gebügelt mit seiner Familie am Frühstückstisch sitzen zu können. Man(n) muss ja schließlich ein Vorbild sein, damit der Nachwuchs auch früh genug an das Thema sportliche Ertüchtigung herangeführt wird und demnächst mal mitläuft, statt so einen kindlichen Blödsinn wie Ausschlafen am Wochenende zu veranstalten.

Nachdem dann alle Familienmitglieder, und häufig auch die arme Sau Hund, viel Weizenkleie, Rooibos-Tee und Honig vom Hofladen nebenan gefrühstückt hatten, begann der eigentlich freie Tag von Finn-Luca und seinen beiden Assistenten namens Eltern. Und das lief in der Regel so ab:

Zunächst wurde der Sprössling um 9.00 Uhr von Gunnar zur kindlichen Körperrhythmik gefahren, bevor es danach drei Stunden lang zum Kinderalgebra ging und später noch der Schnupperkurs im Pastinaken-Kinderkochen auf dem Programm stand. Damit war der Samstag des Zöglings voll und es blieb offensichtlich keine Zeit für Shoppingtouren in

Latte-Tempeln. Mir war Latte zwar schnuppe, aber ich fing an, auf Finn einzureden.

»Alter, ich will nicht morgen, am Samstag, die Gläser besorgen, sondern jetzt. Wir hauen kurz ab und organisieren eine Kiste Gläser. Freigang auf dem Hof quasi. Solveig happy, Planschkuh Anna-Lena außerhalb des Sichtfeldes und wir beide mal eben cool unterwegs. Wie wär's?«

Ich brauchte Finn, das war mir klar. Ohne ihn war es mir nicht möglich, das Hindernis Haustür zu überwinden und den Weg in die Freiheit zu erlangen.

Finn wischte sich die Tränen aus dem Gesicht und fragte, wie lange der Marsch zum Latte-Laden denn dauere.

»Finn, mein Freund, mach dir mal nicht so viele Sorgen. Wir sind pünktlich zum Kinder-Wichteln wieder zurück.«

Ich log schon wieder. Das von mir betitelte Kinder-Wichteln markierte auf jedem Kindergeburtstag den krönenden Abschluss. Jeder Wichtel, beziehungsweise jedes Gastkind auf diesen Kindergeburtstagen, ging zum Schluss mit einer Jute-Serviette voller fair gehandelter Zartbitterschokolade in Richtung Geländewagentür vor dem Haus. Pfui Teufel! Dann doch lieber Trockenfutter ohne Geschmack.

»Okay, ich bin dabei.« Finn verschwand kurz in sein Kinderzimmer, um sich seinen Brustbeutel aus Naturfilz um den Hals zu hängen, und keine zwei Minuten später stand er abmarschbereit bei mir am Hundekorb. Ich schaute Finn mit verdrehten Augen an. »Kollege, du bist schon elf. Da hat man eine goldene Geldscheinklammer. Steck diesen Ökokinderbeutel wenigstens unter dein Hemd. Diese aufgenähte, fette

Ente auf dem Filzding erinnert mich immer an Daisy Duck mit Zwillingen in der Röhre. Geht gar nicht.«

Finn fummelte sich den Brustbeutel unter sein feines Hemd.

Zu Kindergeburtstagen wurde Finn regelmäßig in ein neues Gewand gekleidet. Für diesen Kindergeburtstag musste Solveig wohl eine Geschäftsbeziehung zum örtlichen Fischhändler aufgebaut haben. Das Kind hatte ein frisch gebügeltes lachsfarbenes Hemd an und darunter nun einen hellblauen Filzbrustbeutel mit ein paar Euronen drin. Mein Gott, dachte ich mir, dagegen sehe ich in meinem Angorahundepyjamadingsbums ja bestialisch geil aus. Wir mussten den ganzen Klamottenstyle, den diese Familie über uns gebracht hatte, dringend loswerden.

»Finn-Luca, was machst du denn da?« Ich bekam große Augen.

»Na, ich öffne das Fenster. Wir sind doch im Erdgeschoss, Dandy.«

»Ja, und?«

»Na, du willst doch abhauen, oder? Das darf doch keiner mitbekommen. Und ich dachte, dann ist das Fenster ...«

»Jetzt pass mal auf, Kumpel altklug. Ich bin zwar ein steinalter, verwöhnter Familienhund, aber doch kein Hundertjähriger, der aus dem Fenster klettert. Wir spazieren jetzt mal schön durch die Tür, mein Junge!«

Finn kratzte sich am Kopf wie Stan Laurel in seinen besten Tagen. Wir schlichen wie Dick & Doof zur Haustür im Flur.

Der Flur der Klein-Urbans, also das Entree, oder sagen wir die Visitenkarte, die jeder erhält, der sich einen ersten Eindruck von der Wohnungseinrichtung der Familie machen will, war ebenso spießbürgerlich eingerichtet wie der Rest des Hauses. Zwar dominierten selbst hier Möbel aus schwedischen Einrichtungshäusern des Vertrauens, aber die Details sorgten für Klarheit, welche Art Familie hier beheimatet war. Nicht fehlen durfte natürlich der obligatorische schmale Schuhschrank mit Klappladen, in dem locker achtzig Paar Schuhe Platz gefunden hätten. So was steht oder hängt wohl in jeder deutschen Diele. Bei den Klein-Urbans ist er allerdings aus massivem Birkenholz und mit einem überdimensionalen FSC-Siegel für nachhaltige Forstwirtschaft tätowiert. Die Klein-Urbans nutzen diese Staufläche jedoch mehr für selbstgehäkelte Schals, Wollmützen und ihre Inlineskates, so dass die vierzehn Paar Trekking-Sandalen, die im Hause Klein-Urban vorhanden sind, nun daneben stehen mussten. An besagtem Kindergeburtstag gesellten sich zu diesen vierzehn Paar Schuhen noch Dutzende müffelnde Paar Kinderschuhe, die den Flur aussehen ließen wie die Warenannahme bei Deichmann. Über der Haustür baumelt das Glockenspielmobile, das jeden erwünschten oder unerwünschten Gast, der die Haustür öffnet, mit einem lauten Gebimmel ankündigt. Daneben, an der Wand im Flur, hängen zahlreiche Fotos mit Hund drauf, die mich in den beklopptesten Situationen, zum Beispiel in der Badewanne, zeigen. Angeblich soll der Anblick niedlicher Tierbilder ja die Leistungsfähigkeit eines Menschen erhöhen. Diese Bilder sind jedoch eher frustrierend. Darunter prangen ein paar lustige Kartoffeldrucke von Finn-Luca und daneben Solveigs getrocknete Blattsammlung vom letzten Waldspaziergang. Endgeil!

Ich steckte Finn als Reiseproviant für mich noch zwei dieser leckeren Kaurollen aus Entenfleisch in die Hosentasche, und der Trip konnte starten. Cool wie ein Windhund in der Startaufstellung zum Rennen stand ich nun vor der Tür in die Freiheit und wartete auf den Startschuss. Die verwöhnten Rotzblagen des Kindergeburtstages spielten nebenan *Verstecken* und Finn und ich nun *Verschwindibus*.

»Finn, klär das mal eben mit dieser dämlichen Türklinke.« Die Klein-Urbans hatten die Türklinke an ihrer Haustür hundegerecht umgebaut, wie es so schön heißt. Das ist in etwa vergleichbar mit der Wegfahrsperre am Family-Van der Klein-Urbans und dient dazu, dass sich der Hund nicht verselbständigt. Eine erzieherische Schutzmaßnahme für Hund und Familie quasi. Die Türklinken werden dazu senkrecht angebracht. Da wir Hunde anscheinend für zu blöd gehalten werden, mit der Pfote oder dem Maul auch mal Bewegungen von links nach rechts zu bewerkstelligen. Billiger Trick, da Fiffis schließlich lernfähig sind, aber bedingt durch meine kurzen Beine leider zielführend. Obwohl ich eigentlich gar nicht richtig klein bin, sondern eher vertikal noch ausbaufähig. Trotzdem komme ich nie alleine an diese senkrecht angebrachte Konstruktion heran. Der gleiche Mist also wie bei runden Türknäufen. Aber wozu hält Hund sich einen Finn-Luca als Freund? Zack! Türklinke bedient, und die Haustür war einen Spaltbreit offen.

»Pass auf dieses Klimbim-Mobile da oben über der Tür auf, Finn. Das darf unter keinen Umständen klimpern.«

Ich hörte aus der Entfernung Anna-Lena plärren, dass Malte ihrer Holiday-Barbie den Kopf abgebissen hätte, und dachte mir nur: Tschüs, du Horrorkind, bevor ich dir auch noch den Kopf abbeiße. Wir mussten uns beeilen, da davon auszugehen war, dass Solveig die pädagogisch notwendige Zeit, die ein Kind ihrer Meinung nach zum Ausheulen benötigte, akkurat gestoppt und sie sich nun auf die Suche nach Finn-Luca gemacht hatte. Ich überlegte panisch, ob wir noch etwas vergessen hatten, da mir ja klar war, dass die Reise mitunter etwas länger dauern konnte und nicht nur zum imaginären Latte-Olymp an die nächste Straßenecke führte. Ich bin immerhin einer der verfressensten Hunde auf diesem Planeten.

»Äh Finn, sei doch mal so nett und pack auch noch 'n Beutel Rinderpansen und die getrockneten Putenherzen mit ein. Aber nicht diese Diät-Scheiße für Hunde. Die ist zum Abgewöhnen. Die Richtigen, meine ich.«

Finn schaute mich überrascht an. »Wir wollen doch nur eben Latte-Gläser besorgen, Dandy.«

»Ja, ja, aber wenn unterwegs mal der kleine Hunger kommt.«

Ich als cooler Hund hätte nie gedacht, dass ich diesen abgelutschten Werbespruch mal als plausible Erklärung nutzen müsste, um genug Reisefutter zusammenzusammeln. Finn packte alles in seinen kleinen Rucksack, und nun stand unserem Roadtrip nichts mehr im Wege. Ich hatte zwar keinen

Plan, wo wir hinlaufen sollten, aber ich war mir sicher, dass wir ausreichend Erkenntnisse sammeln konnten, um festzustellen, dass es auch Mütter und Frauchen gibt, die ihre Kinder und Hunde mitunter anders erziehen, als es die Klein-Urbans seit vielen Jahren vergeblich an uns versuchen. Ob sie es besser machen würden, war zunächst mal dahingestellt, aber ich war mir sicher, dass uns eine lustige Reise in die Welt deutscher Erziehungssünden bevorstehen würde.

Ich vernahm noch kurz im Hintergrund die besorgten Rufe von Solveig, die sich in ein infernales Kreischen von Anna-Lena mischten, als die den angekauten Barbiekopf entdeckte. Ich drängte Finn. Er riss die Tür auf, und das Glockenspielmobile bimmelte wie der Kölner Dom im Vollrausch. Dann fiel die Haustür ins Schloss. Wir waren draußen.

Für Hektik hat mein Kind keine Zeit

Ein Tag im Leben eines Kindes ist genauso lang wie der eines Erwachsenen. 24 Stunden, 1440 Minuten oder 86 400 Sekunden. Keine sensationelle Entdeckung, aber eine Tatsache, die viele Eltern gerne ausnutzen, um jede dieser kostbaren Sekunden mit irgendeiner Beschäftigung für ihr Kind zu füllen. Neben den Beschäftigungen, die ein Kind schon von Mutter Natur in die Windel, äh, in die Wiege gelegt bekommen hat, also schlafen, Motorik ausbilden, Papa beim Füttern ins Gesicht pinkeln und so weiter, werden insbesondere die bereits herangewachsenen Kinder mit allerhand Aktivitäten dermaßen ins Rotieren gebracht, dass man nur mit dem Kopf schütteln kann. Doch fangen wir mal ganz von vorne an.

Im Leben einer werdenden Mutter ist bereits vor der Geburt des Kindes alles zeitlich ganz genau geplant. Das Stichwort lautet Kaiserschnitt. Da, wo sich angehende Mütter früher noch die Zeit gelassen haben, ein Kind neun Monate lang im Bauch durch die Stadt zu schleppen und darauf zu warten, dass am Bankschalter oder an der Supermarktkasse die Wehen einsetzen, um das Kind dort auf natürliche Weise zu gebären, sind Mütter heute etwas eiliger. Das Kind von heute soll schließlich nicht zeitlich ungünstig während einer Doppelfolge von *The Biggest Loser* den Weg ans Tageslicht suchen. Auch wäre eine ungeplante Entbindung ausgerechnet während der Zeit des Oktoberfestes ungünstig, da Mutter dann das 500 Euro teure Schwangerschafts-Dirndl umsonst gekauft hätte. Nein, die Entbindung, Geburt oder, altdeutsch formuliert, die Niederkunft muss ins zeitliche Konzept der werdenden Eltern passen, so dass dem mitunter noch gar nicht anreisebereiten Baby gar keine andere Wahl gelassen wird, als das beheizte Einzelzimmer des Mutterleibes vorzeitig zu verlassen. Das Kind wird also bereits im Bauch der Mutter und noch vor der Geburt einem ungewollten Zeitdruck ausgesetzt. Sinnbildlich für sein späteres Leben.

Unmittelbar nach der Entbindung geht es zum Glück etwas entspannter zu, da Kleinkinder, oder besser Babys, nach der Geburt zunächst gerne das erledigen, was sie im späteren Berufsleben nicht mehr so ausgiebig praktizieren können. Es sei denn, das Kind wird mal Sachbearbeiter in einer städtischen Behörde. Die Rede ist vom ausgiebigen Schlafen.

Ein Kind schläft im Babyalter knapp achtzehn Stunden am Tag. Das sind Werte, die nur noch ein Faultier toppen kann. Dieses muss in Wachphasen zum Pinkeln aber immerhin noch vom Baum herunter. Das muss ein Säugling nicht. Der lässt laufen und fertig. Die Windel, die ein Kind dafür umgeschnallt bekommt, ermöglicht es den Eltern somit, das schlafende Häuflein Mensch den ganzen Tag lang indirekt zu beschäftigen. Es wird in einen Kinderwagen gepackt und von einer Oma zur nächsten kutschiert. Alle wollen mal tätscheln und gucken. Anschließend geht es zu sämtlichen Arbeitskollegen und zum Schluss kreuz und quer durch den Stadtpark. Unter dem Vorwand, dass das Baby ausreichend frische Luft

DIE GRÖSSTEN ERZIEHUNGSIRRTÜMER

Ein Kind muss zweisprachig aufwachsen

benötige, wird es also auch unmittelbar nach der Geburt, zwar liegend und zudem schlafend, vollzeitbeschäftigt. Gut, das Kind hat gerade nichts anderes geplant, so dass das Thema Zeit für den Nachwuchs in diesem Alter noch keine übergeordnete Rolle spielt.

So richtig spannend wird es für Eltern erst in dem Alter, in dem Kleinkinder anfangen, selbständig zu laufen, und die Erzeuger nicht mehr die Gewalt über die Carbonbremsen des Luxuskinderwagens innehaben, sondern das Kind von alleine bestimmen könnte, wann es wohin geht und wann es wo was macht. Wie gesagt: könnte! Hier greifen nämlich die reaktivierten Urinstinkte einer Mutter, dem eigenen Kind Schutz bieten zu müssen, indem überwacht wird, was es gerade unternimmt oder unternehmen möchte. Will es beispielsweise ins Bad verschwinden, haben Eltern gleich die volle Badewanne und den röhrenden Föhn vor Augen. Auch wenn das Kind vielleicht nur den Spiegel mit Zahnpasta vollschmieren will. Der von der Mutter penibel geplante Tagesablauf sieht den eigenständigen Badezimmerbesuch einfach noch nicht vor. Viel zu gefährlich für ein Kind dieses Alters und auch nicht entwicklungsfördernd.

Die entscheidenden Jahre eines Kindes sind die, in denen es anfängt, seinen Charakter zu bilden, Interessen zu entwickeln, und die Welt kindlich und mit viel Entdeckerdrang zu erobern versucht. Das geht aus Sicht vieler Eltern aber nicht einfach so. Kinder sollen schließlich nach wie vor nicht selbst entscheiden dürfen. Das können sie mit dem Beginn der Volljährigkeit immer noch. Neben der Zeit, die das Kind morgens in der Schule sitzt und sich mit Mainstream-Scheiß wie Mathematik, Lesen, Schreiben und Religionskunde beschäftigt, hat das elterliche Erzeugnis auch noch einen gewissen Freiraum, der sich Nachmittag nennt. Und hier beginnt für viele Kinder der Stundenplan 2.0, den nicht die Schulleitung den Kindern diktiert, sondern die gnadenlosen Bestimmereltern, die es nicht ertragen können, wenn Jan-Magnus einfach mal auf der Straße Fußball kloppen möchte.

»In the Schule, my Kind speaks Englisch very well, nur manchmal findet's die Wörter nicht so schnell.« Alles schön und gut. Aber warum soll man das Kind nicht auch noch zu anderen Sprachkursen fernab der schulischen Pflichtfächer anmelden? Ein kleiner Bericht im *Focus* über die aufstrebende Wirtschaftsmacht China reicht vielen Müttern bereits aus, und schon steht Jan-Magnus nicht zwischen den Vollpfosten im Tor des Bolzplatzes, sondern zwischen denen im Kurs für Kinder-Chinesisch. Bedenken seitens der Eltern gibt's da erst mal nicht, da Kinder in diesem Alter ohnehin viel schneller begreifen und das Gehirn in diesem Wachstumsstadium alles deutlich flotter verarbeitet als ein paar Jahre später. Daher ist frühkindliche Extrem-Förderung in den Augen besorgter Eltern ja auch so wichtig. Die Zeitfenster sind gnadenlos knapp bemessen und schließen sich ab einem gewissen Alter rigoros. Also muss Jan-Magnus, ob er will oder nicht, nun lernen, wie er beim Stäbchenmann demnächst das Huhn mit acht Kostbarkeiten in Landessprache bestellen kann.

Auch Finn-Luca ist von diesem Schicksal betroffen. Auch er ist ein Kind, das einen eigenen Nachmittagsstundenplan an der Wand hängen hat und dem sich dank Mutter Solveig keine Zeit bietet, mal irgendwas Witziges spontan und ohne Zeitdruck zu erleben. Bis zum Tag des besagten Kindergeburtstages. Denn nun waren Finn-Luca und ich, Dandy, das Teppichtier namens Hund, in Freiheit. Eine Freiheit, die ich als angehender Köter bereits genoss, während sich Finn-Luca erste Sorgen darüber machte, ob man das Latte-macchiato-Paradies überhaupt finden würde.

»Dandy, ich weiß nicht, ob das eine so gute Idee war, vom Kindergeburtstag abzuhauen. Ich muss auch gleich wieder meine Zahnspange reinnehmen. Von 18.00 Uhr bis 20.00 Uhr hat Solveig doch vorgegeben, dass dann die Zahnfee das Sagen hat. Ich bekomme sonst schiefe und schäbige Zähne, hat sie gesagt.«

»Finn, ich fürchte, deine Mutter hat dich monatelang rotzfrech angelogen. Die Zahnfee ist schon vor langer Zeit mit Dr. Best durchgebrannt und ins Perlweißland ausgewandert. Erstens siehst du mit dem Metallmonster im Gesicht immer so aus wie der Beißer bei *James Bond*, und zweitens hatte ich in meinem Hundeleben auch nie so ein Ding im Maul. Ich schaffe die harten Landjäger aber trotzdem ohne Probleme, und schau mal, wie schön strahlend meine Hauer aussehen. Self-Bleeching vom Feinsten. Ach ja, da fällt mir ein, du brauchst mal 'ne neue Tube Deckweiß für deinen Farbkasten.«

Ich fletschte die Beißerchen wie der fetteste Kampfhund zwischen Reeperbahn und Hartgeldstrich und fühlte mich schon wie ein echter Outlaw-Straßenköter. Ein Supergefühl.

Kurz zur Erläuterung: Finn nennt seine Mutter immer Solveig, weil die Klein-Urbans der Auffassung sind, dass die Welt ja voller Mütter und Väter sei, das Kind aber nur eine Solveig kenne. Komische erzieherische Herangehensweise, aber seitdem ist die allgemeine Mutter die spezielle Solveig und sein Vater der Gunnar. Auch will man das Kind damit rein pädagogisch auf die gleiche Hierarchiestufe wie die Eltern stellen und es zu einer Art Freund degradieren. Freunde reden sich ja schließlich auch mit Vornamen und nicht mit »Hallo, Freund« an. Insofern wird das Kind nicht als Sohn, sondern als guter Freund von Mutter, äh, Solveig und Vater Gunnar gesehen. Die Klein-Urbans sind sich in solchen Erziehungsfragen meist einig.

Wir spazierten die Straße durch die Reihenhaussiedlung entlang. Wenn wir weitergehen, werden wir nie wieder nach Hause finden, dachte ich mir. Hier sieht ja alles bis ins Kleinste gleich aus. Gleiche Haustüren, gleiche Briefkästen, Hausnummern, die sich nur im Buchstaben hinter der Zahl voneinander unterscheiden, und Vorgärten, die bis auf die Plastik-Beetabgrenzungen aus dem Baumarkt und die Parade an farbigen Mülltonnen mit irgendwelchen neumodischen Prilblumen drauf nicht viel Buntes zu bieten haben.

»Dandy, außerdem wollte Solveig mit mir noch mal den Satz des Pythagoras vorbereiten. Der ist zwar noch lange kein Thema bei uns in der Schule, aber sie meint, wenn ich abends vor dem Schlafen noch 'n paar Minuten Zeit habe, dann kann ich den schon mal lernen, statt Wii zu spielen.«

Das Gejammer langweilte mich. »Finn, merk dir doch einfach den Satz des Dandy. Der lautet: »Überflüssig« zum Quadrat plus »braucht kein Mensch« zum Quadrat = »langweilig« hoch zehn. Und nun komm endlich. Wir müssen zusehen, dass wir irgendwo mitfahren können.«

»Wie, mitfahren? Ich denke, der Glasladen ist in der Nähe, Dandy.« Finn blieb überrascht stehen.

»Ja, aber, äh, ich hab kurze Beine. Vergiss das nicht. Ich bin ein gehandicapter Hund. Lange Wege außerhalb der Gassizone können da durchaus zu Ermüdungsbrüchen führen. Das möchte ich nicht riskieren.«

Finn und ich kamen langsam, aber sicher am Ende der Siedlung an. Ehrlich gesagt, hatte ich immer noch keinen Plan, was wir machen sollten und wo wir suchen mussten, um einen Einblick in andere Horrorfamilien zu bekommen. Die Notlüge mit der Latte-Bude musste ich aufrechterhalten. Das war klar. Zumindest so lange, bis wir ausreichend Land gewonnen hatten, damit Finn nicht plötzlich kehrtmachte. Zwar war die Tatsache, nun endlich mal alles entschleunigt und frei von Reglementierungen angehen zu können, phantastisch, aber irgendwas musste ja passieren. Immerhin wollten wir herausfinden, wie es bei anderen Kindern und Hunden in Erziehungsfragen abläuft.

Hunderte Studien haben sich bisher mit dem veränderten Freizeitverhalten von Kindern beschäftigt, und nicht selten sind demnach neben den neuen Medien auch die Eltern dafür verantwortlich, dass freie Zeit im Leben eines Kindes heute anders genutzt wird als noch vor zwei Jahrzehnten. Für Kinder wie Finn-Luca ist die heutige (Frei-)Zeit prinzipiell reicher an Möglichkeiten als früher. Für jeden Pups gibt es mittlerweile einen eigenen Verein oder einen Kurs an einer Privatschule. Das Kind kann zwischen Anti-Aggressions-Töpfern, Yak-Reiten, Burnout-Yoga und Hip-Hop-Stepptanz wählen, und nicht selten werden Kinder gleich zu mehreren Hobbys genötigt, die aber häufig ausschließlich durch die Eltern präferiert werden. Warum das so ist? Logisch! Viele Dinge sind den Eltern in ihrer eigenen Kindheit verwehrt geblieben, so dass sie der trügerischen Annahme erliegen, dass der nachmittägliche Ökonomiekurs für Siebenjährige, den sie als Kind vielleicht gerne besucht hätten, dem strunzdummen Elias-Balthasar doch auch gefallen muss. Tut er aber häufig nicht, und doch muss der arme Knabe nun jeden Freitagnachmittag zwischen 15.00 Uhr und 17.00 Uhr lernen, wie man zwei Euro Taschengeld mit Hilfe von Hedgefonds und Zertifikathandel verdoppelt.

Laut einer Umfrage wären Kinder sogar dazu bereit, auf einen Teil ihres Taschengeldes zu verzichten, um sich mehr Zeit für ihre eigenen Wünsche zu erkaufen. Klingt wie eine Art Kautionszahlung, um nicht in den Strafvollzug der eigenen Eltern zu geraten. Viele Eltern übersehen anscheinend, dass Freizeit eigentlich der Zerstreuung des Kindes dienen soll und nicht unbedingt zur Weiterbildung des Sprösslings genutzt werden muss. Zerstreuung, also mitunter auch mal Langeweile, fördert die Kreativität und sollte nicht zur Leistungssteigerung durch permanente Fortbildung oder den Drang zu Hobbys, die das Kind gar nicht ausüben möchte oder kann, missbraucht werden.

Ich als Familienhund Dandy kann es mir durchaus mal leisten, einen ganzen Nachmittag nur vor meinem hochglanzpolierten Edelstahlfressnapf zu liegen und mich im Spiegelbild zu bewundern. Okay, das mache ich nicht dauerhaft, weil mir der liebe Gott das so nicht in die Genetik gebaut hat. Ich könnte aber, ganz frei von Zeitdruck. Und das ist schon mal eine gute Sache. Stress wird bei mir als Hund erst dann produziert, wenn Anna-Lenas mir den Nachmittag auf dem Perser verderben oder ich von Frauchen und Herrchen mal wieder zu irgendwelchen anderen Hundehaltern gekarrt werde, wo ich dann auf lieber Hund machen muss. Die Klein-Urbans sind da bestens vernetzt. Irgendwie haben all ihre Bekannten entweder ein Kind, einen Hund, eine tätschelnde Oma oder alles zusammen.

Weitere Studien haben ergeben, dass der Zeitmangel bei Kindern eine gewisse Verhäuslichung zur Folge hat. Kennen sonst nur Schnecken. Die sind permanent verhäuslicht. Da wo Kinder früher nach der Schule von den Eltern aus dem Kinderzimmer geschmissen und mit zehn Pfennig in der Hand in Richtung Klettergerüst abgeschoben wurden, sind viele Kinder, bedingt durch Überbehütung, in ihrer knapp bemessenen Freizeit heutzutage eher zu Hause. Eine Stunde Freizeit bleibt einem Kind wie Finn-Luca statistisch gesehen neben der Schule, den Hausaufgaben und den besagten Aktivitäten in zahlreichen Vereinen und Kursen. Eine Stunde? Was kann man als Kind in einer Stunde schon machen? Revierderby gucken? Zu lange, dauert mindestens neunzig Minuten plus Halbzeit. *Herr der Ringe* in der Uncut-Version, alle drei Teile plus Making-of? Auch zu lange, dauert sechs Wochen. Sie sehen, eine Stunde in der Freizeit eines Kindes ist nicht viel. Genau aus diesem Grund tendieren immer mehr Kinder dazu, Aktivitäten zu unternehmen, die möglichst schnell vonstattengehen müssen, trotzdem einen hohen Unterhaltungswert generieren und das Kind gedanklich möglichst weit aus seinem Alltag entführen. Kurz gesagt: Videospiele und Internet als Lösung. Das Internet hat zwar das Medium Fernsehen von der Nutzungsdauer her noch nicht abgelöst, auch stehen Aktivitäten, die nicht häuslich sind, also zum Beispiel Freunde treffen, glücklicherweise immer noch weit oben, aber trotzdem ist die Chance auf schnelle, zeitlich überschaubare Unterhaltung durch die neuen Medien verführend.

Solveig achtet bei Finn-Luca sehr penibel darauf, dass das bisschen Freizeit, das dem armen Köttel noch bleibt, nicht zu sehr für das Daddeln an Spielekonsolen geopfert wird. Aber ganz freimachen kann sie sich von den Geräten auch nicht, da schließlich alle Kinder in Finn-Lucas Dunstkreis eine Konsole haben und die Klein-Urbans nicht als Außerirdische angesehen werden wollen.

Ich als gewiefter Familienhund bin ja der Ansicht, dass Kinder wieder mehr Phantasie entwickeln sollten. Letztlich ist es doch die Phantasie eines Kindes, die es das Leben entdecken lässt, und nicht die vorprogrammierten bunten Bildchen aus der Spielekonsole oder dem Fernseher, die ein Kind wie Finn dazu animieren, kreativ zu werden. Und Phantasie entsteht nun mal häufig erst durch Langeweile. Sie können sich gar nicht vorstellen, welch ungeheure Phantasie ich als Hund ausbilde, wenn mir mal wieder richtig langweilig ist. Dann komme ich auf die spannendsten Ideen. Zum Beispiel von allen Konservendosen im Küchenschrank die Etiketten abzuziehen und die Dosen mit Hundefutter dann mit den Gulaschsuppen zu mischen. ALDI-Roulette vom Feinsten. So komme ich wenigstens auch hin und wieder mal zu einer deftigen Brühe im Napf, während Herrchen Gunnar schon beim Verzehr einer Dose Junior-Rind für Welpen beobachtet worden sein soll. Doch zurück zu unserem Marsch in Richtung ... ja, wohin eigentlich?

Finn und ich erreichten ein großes Freigelände, irgendwo in der Ortsmitte unseres Stadtteils. Ich hatte den Platz zuvor noch nie gesehen, da er außerhalb meines Pinkel-Reviers liegt, und das zum Glück. Ein trostloses Stück Kleinstadt stach mir entgegen. Viel Beton und wenig Möglichkeiten für Kinder, ihre freie Zeit auch mal intensiv zu nutzen. Es war einer dieser klassischen Orte, an denen Stadtverwaltungen krampfhaft versucht hatten, Spiel- und Freizeitmöglichkeiten für Kinder zu errichten. Dieser Versuch beinhaltete in erster Linie, Tischtennisplatten aus Waschbeton aufzustellen und schweineteure Bänke eines chilenischen Avantgarde-Künstlers zu installieren, die ebenfalls aus kaltem Beton und so dämlich designt waren, dass hier nicht mal ein kleiner Hundehintern wie meiner Platz finden konnte. Und wenn sich doch mal das Gesäß einer Oma aus Altersschwäche auf eine der kunstvollen Konstruktionen verirrte, dann zückte sie wahrscheinlich eilig die Krankenkassenkarte, um sich tags darauf vom Hausarzt wegen der Hämorrhoiden behandeln zu lassen, die sie sich durch das Sitzen auf dem kalten Stein eingefangen hatte. Ein altes Metallgestänge ließ mit verdammt viel Phantasie auf ein Fußballtor schließen, und ein großes, verbeultes Metallschild wies alle Kinder, die sich dennoch hierhin verirrt hatten, darauf hin, was hier alles verboten war. Ein Schild mit den Hinweisen, was erlaubt ist, wäre wohl deutlich kleiner und somit kostengünstiger gewesen. Es fehlte eigentlich nur noch das Schild mit der Aufschrift »Rasen betreten verboten« vor dem Fußballtor. Ich frage mich ohnehin immer, wie diese Rasen-betreten-verboten-Schilder mitten auf eine Grünfläche kommen.

Finn zeigte auf zwei große Wagen eines Zirkusschaustellers, die mitten auf dem Gelände parkten. Es waren die letzten beiden. Ein runder Rest Sägemehl auf dem Platz machte klar, dass hier bis vor kurzem noch Rambazamba in der Luft gelegen haben musste. Na toll, dachte ich mir. Da haut man einmal in seinem Leben von zu Hause ab, und dann ist die Zirkusparty gerade vorbei.

Wir marschierten zu den beiden Ungetümen hin und stellten fest, dass der eine Hänger das auseinandergebaute Kassenhäuschen geladen hatte, während der andere der XXL-Wohnwagen des Betreibers war. Ein großer, bulliger und recht unentspannt wirkender Kerl im Blaumann, der auf den Namen Costa hörte, scheuchte einen kleinen Jungen um die Trailer herum.

»Tobbyyyyy, wat is mit die Bremsklötze? Hasse die Satellitenschüssel eingeklappt? Mann, mach! Morgen will dein

Vatter den ganzen Scheiß auffe Fähre stehen haben. Ich will getz fahren!«

Der Motor des 15-Meter-Ungetüms begann sich warm zu laufen. Der kleinere Trailer mit dem Kassenhäuschen drauf war bereits losgefahren. Die Schaustellergilde war im Aufbruch, und irgendwie roch ich die Chance, mit ihnen gemeinsam von diesem trostlosen Ort wegzukommen.

»Finn, quatsch den Kleinen doch mal an. Vielleicht können die uns 'ne Ecke mitnehmen.«

Finn schaute zunächst so verschüchtert, als hätte ich ihn gebeten, mal eben Anna-Lena anzuzünden.

»Na, guck nicht so. Die können uns sicher 'n Stück mitnehmen. Hau den Jungen jetzt endlich mal an, sonst wird das nie was mit deinem Selbstbewusstsein.«

Das ließ Finn nicht auf sich sitzen, und so kamen er und der Zirkusjunge ins Gespräch.

Dabei stellte sich heraus, dass der Junge der Sohn des Zirkuschefs war und hier im Betrieb seiner Eltern ordentlich mit anpacken musste. Das sei aber normal für Zirkuskinder, wie er uns erzählte. Er war vielleicht elf Jahre, also so jung wie Finn-Luca, und führte ein komplett anderes Leben, als Finn und ich es je gekannt hatten. Ein Stundenplan mit allerhand erzwungenen Aktivitäten am Nachmittag, wie ihn Kinder wie Finn-Luca aufs Auge gedrückt bekommen, war dem Jungen, der den Namen Toby trug, absolut fremd. Er hatte nicht mal einen herkömmlichen Stundenplan, da er als Schaustellerkind keine feste Bildungsanstalt besuchte, sondern auf eine sogenannte Stützpunktschule ging, also eine Einrichtung, die in der Nähe der Orte liegt, in der die Schausteller gerne mal Station machen. Alternativ gibt es wegen der Schulpflicht, die ja auch für Schaustellerkinder gilt, auch Schulen, die mehr oder weniger mit den Schaustellerbetrieben mitreisen, oder sogar Lehrer, die von umsatzstarken Zirkusbetrieben privat beauftragt werden, um die mitunter große Schar an Erziehungspflichtigen in den Griff zu bekommen. Auch das E-Learning, also das Lernen mit Laptop und Material aus dem Internet, hat langsam, aber sicher in die Welt der reisenden Kinder Einzug gehalten. Coole Sache, wie ich als unbeteiligter Hund fand.

Bisher war mir die Zirkus- und Schaustellerwelt nur von der tuntigen Pudelnummer aus dem Kinderzirkus her bekannt. Aber aus dieser Perspektive ist Zirkus ja mal eine ganz andere Geschichte. Allerweltsfamilien wie die Klein-Urbans halten sich einen Hund wie mich, damit ich in einer isolierten Welt als tierischer Menschersatz das Familienleben runder mache, und ein Kind wie Toby ist von Dutzenden Tieren umgeben, die täglich so viel wegfressen, wie ich in hundert Hundeleben nicht schaffe.

Wir fragten Toby auch, wohin die Reise denn als Nächstes ginge. Ich erhoffte mir die Chance, ein Stück mitfahren zu können. Als Vorwand gab ich an, so einen megagroßen Wohntrailer auch mal von innen sehen zu wollen. Und als Toby uns die ausfahrbaren Seitenelemente des Wohnwagen-Monstrums vorführte, ging mein Plan auf, und der Caravan setzte sich in Bewegung. Schiffschaukelbremser Costa gab eilig Gas, und wir hingen zusammen mit Toby mehr oder weniger ungewollt im Trailer fest. Megafett! Reihenhaus ade. Junger Hund zum Mitreisen gesucht!

Finn erzählte Toby, dass sein Alltag sehr stark von seinen Eltern dominiert würde. Bedingt dadurch, dass sie beide berufstätig sind, wird auch der Zeitplan Finn-Lucas und anderer Kinder in »normalen« Familien an den zeitlichen Rahmen der Eltern angepasst. Wahrscheinlich ist das unter anderem ein Grund dafür, warum Ganztagsschulen in Deutschland immer beliebter werden. Das Kind wird bis nachmittags am subventionierten Mittagessen geparkt, bis Solveig wieder daheim ist und Zeit findet, ihr Kind weiterzubeschäftigen. Allerdings wird durch die Ganztagsschulen der Tag eines Kindes auch nicht länger, so dass diese häufig dazu führen, dass die ohnehin schon knapp bemessene Freizeit noch weiter reduziert wird und immer mehr von den Eltern präferierte Aktivitäten in immer kürzerer Zeit vonstattengehen müssen. Auch das G8-Modell, das nichts mit Weltpolitik zu tun hat, sondern das ein früheres Abitur nach zwölf Schuljahren ermöglicht, ist sicher ein Förderer der Ganztagsschulen und bewirkt nicht selten noch mehr Stress im Tagesablauf eines Kindes. Der Begriff Turboabitur macht eindeutig klar, dass das Kind in Turbozeit durch die Schullaufbahn getrieben werden soll.

Man kann also zusammenfassen, dass Tobys Eltern Schausteller sind, die von einem Event zum anderen reisen, und übereifrige Eltern wie die Klein-Urbans Eventmanager, die das eigene Kind zum Star in der Manege machen wollen und es von einer Vorstellung zur anderen scheuchen. Insofern haben die Leben der beiden Kinder zumindest auf eine gewisse

Art und Weise doch noch was gemeinsam. Keine zwanzig Minuten später, ich hatte gerade ausgiebig die Taschenfederkerne der Klappbetten des riesigen Trailers getestet, hielt das Gespann mit Anhänger plötzlich an. Eine bunte Brille fiel durch den abrupten Halt aus einer Schublade. Ich setzte sie mir auf die Nase. Sie war nicht mal der kleine Bruder von Ray Ban, aber trotzdem eine lustige Sache, die meinem neuen Stil Kontur verlieh und mir gut stand. Nur der juckende Pyjama nervte immer noch und zerstörte das Gesamtbild eines echten Rocker-Terriers. Toby erkannte unterdessen die Chance, Costa Bescheid zu sagen, dass er unbeabsichtigt zwei blinde Passagiere mitgenommen hatte. Er öffnete die Tür des Trailers und sprintete zum Fahrerhaus der Zugmaschine. Ich stand mit Finn in der Tür des Zirkuswagens und kam mir mit der Brille auf der Nase und dem Angorapyjama vor wie Oleg Popow, der Clown, dem die Hundedamen vertrauen. Ein Handy, das anscheinend Toby gehörte, lag auch auf dem Boden. Es war aufgrund der Vollbremsung durch den halben Trailer geflogen. Finn hob es auf, und wir warteten, dass Toby endlich zurückkam und wir uns vom ihm verabschieden und bei ihm bedanken konnten. Doch als wir gerade aus dem Wohnwagen ausstiegen, fuhr das Ding plötzlich an. Das ganze Wohnwagengespann setzte sich in Bewegung. Die Tür vom Wohnwagen stand noch sperrangelweit offen, und der Trailer fuhr einfach weiter. Toby saß in der Zugmaschine und winkte uns panisch durch die Rückscheibe zu. Das war nicht auf seinem Mist gewachsen, dachte ich mir, aber Synapsen-Jongleur Costa hatte ihm wohl keine Wahl gelassen. Die Welt der Artisten zog an uns vorbei, und noch ahnten wir nicht, dass uns die versehentlich erstandene Brille und das Handy noch ordentlich Zirkus machen würden.

Wir standen mitten auf einer großen Verkehrsinsel irgendwo im Nirgendwo. Um uns herum Hunderte von Menschen.

Der Premium-Kauartikel

Kaufen Sie gerne ein? Sind Sie auch einer dieser Shopper, die ihr Geld für alle möglichen Dinge ausgeben, die auf den ersten Blick überlebenswichtig erscheinen? Ist das ALDI-Werbeblättchen für Sie eine Art Neues Testament? Dann haben Sie mit der Zeugung Ihres Kindes und dem Erwerb Ihres kleinen Vierbeiners schon mal alles richtig gemacht. Es gibt neben Autozubehör, Silvesterböllern und Mittwochslotto nicht viele Dinge im Leben eines Bundesbürgers, für die er mehr Geld verballern könnte als für Kinder und Hunde. Warum er das tut? Nun, es liegt doch auf der Hand. Man hegt und pflegt all das fast zu Tode, was einem ans Herz gewachsen ist. Der durchgerostete alte Twingo bekommt immer noch das überteuerte Felgenspray aus dem Teleshopping, Oma die *Wild und Hund* im Zwei-Jahres-Abo und der Sohnemann in Form von Konsumartikeln den Rest des Monatseinkommens. Liebe und Zuneigung kennen eben keine finanziellen Einschränkungen. Man investiert in Glückseligkeit. Geht es dem kleinen Geschöpf gut, geht es dem Großen auch gut. So oder so ähnlich müssen Millionen Deutsche wohl denken, wenn sie zu Weihnachten das Kind unter dem Baum nicht mehr finden, weil es unter Hunderten von Geschenken begraben wurde. Beim Thema Hund ist das nicht anders, so dass auch hier eine Industrie entstanden ist, die dem stolzen und glückseligen Hundebesitzer die Möglichkeit eröffnet zu konsumieren, bis der Tierarzt kommt.

Der Deutsche gibt für seine 31 Millionen Haustiere im Jahr knapp neun Milliarden Euro aus. Davon allein gut vier Milliarden Euro nur für das Futter der Tiere. Ich als betroffener Familienfiffi möchte mich da nicht beschweren, ein bisschen Haute Cuisine schadet ja nicht. Ich bin mir aber nicht so ganz sicher, ob ein gewöhnlicher Hund unbedingt kaltgepresste, gedünstete Kartoffeln mit Eismeerfisch und Alpenkräutern braucht. So stand es neulich auf der Verpackung einer Hundemahlzeit. Da bekommen Mälzer, Rach und Schuhbeck vor Neid große Augen. Nee! Ich als angehender Köter wäre auch mit simplem Fleisch zufriedenzustellen. Als Belohnung für den zielgerichteten Biss in den Allerwertesten des Briefträgers ist leckere Nassnahrung ja zwischendurch mal okay, aber ansonsten käme ich auch mit dem Trockenfuttermist ganz gut über die Runden. Man muss ja auch mal an die armen Vierbeiner in der dritten Hundewelt denken, denen es längst nicht so gutgeht wie uns in dieser Überflussgesellschaft hier in Westeuropa. Brot für die Welt! Aber die Wurst bleibt hier? Schön und gut, aber von solchen Slogans wird ein Hirtenhund in Kirgisien auch nicht richtig satt.

Somit sind knapp vier Milliarden Euro für Haustierfutter schon eine beachtliche Hausnummer. Ebenso wie die Zahl 40 000 000. So viel zahlen Haustierbesitzer alljährlich allein für Tierbestattungen. Okay, früher wurden wir zwischen Primel und Kirschbaum einen Spatenstich tief im Garten verscharrt. Das war jetzt nicht unbedingt der Platz, den sich ein Hund

DIE GRÖSSTEN ERZIEHUNGSIRRTÜMER

Hunde, die mit dem Schwanz wedeln, beißen nicht

nach einem langen Hundeleben vorgestellt hat. Da ist ein Staatsbegräbnis mit Wagenkorso und goldenem Kondolenzbuch natürlich schon ein Fortschritt. Aber so eine hohe Gesamtsumme, nur um uns Haustiere stilvoll ins Nirwana verfrachtet zu bekommen? Ich bin gerührt. Was ich als insolventer Haushund mit dem Geld alles anstellen könnte: einen Erotikkanal nur für Hunde gründen und die Sendungen selbst moderieren. Oder die geile rothaarige Mieze an der Drogeriekasse bestechen, damit sie die Hundeschokolade als Quengelware endlich in Augenhöhe ins Regal räumt.

Frauchen und Herrchen sehen das aber anders und spazieren mit dem vollen Geldbeutel lieber in sogenannte Tierhandlungen, früher auch mal Zoohandlungen genannt. Da der Begriff Zoo-HANDLUNG aber irgendwie leicht anrüchig nach sogenannter Zoophilie klingt (Wikipedia weiß Rat!), hat sich wohl der Begriff Tierhandlung durchgesetzt. Doch auch diesen Begriff lasse ich als stolzer Terrier nicht so stehen, denn Tiere werden da fast gar nicht mehr gehandelt. Zumindest keine Hunde. Wir sind ja schließlich keine Baumwollsklaven aus dem vorletzten Jahrhundert. Tiere werden zwar juristisch nach wie vor als Sache angesehen, was schlimm genug ist, aber das Wort Handel in Bezug auf meine Hundeseele lasse ich nicht durchgehen. So! Einigen wir uns also auf den Begriff Fachgeschäft für Tierbedarf. Dieser Tierbedarf sorgt nämlich in erster Linie für volle Kassen und ist längst Kerngeschäft der Heimtierindustrie geworden. Ob immer ein tatsächlicher Bedarf vorhanden ist, ist jedoch fraglich, da ja zunächst einmal der Bedarf des Frauchens und Herrchens gestillt wird, die den

Umwälzbrunnen am Trinkwassernapf für dringend nötig erachten. Erst danach kommen wohl wirklich notwendige oder gar erzieherische Aspekte ins Spiel. Der Bedarf eines Tieres ist da schon wesentlich bescheidener, wie ich als Betroffener eindeutig bestätigen kann.

Trotzdem war ich auf meinem Roadtrip zusammen mit meinem Spezi Finn-Luca natürlich scharf darauf, auch mal so ein Fachgeschäft für Tierbedarf zu betreten. Es wäre das erste Mal gewesen, denn bisher wurde mir alles an sinnvollem und sinnlosem Doggie-Krimskrams von den Klein-Urbans nach Hause gekarrt. Als Hund zum ersten Mal eigenmächtig ein Geschäft für Tierbedarf zu beschreiten, ist in etwa so, als würde man einen Fünfzehnjährigen einladen, im Beate-Uhse-Zentrallager Jahresinventur zu machen. Aber alles schien möglich, denn ich, Dandy, war ja nun ein freier Hund.

Finn-Luca und ich standen immer noch auf der Verkehrsinsel, auf der wir mehr oder weniger freiwillig gestrandet waren, als uns die Zirkusfreaks aus ihrem Wohnwagen entlassen hatten. Finn-Luca hielt das Handy in der Hand, und ich kam mir in meinem Hundepyjama und mit der bunten Clownsbrille auf der Nase ziemlich albern vor. Auch das gelbe Halsband mit den Glücksherzen wirkte ein bisschen wie das Sommerfest der Volksmusik. Ein paar elegante Chihuahua-Damen, die an uns vorbeizogen, guckten schon so, als wollten sie gerade panisch nach dem Hundefänger rufen. Ich brauchte dringend ein modisches Outfit. Ein Holzfällerhemd, eine 501 mit Karottenschnitt oder eine echte Rocker-Kutte. Irgendwas Cooles für einen echten Outlaw-Terrier wie mich.

»Finn, wir müssen hier schleunigst weg. 'ne Verkehrsinsel ist nicht der passende Ort für Asphaltcowboys wie uns. Wir brauchen die freie Wildbahn. Da drüben, guck mal. Die Dekadenz-Arkaden, oder wie der Bunker heißt. Hab ich mal im Käseblättchen gesehen, das wir immer auf dem Altpapierstapel liegen haben. Dreihundert Geschäfte, Stores und Shops unter einem Dach. Yeah!«

Finn schaute mich scheel von der Seite an. »Dandy, Geschäfte, Stores und Shops sind ein und dasselbe. Oma sagt dazu immer Geschäft, Mama Shop und Kiddies wie ich Store.«

Ich musste Finn-Luca beizeiten dringend dieses altkluge Gequatsche abgewöhnen, aber mein Hauptaugenmerk lag nun auf der Tatsache, dass wir mitten in einer Innenstadt gelandet waren und sich hier, an diesem riesigen Einkaufszentrum, die perfekte Möglichkeit bot, mal in das Paradies für Hundezubehör zu spazieren, von dem ich immer so viel gehört, das ich aber nie von innen gesehen hatte. Ich weihte Finn in meine Pläne aber nicht ein. Er hatte das mit dem Besuch der Shoppingmall ohnehin falsch verstanden.

»Super!«, sagte Finn. »Da können wir dann die Latte-Gläser für Solveig kaufen und mit dem Bus wieder nach Hause fahren.«

Finn nervte mich. Erstens hatte er sicher nicht genug Taschengeld in seinem Daisy-Duck-schlag-mich-tot-Filzbrustbeutel, um Latte-Gläser und eine neue Hundekutte für mich zu kaufen, und zweitens hörte ich schon wieder den furchtbaren Begriff »zu Hause«, der mir sehr missfiel, da unser

Roadtrip ja gerade erst richtig begonnen hatte und ich noch so einiges zum Thema Erziehung in deutschen Familien entdecken wollte. Ich musste also wieder tief in die Trickkiste greifen.

»Finn, schau doch erst mal nach, was Daisy so unterm Rock zu bieten hat!«

»WAS soll ich machen, Dandy?«

»Mann, du geistiger Tiefflieger, du sollst gucken, was wir an Asche zur Verfügung haben. Wie viel haste in deinen Filzklingelbeutel reingesteckt?«

Wir stellten fest, dass er sage und schreibe achtzig Euro Taschengeld angehäuft hatte, was selbst für ein verhätscheltes Paschakind wie Finn-Luca eine stolze Summe ist. Oma musste wohl den Bausparvertrag aufgelöst haben.

»Alter, wo hast du denn die ganze Kohle her?« Ich war perplex. »Davon können wir ja Latte-Gläser aus der Ming-Dynastie kaufen und die Rocker-Kutte mit Goldfransen obendrauf.«

»Rocker-Kutte? Dandy, was'n für 'ne Rocker-Kutte?«

Ups, da hätte ich mich doch fast schon verraten. Finn hatte ja keine Ahnung, dass ich einige Tage zuvor im Internet bereits ein passendes Outfit für unser neues Straßenleben entdeckt hatte. Im Onlineshop eines Modelabels für Hunde, das im Großen und Ganzen eher saublöde T-Shirts mit Aufdrucken wie »Hundefurzpolizei im Einsatz« anbot, war ich auf eine Modelinie gestoßen, die mir zum ersten Mal sympathisch und passend aussah. Der Rocker-Look für den kleinen Terrier ohne Leine.

Wir marschierten in die Mall, und ich gab mir Mühe, Finn so zu steuern, dass wir nicht direkt am erstbesten Spielzeugladen oder an irgendwelchen Glas- und Porzellanläden vorbeikamen. Neben der Tatsache, dass mir die Latte-Gläser ja latte waren, hatte ich keine gesteigerte Lust, unseren kleinen Ausflug mit einer Kiste sperriger und leicht zerbrechlicher Glaskelche fortzusetzen. Ich mache es kurz: Der Spielzeugladen glückte, die Latte-Nummer nicht. Keine zwanzig Minuten später stand ich wie ein begossener Pudel mit einem freudestrahlenden Finn-Luca vor einem Geschäft für Deko-Scheiß aller Art. Ein Laden, von Frauen erfunden, von Frauen gegründet und von Frauen gnadenlos geführt. Und mit dem heute wahrscheinlich einzigen Kunden, der einen Schniedel in der Hose hatte: Finn-Luca. Halleluja! Finn hatte sein anerzogenes schlechtes Gewissen beruhigt, einen Karton nagelneuer Latte-Gläser auf dem Arm, da dieser nicht in den Rucksack passte, und ich noch immer keinen Schimmer, wo denn dieser vermaledeite Schuppen für Heimtierzubehör war.

Wir kamen an großen Gruppen von Anna-Lenas und Finn-Lucas am Indoor-Spielplatz des Einkaufszentrums vorbei, bogen um eine Ecke, und plötzlich begann die Luft gülden zu schimmern. Engel auf vier Pfoten sangen im Chor, und eine Mischlingshündin in Strapsen winkte mich mit lüsternem Blick an den Laden heran. Ich hüpfte wie ein Balletttänzer auf LSD in Richtung Eingangspforte. Da war es also, das Hundeparadies in Form einer Megazoohand... äh, Tier-, also, Sie wissen schon. So ein *real*-Markt für Hunde quasi. Ich erwachte aus meinen Träumen, als ich nicht gegen die prallen Zitzen der Mischlingshündin stieß, sondern gegen den matschigen und halb aufgepumpten Reifen einer Schubkarre. Ein älterer Herr der Marke Bobtail-Bernd schob diese nämlich vollbeladen mit riesigen Säcken Hundefutter aus dem Laden heraus. Sein gigantischer, haarbeladener Mopp auf vier Beinen flanierte mit einem süffisanten Grinsen im Gesicht stolz daneben. Oh, dachte ich mir. Vier Milliarden Euro werden jährlich für Tierfutter in Deutschland ausgegeben. Da fährt dann wohl die eine Hälfte gerade an mir vorbei. Schon erstaunlich, was ein ausgewachsener Bobtail so weghaut.

Finn und ich gingen in den Laden, na ja, eher in die Halle, und in diesem Moment war ich mir nicht mehr so sicher, ob das Geschäft nicht auch was mit dem Beate-Uhse-Zentrallager zu tun hatte. Alles war glänzend, vieles aus Gummi und die Ketten, Leinen und Käfige … na ja, wer drauf steht, findet sich hier auch als Mensch zurecht. Mir ging es ja bekanntlich in erster Linie nur um ein perfektes Outfit. Ich musste endlich diesen Pyjama und das Halsband loswerden, um beides majestätisch auf einem großen Haufen Karnickelstroh verbrennen zu können.

Als ich gerade im Kassenbereich nach Feuerzeugen suchte, wurden meine Pläne von einer kleinen Verkäuferin jedoch jäh unterbrochen. Die junge Dame fing mit dem obligatorischen Satz an, der anscheinend auf jeder Verkaufsschulung für Zoofachpersonal den Teilnehmern eingetrichtert wird: »Na, du hast aber einen ganz Feinen!«

Ich schaute zwischen meine Beine, aber die Verkäuferin sprach wohl Finn an und meinte keine einzelnen Körperteile, sondern das große Ganze namens Terrier.

Zudem setzte die Verkäuferin diesen Mamiblick auf, den Mütter immer dann im Gesicht haben, wenn sie sich über eigene oder fremde Kinderwagen beugen, um dem Kind mit ihrer Wintergrippe auch möglichst nahe sein zu können. Gepaart wird dieser Ernie-und-Bert-Gesichtsausdruck dann gerne mal mit der typischen verniedlichenden Babysprache. Warum müssen alle Menschen mit uns Hunden eigentlich so reden, als seien wir entweder kleine Kinder, die der deutschen Sprache noch nicht mächtig sind, oder scheintote Opas, die kein perfektes Gehör mehr besitzen? Hunde verstehen weder Deutsch noch Kisuaheli. Sie verstehen zwar Kommandos und können auch abschätzen, was Frauchen und Herrchen von ihnen erwarten, wenn sie streng an der Leine ziehen, aber dem Hund »Na, wer bist DU denn?« mit auf den Weg zu geben, ist dann doch etwas naiv. Was soll das Tier denn antworten?

»Frau! Ich bin ein Hund. Zwar habe auch ich eine große Schnauze und einen wedelnden Schwanz. Ich bin aber trotzdem ein HUND und nicht dein Mann. Also lass mich bitte mit rhetorischen Fragen dieser Art zukünftig in Ruhe, Frau.«

Auch die satzbautechnisch fragwürdige Konstruktion des Befehls »Komm hier!« oder »Komm bei Fuß!«, die viele Hobby-Erzieher auch gleichzeitig zum Herbeirufen ihres Kindes wählen, bringt den meisten Hunden nur etwas in Kombination mit dem drohenden Zeigefinger, der streng vor die Füße des Herrchens zeigt. Was mich als Hund aber am meisten auf die Palme bringt, sind Frauchen, Herrchen und auch Verkäuferinnen, die zehn Zentimeter vor mir stehen, mir tief in die Augen blicken und dann äußern: »Ja, wo isser denn?«

Ich habe mir für diese nicht selten vorkommenden Fälle mittlerweile die Visitenkarte eines guten Augenarztes organisiert, die ich schnell mal zücke. Sollte mein Gegenüber diese Karte dann nicht erkennen können, so folgt als Ergänzung auf »Ja, wo isser denn?« noch kurz: »Der Kampfhund steht vor dir, mein Freund!«

Ich musste dieses animalische Kassenungetüm dort im Laden also dringend loswerden, da ich mir zunächst selbst ein Bild davon machen wollte, was wir eventuell erstehen sollten und was in diesem Geschäft der größte Humbug war, den die Hundezubehör-Industrie so auf den Markt geworfen hatte.

Es war faszinierend, was ich hier alles zu Gesicht bekam. Der Laie wird nun vielleicht denken, dass man in jedem der über viertausend Fachgeschäfte für Heimtierbedarf in Deutschland dasselbe Warenangebot bekommt und sich dieses auf ein paar wenige Standardartikel beschränkt, die ein Frauchen oder Herrchen für den Hund so braucht. Futter, Leine und Fressnapf halt. Lächerlich! Was ich hier sah, sprengt die Vorstellungskraft eines kleinen, drahtigen Terriers, wie ich es bin. Ich setzte mich unauffällig von Finn und der Verkäuferin ab. Die Dame verwickelte den Kleinen in ein intensives Gespräch über Premium-Kauartikel, und ich nutzte die Gunst der Minute, um mal etwas detaillierter in den Regalen zu stöbern.

Wozu in aller Welt benötigt ein Herrchen beispielsweise ein Rüden-Fernhaltespray? Das ist ein Duftstoff, den man an warmen Tagen auf seine rattenscharfe Hündin sprüht und der dann dafür sorgt, dass ein bildhübscher Rüde wie ich keinen Bock mehr auf die Alte hat, weil sie nicht mehr so attraktiv riecht. Was soll denn so eine erzieherische Maßnahme bewirken? So etwas ist ein Fall für die Genfer Hunderechtskonvention, aber nicht für den Zoohand…, äh, Fachhandel. Das ist in etwa so, als würden Mütter ihren pubertierenden Töchtern Gülle de Toilette auf den Pelz schütten, damit das Kind garantiert keine halbstarken Pickel-Teenies mit nach Hause schleppt. Das hat mit Evolution so viel zu tun wie der Papst mit einer Samenbank. Und der Clou ist, dass das Zeug häufig unter dem Namen Bitch-Spray verkauft wird, was ja neben Hündin im Altenglischen auch gerne mal als Schlampe ins Neudeutsche übersetzt werden kann. Ohne Worte, oder?

Nee, mir war klar, dass die Hunde-Bitches da eher was Amtliches aus der Parfümerie nebenan auf das Fell brauchten, damit ich mich auch weiterhin für die Damenwelt auf vier Beinen begeistern konnte.

Ich schlenderte weiter. Rinderstangen zum Kauen? Auch nicht schlecht. Ich fragte mich nur, an welchen Stellen des Körpers Rinder eigentlich Stangen haben. Na ja, egal. Hühner-Donuts! Ein Traum. Nun wurde mir zum ersten Mal bewusst, dass der Heimtierbedarf häufig darauf abzielt, Alltagsgegenstände oder Lebensmittel des Menschen für den Hund zu adaptieren. Angefangen vom Hundesofa in Puppenhausgröße über diesen fürchterlichen Hundepyjama bis hin zu

Hühner-Donuts in der charakteristischen Form mit dem Loch in der Mitte – so ist man anscheinend bemüht, den Hund als treuen Freund immer mehr zu vermenschlichen. Ein Grund dafür ist sicher auch die Verniedlichung vieler Tiere. Für zahlreiche Hundehalter ist der kleine Pinscher auf dem Arm immerhin so etwas wie ein Kindersatz, der nie größer oder erwachsen wird. Das Tier kann also, ähnlich wie ein Kleinkind, ausstaffiert, dann umsorgt und erzogen werden. Und wenn dem Herrchen die Donuts aus Teig schmecken, dann werden die Donuts aus Hähnchenfleisch dem geliebten Hündchen sicher auch guttun. Ich als Hund muss das an dieser Stelle jedoch ein wenig revidieren, denn uns Tieren ist es in der Regel egal, ob das geschlachtete Huhn nun in rund mit Loch oder als Breihaufen serviert wird. Wir sind Tiere, die andere fressen, ebenso wie der Mensch. Nur erledigen wir das ausschließlich zur Nahrungsaufnahme, bedingt durch den Umstand, den man Hunger nennt, und nicht, um nach dem Verzehr bei Kerzenschein und Andrea Bocelli sagen zu können: »War das ein delikater, romantischer Abend, was? Das Essen sah ganz vorzüglich aus, liebster Hubertus.«

Ich hole eine Packung Kaugeweih aus dem Regal. Das ist für Hunde in etwa das, was für Menschen ein zwanzig Jahre altes Vitaminbonbon ist. Hart, aber lecker. Menschen hängen das Geweih an die Wand, Hunde kauen darauf herum. Das ist natürlich, wie alles in der Tierfutterindustrie, absolut gesund, da mineralisierend, und dental überlebenswichtig, wenn man als Hund strahlende Zahnreihen haben möchte. Kunden, die diesen Artikel kauften, interessierten sich auch für folgenden

Artikel: Dental-Gel zur Plaque-Entfernung. Es wurde langsam bizarr, was man als Hundebesitzer alles erwerben konnte, damit das Tier auch artgerecht erzogen und gehalten werden kann.

Nach Passage der 575 Sorten Hundeshampoo plus Conditioner und Fellglänzer entdeckte ich in der Hunde-Fetischabteilung die zahlreichen Gummiartikel, die das Hundeleben noch schöner machen sollten. Während früher ein vergammelter Tennisball oder das Bein des Eichenholzesstisches ausreichten, soll der liebe Vierbeiner heute auf allerhand anderen Dingen herumkauen, um sich die Langeweile zu vertreiben. Besondere Aufmerksamkeit weckte bei mir ein Gegenstand, der von der Form her am Hund gleich in mehrere Löcher gepasst hätte, aber wohl ebenso wie das Kaugeweih zum Kauen im Mund gedacht war. Der Clou war, dass man das Spielzeug mit Hundefutter befüllen konnte, das der Hund aber erst nach langer, mühsamer Arbeit aus dem Inneren des Gummiknödels wieder herauslutschen konnte. Bei den Menschen heißt so was Juniortüte, nur dass das Essen da leichter rauszufischen ist und das Spielzeug in der Tüte liegt. Was soll das, liebe Hundezubehör-Industrie? Mit Essen spielt man doch nicht. Wenn ich als verhätschelter Familienhund Hunger habe, dann gehe ich zum Kühlschrank und … Halt! Schlechtes Beispiel. Der Kühlschrank ist viel zu hoch für mich. Ich gehe zu meinem Hundenapf und fresse daraus. Aber den Lunch im Spielzeug zu verstecken, damit ihn der Hund als Beschäftigungsmaßnahme wieder herauslutschen kann, ist in etwa so, als würde ich

Finn-Luca Cornflakes mit Milch in einen Playmobil-Feuerwehrwagen hineinmatschen. Das passt irgendwie nicht zusammen. Ähnlich funktioniert auch der Anti-Schling-Napf, dessen Innenleben aus Gummidreiecken besteht und verhindern soll, dass verfressene Hunde, wie ich einer bin, ihr Futter zu hastig und somit ungesund herunterwürgen. Das Futter ist also quasi zwischen Hindernissen versteckt. Das ist so, als würde man Ihnen eine Currywurst mit Stacheldrahtrand vorsetzen. Und wenn man so manche Zeitgenossen in einer Fastfood-Kette beim unappetitlichen Verzehr ihres Cheeseburgers beobachtet, so wäre dieses Produkt aus medizinischer Sicht dort wahrlich sinnvoller aufgehoben als vor der Schnauze eines Hundes.

Finn kam auf mich zu. Es war ihm gelungen, die aufdringliche Verkäuferin abzuschütteln. Trotzdem merkte man, dass er sich in diesem Laden nicht sehr wohl fühlte, so dass er mich bat, mal hinzumachen, damit wir das Zauberland von Pfotenschutz, aufblasbarem Halsschutz und Bootkissen wieder verlassen konnten. Es war zudem schon recht spät geworden, und die Geschäfte im Center würden auch irgendwann schließen.

Ich fasste einen Entschluss. »Finn, zieh mir endlich mal dieses komische Hundepyjamadingsbums und das Halsband aus. Ich will jetzt 'ne Hundekutte.«

»Eine Hundekutte? Was ist das denn?«

Finn zog mir den juckenden Wollpyjama aus, und ich packte ihn mir ins Maul. Dann führte ich Finn in die Glitzerabteilung des Zoogeschäftes. Hier dominierten die glänzenden Luxusartikel, wie Hundewasserbetten mit silbernen Applikationen und Halsbänder mit Bling-Bling-Kristallen.

»Finn, hol mal schnell so 'n Einkaufswagen, damit wir die ganzen Sachen, also ich meine, die ein, zwei Teile, nicht tragen müssen.«

Finn schaute erneut besorgt auf die Uhr und organisierte einen Einkaufswagen. Ich sah, dass die lästige Verkäuferin wieder im Anmarsch war, und musste umplanen. Ein gemütlicher Einkaufswagen-Füllmarathon war nicht mehr möglich. Es musste nun schnell gehen.

An einem Mini-Kleiderständer fand ich endlich das Modelabel mit den Rocker-Kutten für Hunde. Eine kleine, schwarze Lederjacke lachte mich an. Sie war leicht speckig und sah, obwohl sie neu war, sehr getragen aus. Die Kutte hatte quasi den Look, den eine Lederjacke haben muss, um gelebt auszusehen. Genau das Richtige für mich. Die zahlreichen Aufnäher auf der Brustpartie, mit Titeln wie »Kampfschmuser« und »Sofawolf«, konnte man bestimmt ohne viel Aufwand entfernen.

Die aufdringliche Verkäuferin quatschte Finn erneut an, ob sie, die fleischgewordene Kuscheldecke für Terrier, das kleine Hundi denn mal streicheln dürfe. NEIN! Sie durfte nicht! Finn stand baff mit dem großen Einkaufswagen vor der nervigen Verkäuferin. Der Winkel, in dem der Einkaufswagen parkte, war allerdings günstig, so dass ich mir unbemerkt die Lederkutte samt Bügel schnappen konnte und den Pyjama an ihre Stelle an den Kleiderständer hängte. Ich kroch direkt in die Jacke rein, denn ich sah es nicht ein, dass ich eine Jacke bezahlte, wenn ich gleichzeitig einen Luxus-Hundepyjama für 64,99 Euro dortließ. Ein Tauschgeschäft wie im alten Rom also, welches nun seinen Abschluss fand.

Die Hand der Verkäuferin kam bedrohlich nahe, und Finn war wie so oft mit der Situation überfordert. Ich fletschte die Zähne, damit mir dieses weibliche Ungetüm nicht direkt die neue Kutte betatschte, und schob den Einkaufswagen schwungvoll in ein Papp-Display mit Hunde-Fruitis. Das sind diese viel zu gesunden Hunde-Vitaminbomben zum Trinken. Das Display kippte um, und es bestand die Möglichkeit, am nächsten Tag mal mit Hauptmann Multivitamin statt mit dem General zu bohnern. Eine Riesensauerei. Ich spurtete durch die Gänge des Ladens, Finn panisch hinter mir her.

»Dandy, bist du bekloppt? Was machst du denn da? Lass die Jacke hier.«

Ich lief wie ein Verrückter, was aber auch an dem krummen Gehopse lag, das ich bedingt durch den noch immer in meinem Nacken befindlichen Kleiderbügel produzierte. Ich hätte die Jacke richtig anziehen sollen, nicht nur halb. Wir rannten aus dem Laden. Die Diebstahlschutzwände am Eingang piepten und blinkten wie *Einsatz in Manhattan*, und Finn stand gewaltig unter Adrenalin.

Die Verkäuferin hatte zum Glück Mühe, ihre fünf Tonnen Bruttogewicht schneller in Bewegung zu setzen als sechs junge Beine am unteren Ende eines Kindes und eines Hundes. Mit anderen Worten: Sie war zweite Siegerin. Die Flucht glückte. Wir versteckten uns sicherheitshalber erst einmal im nicht einsehbaren Adventure-Tower des Indoor-Spielplatzes des Einkaufszentrums, der so schmal war, dass die Verkäuferin hier sicher nicht reinkriechen könnte, um uns zu suchen.

Wir verschnauften ein wenig, und ich zog ein bis dato positives Resümee. Zwar hatten wir mit Zirkusclown Costa und der quadratischen Verkäuferin bisher keine Freunde gewonnen, aber die sucht sich ein echter Rocker-Terrier ja auch woanders. Wir hatten ungewollt eine Clownsbrille und ein Handy mitgehen lassen und das Rocker-Outfit war ein faires Tauschgeschäft gewesen. Also alles im grünen Bereich. Ich konnte zwar immer noch nicht verstehen, warum es regelmäßig Tausende Bundesbürger in diese Haustierkaufhäuser zieht, aber es tat gut, nun mal leibhaftig gesehen zu haben, wo Solveig und die Klein-Urbans den ganzen Doggie-Krimskrams immer herschleppen.

Auch Finn war außer Atem. Er zog eine Packung Hühner-Donuts aus der Hosentasche.

»Hast du die etwa mitgehen lassen?« Ich war eine Mischung aus geschockt und erfreut. Sollte aus dem zahmen Finn-Luca ohne familiäre Kontrolle nun doch noch ein cooler Junge werden?

Finn grinste sich einen und erzählte, dass er mich dabei beobachtet habe, wie ich die Dinger minutenlang angestarrt hatte. Er wollte mir eine Freude machen, was durchaus gelungen war. Ich riss beherzt die Tüte mit den Donuts auf und wir teilten brüderlich. Nach kurzer Überzeugungsarbeit und leichtem Zögern stopfte sich, bedingt durch den nun aufgekeimten Hunger, auch Finn einen Hühner-Donut zwischen die Wangen.

Das Einkaufscenter leerte sich immer mehr, und irgendwann musste auch der letzte Laden geschlossen haben. Ich bekam davon allerdings nicht mehr viel mit. Meine Augen waren bereits geschlossen, und ich pennte ein.

DIE GRÖSSTEN ERZIEHUNGSIRRTÜMER

Schreien stärkt die Lungen

Die Mama bläst mal fleißig

Ich wurde vom tosenden Plastiklaserschwert eines kleinen Kindes wieder wach. Der Junge fuchtelte mir dicht vor der Nase herum und verschwand dann aus dem engen Klettergerüst. Finn und ich hatten tatsächlich die Nacht im Spielturm eines Einkaufszentrums verbracht. Somit waren wir zwar noch kein perfektes Straßenkind und -hund, aber immerhin schon Shoppingcenter-Besetzer.

Ich weiß bis heute nicht, wie lange genau wir todmüde in diesem Adventure-Tower des Indoor-Spielplatzes vor uns hin geschnarcht haben. Zu Hause zwischen Hundekissen und Kaffeevollautomat hin- und herzudackeln ist eine Sache, aber dieser aufwendige Marsch in die weite Welt des deutschen Erziehungsalltags war schon recht ermüdend für meine kurzen Beine. Ich gähnte vor mich hin. Es war nicht mehr allzu früh morgens, und die Geschäfte hatten bereits wieder geöffnet.

Finn war schon vor mir wach geworden und rubbelte eifrig mit dem leeren Donut-Beutel an seinem lachsfarbenen Oberkörper-Edel-Zwirn herum. Sein Magen hatte im Laufe der Nacht wohl keinen freundschaftlichen Zugang zum Hühner-Donut gefunden und ohne große Diskussion entschieden, dass die beiden keine Freunde bleiben wollten und nun wieder getrennte Wege gehen würden. Der einzige Ausweg für den Donut blieb die Speiseröhre in Fahrtrichtung Norden. Finn hatte den Hühner-Donut, der ja mehr für Hunde gedacht war, auf sein Hemd gekotzt.

»Finn, du siehst jetzt aus wie ein Gesamtstinkwerk.«

Ob der Geruch in diesem schmalen Kinderspielturm nun von halbverdautem Geflügel oder den verschwitzten Turnschuhfüßen der anderen Kleinkinder herrührte, war dennoch nicht eindeutig zuzuordnen. Mir war aber klar, dass wir hier dringend rausmussten. Dagegen war Bitch-Spray Lavendel pur. Die Sirene des Zooladens war lange verstummt, und wir waren uns sicher, dass keine unmittelbare Gefahr mehr bestand.

Finn teilte mir nun mit, dass er sich in diesem Einkaufscenter mal auf die Suche nach einem günstigen T-Shirt machen wolle, um es gegen das vollgereiherte Edelhemd zu tauschen. Er verschwand in einem CD-Store-Shop-Laden, der auch Fanartikel beziehungsweise kultige T-Shirts von diversen Bands im Angebot hatte.

Ich legte mich zum Wachwerden unterdessen neben eine der zahlreichen Bänke, die den Indoor-Spielplatz des Einkaufszentrums umzäunten, und begann inbrünstig damit, mit den Eckzähnen diese lächerlichen Aufnäher von meiner Rocker-Kutte abzureißen, die so gar nicht ins Gesamtbild eines harten Straßenköters passen wollten. »Bullyzei« und »Der tut nix!« waren ohnehin Botschaften, die an meinem Astralkörper nicht der Wahrheit entsprachen. Die Kiste Latte-Gläser thronte neben mir. Eines der Gläser hatte die Flucht aus dem Handelsimperium für animalisches Equipment zwar nicht überlebt, aber die restlichen fünf Pötte waren heil geblieben.

Ich zog noch immer etwas schlaftrunken den ersten Aufnäher von der Kutte ab, als ich endgültig wach gequält wurde. Das Handy der Zirkusfritzen begann, unaufhörlich zu klingeln. Der Klingelton war *Ha! Ha! Said the Clown* von Manfred Mann. Die älteren Semester werden wissen, dass man bei diesem Song durchaus Zahnschmerzen bekommen kann, denn Manfred Mann kann nur mit Hilfe seiner Stimme Backenzähne anbohren. Zudem hüpfte der Horrorclown aus Stephen Kings *ES* über das Handy-Display. Alles ziemlich vintage.

Mir wurde klar, dass wir wohl nicht das Handy von Toby dem Zirkusjungen unfreiwillig an Land gezogen hatten, sondern das von Costa, dem Aushilfsproll der reisenden Artisten-Show. Ich wich erschrocken zurück und beschloss, besser nicht ranzugehen. Ich hatte den etwas uncool wirkenden Zirkusfritzen Costa als visuellen Hobby-Luden noch sehr deutlich vor meinem geistigen Auge. Mir war die Sache nicht ganz geheuer, und so ließ ich das Handy so lange klingeln, bis mich auch die letzte entsetzte Mutter auf den Bänken neben mir anstarrte. Ein Hund in Rocker-Kutte, der Manfred Mann als Klingelton auf seinem Handy hatte. Ich gebe zu, das sorgte für Irritation unter den Justin-Bieber-erfahrenen Boygroup-Eltern.

Ich begann, die schwer beschäftigte Elternschar mit ihrem Nachwuchs auf dem Indoor-Spielplatz mal etwas genauer unter die Lupe zu nehmen, und erinnerte mich spontan an einen Begriff, den ich vor einiger Zeit in einer Reportage auf EinsPlus gehört hatte – die Helikopter-Eltern. Das sind Eltern, die wie Rettungshubschrauber über den Aktivitäten ihres Kindes kreisen und genau beobachten, oder besser überwachen, was das Kind so anstellt, um rechtzeitig einschreiten zu können, wenn ihrem Kind Gefahr droht. Als Gefahr wird allerdings häufig schon gesehen, wenn das Kind eigenständig atmen möchte oder gar beschließt, mal ohne Überwachung seitens der Eltern einen Fuß vor den anderen zu setzen. Solche Eltern machen sich also zu ungewollten Zivildienstleistenden an der Seite eines kerngesunden Kindes. Die imaginäre Fußfessel immer griffbereit im Prada-Handtäschchen.

Bei Hunden ist das anders, da Köter wie ich ja regelmäßig einem gewissen Leinenzwang unterworfen sind, der per se dafür sorgt, dass wir nicht viel Eigenständiges unternehmen können und sollen und der Aktionsradius auf ein Minimum beschränkt wird. Doch auch den Kindern dort auf dem Spielplatz schienen imaginäre Leinen angelegt worden zu sein, da ich permanent die Rufe der besorgten Mütter und Väter hörte.

»Justus-Janis, nun lauf mal nicht so weit weg.«

Ich erinnerte mich an den imperialen Fangstrahl aus dem *Star Wars*-Universum und sah, dass Justus-Janis, wie durch eine höhere Macht, wieder magisch zu seinem Vater zurückgebeamt wurde, obwohl er eigentlich lostoben wollte. Warum hat man dem Kind nicht gleich einen GPS-Sender eingepflanzt, der dem Vater per App jederzeit anzeigt, dass sich der abenteuerlustige Justus-Janis schon auf der dritten Sprosse der Kletterleiter befindet, was Sicherheitsstufe Gelb überschreitet, so dass Papa direkt herbeieilen muss, um das Kind in Sicherheit zu bringen?

Die besorgten Mamas und Papas, die man hier zu Gesicht bekam, waren allesamt die klassischen Latte-macchiato-Eltern, so wie Solveig und Gunnar. Erstaunlich ist, dass diese Sorte Eltern einen geschlossenen Personenkreis bildet, in den sich auf solchen Spielplätzen auch keine anders gepolte Familie verirrt. Man ist unter sich, und nur so kann man auch ausgiebig über lebenswichtige Dinge des (Kinder-)Lebens wie singende Pipitöpfchen, Milchabkühler und Babyrollatoren mit Glockenspiel philosophieren, die auch alle Eltern gleich verstehen.

»Hach, ich hab das mit dem Langzeitstillen übertrieben, Wiebke. Mein Sohn kommt nun, mit knapp acht Jahren, immer noch zu uns ins Schlafzimmer und will die Nippel. Und wenn mein Mann Tristan ihm die nicht sofort gibt, dann reagiert Sönke immer so aggressiv.«

»Friederike, dein *Mann* hat das Kind gestillt?«

»Ja, daher hat Sönke ja auch dieses chronische schmatzende Sauggeräusch, wenn er redet. Aber das wächst sich raus, hat der Kinderarzt gesagt. Tristan und ich erziehen unser Kind absolut gleichberechtigt.«

Ich hörte weitere besorgte Stimmen: »Karlotta, nur so weit gehen, wie Mama dich sehen kann.«

Woher sollte das kleine Mädchen denn wissen, was für eine Sehschwäche ihre Mutter hat? Die Kleine gehorchte trotzdem und entfernte sich keine zwei Meter weit von der besorgten

Mutter. Das Problem war nur, dass die meisten Klettergerüste auf diesem Spielplatz und auch die anderen Kinder, mit denen das Kind unter Umständen in soziale Kontakte hätten treten können, viel weiter weg waren als die besagten zwei Meter.

»Paul-Leon, du weißt, dass du dich auf dem Klettergerüst ganz arg verletzen kannst. Da darfst du nicht ohne die Mama rauf.« Die Mutter meinte das große Spielgerät in der Mitte des Spielfeldes, das in erster Linie aus Gummimatten auf dem Boden, Weichholzplanken mit abgerundeten Ecken in der Mitte und einem Sicherheitsnetz auf der oberen Ebene bestand. Verflucht nochmal, wo sollte sich das Kind denn da noch verletzen? Am aufgenagelten TÜV-Siegel? Ich hoffte für den Kleinen, dass diese ausufernde Überbehütung nicht bis ins hohe Erwachsenenalter anhält und die Mutter in dreißig Jahren dem erwachsenen Spross nach dem Kennenlernen einer hübschen Frau nicht immer noch denselben Satz um die Ohren haut. »Da darfst du ohne die Mama aber nicht rauf!«

Überbehütung ist eine Modeerscheinung der heutigen Elterngeneration. In der guten alten Zeit, also der Epoche, in der jede Familie 24 Kinder hatte und man eher damit beschäftigt war, sich die Namen der ganzen Horde zu merken, war Überbehütung noch kein Thema. Kinder hatten den Aktionsradius einer Langstreckenrakete, und sie unternahmen eigenständig Dinge, für die sich Eltern heute wahrscheinlich gegenseitig ins Erziehungs-Guantanamo stecken würden. Klettergerüste auf Spielplätzen waren früher aus Stahl, spitz, eckig, wahrscheinlich von keinem TÜV der Welt abgenommen und total verrostet. Aber sie waren geil. Nicht, weil sie so komfortabel waren, sondern weil Dutzende Kinder daran selbständig spielten. Ohne Vater und Mutter, die beim Rutschen den Beckenbereich des kleinen Berserkers fest umschlungen hatten, damit das Kind auch sicher und schadenfrei über die vorher desinfizierte Edelstahlrutsche gleiten konnte. Das war noch Selbstbestimmung pur, die ehrlich gesagt keinem Kind geschadet hatte. Und wenn mal die Cordlatzhose zu Bruch ging, dann wurde endlich der Fette-Ente-Flicken, der heute auf Filzbrustbeuteln prangt, auf die kaputte Stelle genäht. Brach man sich den Arm, kletterte man zukünftig eben nicht mehr bis in die Spitze der 35 Meter hohen Platane, sondern nur bis auf zwei Meter Höhe. Heutzutage würde gleich das Grünflächenamt verklagt werden, da es öffentliche Bäume nicht mit Stacheldraht und einem Aufseher gesichert hat.

Kinder lernten und entschieden früher eigenmächtig, was für sie gut und was mitunter schadhaft war oder eine Gefahr darstellen könnte. Auch der Klassiker mit der heißen Herdplatte hat bei Kindern selten zu ernsthaften Verletzungen geführt. Gerade das verbotene Unbekannte ist ja das Reizvolle, so dass alle Kinder erst nach dem Betatschen der heißen Herdplatte gemerkt haben, dass Mama das Gerät zukünftig lieber alleine benutzen sollte. Da viele Kinder heute mehr mit Mikrowellen-Essen als mit Herdplatten zu tun haben, hat dieser Umstand aber ohnehin an Bedeutung verloren.

Finn kam aus dem CD-Merchandising-Shop zurück, und

ich traute meinen Augen nicht. Er hatte sich tatsächlich ein lässiges schwarzes T-Shirt der Hardrock-Band Motörhead gekauft und direkt über den zarten Oberkörper gezogen. Deutschlandtour 2015! Das passte zu uns. Die Tatsache, dass es das Shirt wohl nur noch in XXL gegeben hatte, war halb so wild, denn so cool gekleidet hatte ich Finn-Luca bei den Klein-Urbans noch nie gesehen.

»Finn, es wird Zeit, dass wir beide uns Straßennamen geben«, warf ich in die Runde. »Echte Outlaws heißen nicht Dandy und Finn-Luca. Echte Guerillas heißen …«

»Lemmy!« Finn fiel mir ins Wort.

»Lemmy?« Ich schaute an ihm hoch.

»Ja, Dandy, der Verkäufer gerade sagte, dass ich jetzt ein Stück weit aussehe wie Lemmy, der ehemalige Sänger von Motörhead.«

Ich war mir sicher, dass sich der Verkäufer aufgrund des vollgereiherten Hemdes dazu hatte inspirieren lassen, aber Lemmy klang gut. Immerhin ist der über seinen Tod hinaus eine Ikone des Saucoolen und Lässigen.

»Okay, Finn-Luca, dann heißt du ab sofort Lemmy. Mit meinem Ghetto-Namen bin ich mir noch nicht so sicher. Können wir uns später mal Gedanken zu machen. Lemmy, was haste denn da noch in der Tüte?«, fragte ich dann neugierig.

»Na, das feine Hemd. Das muss ich doch zu Hause in die Wäsche stecken. Solveig wird sonst fragen, wo das Ding geblieben ist.«

Ich schaute entsetzt auf die Tüte des CD-Shops. »Du hast jetzt nicht allen Ernstes dein vollgegöbeltes Spießer-Hemd in die Plastiktüte gepackt, um es als stinkende Trophäe den ganzen Tag mit dir herumzuschleppen?«

»Dandy, das Hemd ist aus reiner Baumwolle.«

»Nein Finn, äh, Lemmy, das Hemd besteht zu achtzig Prozent aus Baumwolle, zu zwanzig Prozent aus Elasthan und momentan zu hundert Prozent aus Kinderkotze. Wenn man jahrelang in Hauswirtschaftsräumen neben Waschanleitungen in Hemdkragen pennen muss, dann weiß man so was.«

Ich schnappte mir leicht wütend die Tüte und wirbelte sie mit dem Maul zentrifugal auf Maximum, bis sie mir schließlich in hohem Bogen entglitt und über den ganzen Indoor-Spielplatz segelte. Okay, dass sich das Hemd inklusive einiger Bröckchen während des Freifluges aus der geschlossenen Tüte befreite, um dann mit einem Matsch-Geräusch auf der Rutsche zu landen, war nicht beabsichtigt gewesen. Die Tüte mit dem Aufdruck »Der beste Trash« wehte langsam zu Boden, und Finns lachsfarbenes Baumwollhemd irritierte ein Kind so sehr, dass es sich beim Rutschen am Finger weh getan haben musste.

Damit wurde eine Kettenreaktion in Gang gesetzt, denn zack begannen die Rotorblätter der Helikopter-Mutter des Kleinen zu rotieren. Sie stürmte voller Panik direkt auf das Kleinkind zu und zog es energisch zur Seite. Lemmys Hemd, das kurzfristig am Hintern des kleinen Rutschers kleben geblieben war, löste sich und fiel auf den Boden neben die Rutsche. Die panische Mutter war mit der Situation total überfordert. So eine Ausnahmesituation hatte sie in ihrem Überbehütungs-Programm bisher nicht trainiert. Kind klemmt sich trotz strenger Aufsicht der Mutter beim Rutschen den Finger. Horror! Dagegen schien der Film *Kettensägenmassaker* harmloser als die *Biene Maja* in der geschnittenen Fassung.

Die Mutter packte gleich das ganz große Besteck aus. »Sören-Niclas, hast du dich verletzt? Um Gottes willen, Sören-Niclas, schau mich an. Bist du noch bei Kräften? Möchtest du eine Milchschnitte zur Stärkung?«

Es war ein phantastisches Schauspiel, das Lemmy und ich da beobachten konnten. Lemmy hatte bereits das Handy an sich genommen, aber ich konnte mich von diesem Spielplatz für Pädagogiker einfach nicht trennen. Die Show in dieser Manege hatte ja keinen Eintritt gekostet, und die dressierten Zweibeiner namens Kinder hüpften so fröhlich nach dem Kommando der elterlichen Dompteure.

Nachdem Sören-Niclas nun eine Milchschnitte in den Mund und eine Capri-Sonne in die Hand gesteckt bekommen hatte, schaute sich die Mutter mit aller unfallchirurgischen Unkenntnis das Malheur näher an.

»Die Mama bläst jetzt mal ganz fleißig, dann schwillt das schlappe Fingerchen nicht so an.«

Genießen Sie diesen Satz und lassen Sie ihn ganz langsam auf sich wirken.

Das Kind verlangte nach einer weiteren Milchschnitte, da das wohl die gewohnte Standardration bei Verletzungen der Marke »harmlos« war.

Eine weitere junge Familie stand neben der mittlerweile leicht duftenden Rutsche und die Rundum-sorglos-Paket-

Eltern gaben beim Erklimmen der Leiter fleißig Hilfestellung. Das Kind, welches nun versuchte, auf die oberste Plattform der Rutsche zu klettern, hatte dabei sichtbare Mühe. Nicht weil es unsportlich oder gar korpulent war, sondern weil Mama und Papa das schmale Bübchen wie ein Michelin-Männchen eingepackt hatten. Aufgrund der Klimaanlage im Einkaufszentrum herrschten immerhin bestialische, menschenunwürdige zwanzig Grad Celsius im Schatten der Rutsche. Das Kind hätte sich Messner-like alle Gliedmaßen abfrieren können, wenn die Eltern es nicht vorausschauend in zahlreiche Pullover und Jacken gesteckt hätten. Eine wärmende Pudelmütze thronte über seinem kaum erkennbaren Gesicht. Anscheinend hatte das örtliche Krankenhaus eine bessere Intensivstation für Hitzeschläge als für Unterkühlungen. Das Kind war also aus Sicht der Eltern bestens umsorgt und im wahrsten Sinne des Wortes in Watte gepackt worden. Es schwitzte wie Reiner Calmund in der griechischen Dampfsauna und hatte nicht wirklich Freude daran, zu prüfen, ob es mit der dicken Popeline-Hose tatsächlich auf die schmale Rutsche passte. Der Vater des Kindes kletterte ebenfalls auf die ausschließlich für Kinder zugelassene Rutsche.

»Phil-Stephan, der Papa rutscht jetzt mit dir zusammen.«

Phil-Stephan versuchte, sich zu seinem Vater umzudrehen, was ihm aber nicht gelang, da er sonst wie ein steifgefrorener Sumoringer von der Rutsche gekippt wäre. Phil-Stephan rollte sich vorwärts auf die Rutschfläche, gab Gas und ... steckte fest! Mein Gott, war das peinlich. Das Kind war in einem Anflug von Überbehütung so dermaßen dick eingekleidet worden, dass es ihm nicht mal möglich war, eine stinknormale Rutsche zu passieren. Sein Vater hing kreidebleich dahinter. Das Kind bewegte sich keinen Millimeter mehr. Weitere Kinder drängten nun auf die Rutsche, so dass dem Vater nichts anderes übrigblieb, als den eigenen Nachwuchs mit einem zärtlichen Tritt vorwärtszuschieben. Das Kind wurde also wie ein großer Schneeball auf pappigem Schnee die Rutschfläche hinuntergeschoben, bis es endlich mit dem Gesicht nach unten auf den Gummimatten lag und alle viere von sich streckte. Der nun folgende Spruch der Mutter: »Na, das hat aber Spaß gemacht, was?«, sorgte dann dafür, dass ich mir als halbnackter Hund die Frage stellte, warum Kinder eigentlich so häufig in Watte gepackt werden. Und sei es nur die einer Daunenjackenfüllung.

Nun, viele Familien bekommen Kinder heutzutage recht spät. Da, wo Lieschen Müller früher bereits mit neunzehn Drillinge geworfen hatte, werden viele karrieregeile Emanzipationsweibchen heutzutage erst mit 45 schwanger. Zu dem Zeitpunkt ist die berufliche Karriere abgearbeitet, da man die angestrebte Hierarchiestufe Sachbearbeiterin nun endlich erreicht hat, und so beginnt man kurz vor den Wechseljahren noch schnell damit, Nachwuchs in die Welt zu setzen. Das ist nicht verwerflich, aber häufig ist das nun produzierte Einzelkind Anlass dafür, dass man es wie eine Trophäe durch den gereiften Alltag hofiert. Dem Kind, welches spät auf die Welt gekommen ist, wird häufig mehr Behütung und Verwöhnung zuteil als einem Kind, das in frühen Jahren unter Umständen mit einem Geschwisterchen das Kunstlicht dieser Welt erblickt hat. Zudem haben viele ältere Semester mehr Kohle, um das Kind von Geburt an umfangreich auszustatten. Das elitäre Kind muss nun mit Vollzeit-Unterstützung der Eltern perfekt reifen und zu dem Statussymbol werden, welches die Eltern sich gewünscht haben. Auch als Reifere möchte man schließlich noch Elternkarriere machen. Aber gerade diese Überbehütung sorgt häufig dafür, dass Kindern auch mal Misserfolge verwehrt bleiben. Die Solveigs dieser Welt entwickeln sich zu kostenlosen Vollkasko-Versicherungen, die dem Kleinen verdeutlichen, dass nichts schiefgehen kann und alles wie selbstverständlich durch die Eltern abgesichert ist.

Bei vielen Hunden ist das nicht anders, da auch bei ihnen häufig eine gewisse Überbehütung stattfindet. Aber ein Hund reift im Laufe seiner Kindheit nicht so vielschichtig wie ein Mensch, so dass man die Überbehütung beim eigenen Fleisch und Blut in Bezug auf das Familienleben, die schulische Ausbildung und die Freizeit des Kindes schnell auf die Spitze treiben kann. Ohne Misserfolge lernen Kinder jedoch sehr schwer, Situationen richtig einzuschätzen. Sie erkennen Gefahren häufig nicht rechtzeitig, und auch der überlebenswichtige Zustand Angst, der einen Menschen dazu bringt, auf eine Situation zu reagieren, wird in diesen Kindern nicht sehr gefördert. Insofern ist Überbehütung im Kindesalter kontraproduktiv – aber immerhin auch lustig anzusehen. Das muss ich als stiller Beobachter Hund zweifelsohne zugeben.

Lemmy und ich kamen trotzdem so langsam in Aufbruchstimmung. Er hatte zum Glück nicht bemerkt, dass eines der Latte-Gläser nur noch für den Polterabend oder das lustige

Basteln einer Tiffany-Lampe taugte, und packte sich den unhandlichen Karton unter den Arm. Ich schob mit meinen Hinterläufen unauffällig die abgerissenen Kinderkramaufnäher der Lederjacke unter eine der Bänke, und Lemmy und ich machten uns weiter auf die Reise. Von überbehüteten Kindern auf Indoor-Spielplätzen hatte ich nun die Hundenase voll. Lemmy sah in seinem Motörhead-Shirt endlich aus wie ein lässiger Rotzbengel, und in mir kam dringend ein Bedürfnis auf, das Menschen wohl »großes Geschäft« nennen.

»Ich muss mal Gassi!«

Lemmy schaute mich von der Seite an. »Wie, Gassi? Du meinst, du musst mal eine Runde drehen.«

»Mann, Alter, ich muss einen Maximal-Pigmentierten auf den Asphalt kacheln!«

Lemmy begann langsam zu verstehen. »Dandy, wir sind hier aber in einem Einkaufszentrum. Du kannst hier nicht einfach hinmachen. Lass uns draußen irgendwas suchen. Da kannst du in die Büsche.«

Sie müssen an dieser Stelle wissen, dass ich ein waschechter 9%er (Ninepercenter) bin. Viele menschliche Rocker in diversen Motorradclubs tragen heutzutage mit Stolz das 1%-Abzeichen auf ihrer Kutte. Die sogenannten Onepercenter wollen sich mit diesem Aufnäher davon abgrenzen, zu den angeblich statistisch belegten 99 Prozent derjenigen Rocker zu gehören, die ein spießiges Leben mit ihren Familien führen und nur am Wochenende gerne mal eine Butterfahrt mit ihrem Motorrad unternehmen.

Da ich aber ein Hund bin und leider nur ein Rocker ohne Motorrad, gehöre ich zu den neun Prozent rebellischen Hunde-Outlaws, die laut einer anderen Statistik regelmäßig auf den Bordstein kacken. Yeah! Ich bin ein 9 %er-Bordsteinkacker und mache als Radauhund halt am liebsten auf harten Untergrund.

»Lemmy, ich bin doch jetzt ein Ghetto-Hund. Ich kann nur auf Beton. Sorry!«

Lemmy schaute mich an. In seinem Hardrock-Gammelshirt konnte er den Mund in Bezug auf elegantes Auftreten nicht mehr allzu weit aufreißen, aber ich glaube, er war schon etwas verwundert, welche Wandlung ich mittlerweile genommen hatte – vom Familienhündchen Dandy zum coolen Straßenköter.

Wir verließen das Einkaufszentrum, um bei nächster Gelegenheit mal ein ruhiges Örtchen zu finden, an dem mir Lemmy eine 9 % auf die Kutte malen und an dem ich in Ruhe meinem »Geschäft« nachgehen konnte. Ich erzählte ihm derweil von dem mysteriösen Anruf auf dem Manfred-Mann-Handy.

»O Gott, Solveig! Wir müssen uns doch mal zu Hause melden. Die machen sich doch bestimmt schon die Megasorgen.«

Ich gab Lemmy recht. Im Duden ist neben dem Wort »sorgenvoll« das Bild von Solveig abgebildet.

Lemmy tippte panisch eine SMS in das Leih-Handy.

»Schreib ihr doch, dass wir bei Pelé übernachtet haben.«

Pelé ist ein Freund von Finn, der sich mal ein Bein gebrochen hat, als er einen Elfmeter schießen wollte. Aufgrund dieser artistischen Leistung heißt er seitdem nur noch Pelé. Die Notlüge hatte den großen Vorteil, dass Pelé aus einer recht asozialen Familie kommt, die den Klein-Urbans fremd ist, ihnen erzieherisch gegen den Strich geht und mit der Solveig dementsprechend keinen regen Kontakt pflegt. Man konnte also davon ausgehen, dass sie nicht gleich dort anrufen würde, um zu kontrollieren, ob wir beide tatsächlich dort übernachtet hatten.

»Gute Idee!«, sagte Lemmy und tippte eine SMS, in der er ankündigte, so schnell wie möglich wieder nach Hause zu kommen. Alles sei soweit okay, er könne alles erklären, und keiner solle sich Sorgen machen.

Ich war stolz auf Lemmy. Das war mal saucool. Die Reise wurde immer spaßiger, und mir war klargeworden, dass wir noch lange nicht am Ende angekommen waren, dem deutschen Erziehungshorror auf den Grund zu gehen. Trotzdem fing ich an, mir Gedanken darüber zu machen, ob man unseren Roadtrip an dieser Stelle bereits beenden sollte, aber andererseits war ich mir gar nicht sicher, ob ich überhaupt wieder zurück zu den Klein-Urbans wollte.

Finn-Luca ist ein Kind, da wird im Falle des Fernbleibens gleich das volle Programm in Gang gesetzt. Damit meine ich Suchanzeige, *Aktenzeichen XY*, Julia Leischik mit *Vermisst* und der ganze Humbug. Bei mir wäre es schon einfacher, mich aus dem Staub zu machen. Einhundert schlecht kopierte Flyer »Familie sucht putzigen Dandy« an irgendwelchen Laternenmasten in der Reihenhaussiedlung, und die Sache wäre erledigt und ich nach zwei Wochen lange in Vergessenheit. Allerdings würde ich mit Finn dann auch einen guten Freund verlieren. Nein, es musste eine andere Lösung geben.

Wir standen vor dem Einkaufszentrum, und ein großer Haufen Probleme türmte sich vor mir auf. Ach, apropos Haufen …

DIE GRÖSSTEN ERZIEHUNGSIRRTÜMER

Hund und Herrchen sollen Partner werden

Das Problem ist die Lösung

Nicht viele Themen im Bereich der Hundeerziehung werden so kontrovers diskutiert wie der klassische, saftige, anmutend duftende und meist störende Hundehaufen in Verbindung mit dem Thema Gassigehen allgemein. In der Regel liegen Haufen da, wo sie nicht liegen sollen. Sie werden zu ungünstigen Zeiten produziert, ziehen Gerichtsprozesse nach sich und sind doch nur »gängiges Geschäft« im überschaubaren Tagesablauf eines Hundes. Doch fangen wir hundeerzieherisch mal viel früher an.

Das Gassigehen und das große Geschäft des Hundes, welches ja auch Lösung genannt wird, wird in Reihen der Hundehalter nämlich aus unterschiedlichen Perspektiven betrachtet. Während Onkel Gedankenlos immer noch der Annahme ist, dass der geliebte Rottweiler, bei entsprechend hoher Hundesteuer, die er für ihn zahlt, das Recht hat, hinzukacken, wo er möchte, finden wir in immer mehr Orten und Städten sogar schon Spender für sogenannte Kottüten. Die sollen das politisch korrekte Frauchen mit gesundem Menschenverstand dazu animieren, das stinkende Häuflein Elend in einen kleinen Gefrierbeutel zu packen, um es dann einzufrieren und es bei Bedarf schnell mal in der Mikrow… Halt, stopp! Das war der Werbespruch dieses Typen, der bei uns vor der Hütte immer mit der Tiefkühlkost vorfährt. Ich meine natürlich, dass man mit diesem Plastikbeutel die Lösung des Hundes vom Boden entfernt und in den Müll schmeißt. Das Problem ist damit genauso gelöst wie der Hund.

Es ist aber auch ein Elend, dass man als Hundehalter dazu genötigt wird, bei Wind und Wetter mit dem Vierbeiner durch die Prärie zu streifen, damit das Tier das erledigen kann, was Menschenkinder im gewärmten Fliesenparadies mit Flachspüler bewerkstelligen können. Katzen ticken da ja ganz anders und dürfen dementsprechend zu Hause aufs Klo. Ihnen kann man zwar, im Gegensatz zu Hunden, erzieherisch nicht allzu viel beibringen, aber man kann ihnen zumindest einiges abgewöhnen.

Erdmute, eine Freundin von Solveig, hat ihr mal beim meditativen Entspannungshäkeln bei einer Tasse Matetee erzählt, dass sie nun eine neue Katze habe, die sie zu dressieren versuche. Das Wichtigste sei dabei, ihr frühzeitig zu erläutern, wohin sie machen solle. Also ins Katzenklo und nicht auf die BILD-Zeitung, die ihr Mann gerade vom Kiosk geholt hat. Die Freundin habe sich zur Anschauung jeden Tag über das Katzenklo gehängt und laufen lassen. Die Katze stand mit großen Augen daneben. Diese pädagogisch wertvolle Maßnahme sei ihrer Meinung nach genau richtig, damit die Katze visuell eindrucksvoll lerne, wie das mit dem Geschäft so laufe, und vor allem, wohin es laufen soll. Dass ihr Mann mal just in dem Moment zwei Geschäftsfreunde mit nach Hause brachte, während Erdmute mit hochgezogenem Wickelrock über dem Katzenklo im Flur hing, ist eine andere Geschichte.

Bei Hunden ist das schon etwas komplizierter. Wir sind

zwar, anders als Katzen, durchaus bereit, jeden Blödsinn zu erlernen und ihn brav nachzuäffen, wenn Herrchen uns dazu nötigt, aber für das dringende Geschäft namens Lösung müssen wir immer noch in den November-Graupelschauer raus vor die Tür. Egal, ob Frauchen das gerade mag oder nicht. Ich sehe es auch gar nicht ein, dass ich mich mit meinem Hintern in grobes Klostreu hocke, welches mir meinen Erfolg im Nu wegsaugt und geruchsfrei versiegelt. Ein Hund möchte schließlich seine proktologischen Erfolge gerne mal zu Gesicht bekommen, daran riechen und sie still bejubeln. Und genau an diesem Punkt, da, wo Herrchen gewissen Gepflogenheiten eines Hundes Folge leisten muss, entstehen natürlich auch wieder Ansätze, den Hund in irgendeine Richtung erziehen zu wollen.

Der Begriff Gassi kommt wohl umgangssprachlich vom Wort Gasse, also einer kleinen Straße, in die man mit dem Hund geht. Insofern scheint es schon wieder legitim, wenn Hundchen auf den trockenen Beton der Gasse macht und sich nicht extra in ein nasses Gebüsch hocken muss. Auch ein kerngesunder Hund wie ich kann sich schließlich schnell mal eine Blasenentzündung einhandeln. Allerdings gab es zu Zeiten der Erfindung des Begriffes Gassi im Mittelalter auch noch Gassen mit einem Rinnsal in der Mitte und keine Kottütenspender an den Fachwerkhausfassaden. Diese Rinnsale nannte man Gosse. Vielleicht auch ein Ansatz dafür, warum man heutzutage vom Gossi-, äh, Gassigehen spricht.

Ich kann mich noch sehr gut an meine furchtbare Hundekindheit im Haushalt der Klein-Urbans erinnern. Kaum war ich, noch ein Welpe, bei den Klein-Urbans frisch eingetroffen, buchten diese für einen Tag eine sogenannte Hundetrainerin, die der Familie erläuterte, was man in Bezug auf die Erziehung eines Welpen alles beachten muss. Ich habe die Dame noch lebhaft vor Augen. Sie hieß Gudrun Störrand, und ich fragte mich die ganze Zeit, warum sie mit diesem Nachnamen nicht einfach mal den Rand hielt, da sie störte.

»Das possierliche Tierchen ist noch sehr jung«, gab sie zu verstehen. Ach, was. Ein junger Welpe? Das war ja mal eine Erkenntnis. »Sie müssen darauf achtgeben, dass sich das possierliche Tierchen nicht dauerhaft in der Wohnung erleichtert. In den ersten Wochen hat es zwar seine Blase noch nicht unter Kontrolle, aber es ist wichtig, dem possierlichen Tierchen frühzeitig beibringen, dass es draußen zu machen hat und nicht drinnen.«

Die possierliche Alte machte mich wahnsinnig. Wie sollten die Klein-Urbans denn verhindern, dass ich in die Versuchung kam, drinnen das Bein zu heben? Meine kleinen Pfoten mit Bleigewichten beschweren, damit das Beinheben unmöglich wird? Alle bepinkelbaren Ecken und Kanten aus dem Reihenhäuschen herausreißen und überall Rundungen einbauen? Klar, dann hätte ich nicht mehr an irgendeine Ecke pinkeln können.

Diese absurden Gedanken sind im Prinzip gar nicht nötig, denn die Klein-Urbans besitzen ja eine Gästetoilette, die mit 0,3 Quadratmetern meinen Abmessungen genügt, von Solveig nur leider permanent mit diesen fürchterlichen Duftstäbchen der Marke Weihrauch zugestellt wird. Da kommt man sich vor wie ein Wildpinkler im Beichtstuhl, und der Drang, drinnen zu machen, vergeht einem sehr schnell, so dass der gute alte Dandy von Beginn an beschloss, auch ein klassischer Gassihund zu werden. Seitdem ist mein Pulleralarm also ein reines Open-Air-Festival, das zweimal täglich mit viel erzieherischer Fürsorge über die Bühne geht.

Mir wurde in jungen Jahren also nicht nur beigebracht, wie man Sitz, Platz und Halt-die-Klappe macht, sondern es wurde auch ein sogenanntes Lösesignal aus der Hüfte geschnitten. Das ist ein Befehl, der den Hund angeblich dazu verleiten soll, sich auf Kommando des Besitzers zu erleichtern. Das ist in etwa vergleichbar mit dem gesäuselten Hinweis »Mein RTL«, bei dem zu Beginn einer Werbepause alle Zuschauer gleichzeitig zum Pinkeln rennen. Das Lösesignal, das Solveig für mich auserkoren hatte, war bestimmt auch auf dem Mist von Gudrun Störrand gewachsen, denn kein vernünftiger Mensch käme auf die Idee, seinen Hund mit »Mach Bächlein!« zum Strullen zu animieren, oder?

Ich machte also regelmäßig mein reißendes Bächlein in der Reihenhaussiedlung, und alle Nachbarn waren happy, nun plötzlich eine Immobilie mit Seeblick zu bewohnen.

Unterwegs auf fremdem Terrain fehlen allerdings die gewohnten Pullerstellen.

Nachdem mir Lemmy verboten hatte, mich im frischgesandeten Standascher im Raucherbereich hinter der Ausgangspforte zu erleichtern, beschlossen wir, den Gassigang in die nahe liegende Fußgängerzone zu verlegen, in der sich Lemmy eine begrünte Ecke erhoffte, wo ich endlich mal meinem großen Drang nachgeben sollte. Mir war klar: Wenn schon Fußgängerzone, dann auch zum ersten Mal einen Haufen auf Beton.

Wir kamen auf eine Art Marktplatz innerhalb der Fußgängerzone. Auch hier war es um diese Uhrzeit schon recht voll. Eine Kehrmaschine fuhr ihre letzten Runden über den Platz, um die Millionen Kaffee-to-go-Becher und Fastfood-Tüten des Vortages einzusammeln, und eine kleine Partei baute die letzten Teile eines winzigen Werbestandes auf, um Wahlkampf zu betreiben.

Wir beschlossen, zunächst mal der ansässigen Bäckerei einen Besuch abzustatten, um uns mit Kohlehydraten einzudecken. Nur auf Donuts hatten wir beide irgendwie keinen Bock mehr. Die Dame hinter der Theke schrie bereits aus zehn Metern Entfernung: »Den Hund is hier verboten mit reinzunehmen!«

Ich schaute Lemmy verwundert an und fragte ihn, ob Fräulein Akkusativ noch alle Tassen im Schrank habe, einem grimmigen Hund in Rocker-Lederjacke Hausverbot zu erteilen. Ganz schön mutig von dem Puddingteilchen. Die Brötchen-Berta legte nach: »Dafür ist ja extra den Rabe inne Tür.«

Vielleicht kennen Sie das. An Türen von Bäckereien werden gerne mal Plastikraben aufgestellt, die ein wenig an Hitchcocks *Vögel* erinnern und Tauben davon abhalten sollen, das Geschäft zu betreten oder zu befliegen. Was das jetzt mit mir als Hund zu tun hatte, erschloss sich mir allerdings nicht. Da wäre ein großer Porzellanleopard sicher eindrucksvoller gewesen.

»Hat dat Gesundheitsamt vorgeschrieben. Den Rabe is also für ihre eigene Hyäne. Die unerzogenen Hunde haben uns früher sogar schon in Laden hingepinkelt.«

Die Baguette-Birte musste wohl an diesem Morgen das heiße Blech mit den Rohlingen zu lange angefasst haben, aber eine solche diskriminierende Entgleisung konnten wir nicht auf uns sitzenlassen. Ich überlegte kurz, ob ich ihr den Baumarktraben mal vollpieseln sollte, verwarf den gehässigen Gedankengang aber schnell wieder. Das war unter meiner Hundewürde. Wir machten kehrt, gingen hungrig zurück zum Marktplatz, und die emotionale Mischung aus Hungergefühl und dringendem Wunsch, mal ein richtiges Geschäft abzuschließen, wuchs weiter in mir.

Der Typ von der Partei war unterdessen damit beschäftigt, ein Roll-up-Plakat neben seinem Werbestand aufzubauen. »Deutschland muss brauner werden!« Ach Gottchen, dachte ich mir. Die vertreten ja genau deine Interessen. Endlich mal ein Club, der genauso wie ich darum bemüht ist, seinen Scheiß überall loswerden zu können. Lemmy kam mit dem Mann hinter dem Stand ins Gespräch. Der Junge hatte zwar keine Ahnung von Politik, aber das konnte man dem Typen im Discounter-Anzug mit dem lustigen Schnurrbart genauso gut unterstellen.

»Na, da hast du aber ein feines Tierrr. Rrreinrrrassig, oderrr?«

Lemmy begann, meine komplette Lebensgeschichte zu erzählen, und während die beiden intensiv über Führrrhunde und trrreue Gefährrrten philosophierten, ging ich direkt vor dem Parteistand langsam und entspannt in die Hocke, um mit verdrehten Augen Deutschland etwas brauner zu machen.

Wussten Sie eigentlich, dass sich Hunde beim Erleichtern am Magnetfeld der Erde orientieren? Studien haben ergeben, dass Hunde mit hoher Wahrscheinlichkeit Richtung Nord-Süd ihr Geschäft verrichten. Astrologisches Haufenkacken quasi, das sich wohl an einem großen Sternhaufen am Himmel orientiert.

Nachdem ich mich also eingeordnet hatte, ging es los. Lemmy hatte inzwischen von dem Herrn erfahren, dass Deutschland vor vielen Jahrzehnten wohl mal gänzlich braun, aber jeder Scheiß auf den Straßen verboten gewesen war. Ich konnte dem ganzen Zinnober nicht mehr folgen, und auch Lemmy hatte Schwierigkeiten, dem Mann mit dem erhobenen Kopf gedanklich hinterherzukommen.

Nach einem kurzen Hinternschüttler holte ich mit dem Maul ein kleines Fähnchen aus einem Karton neben dem Parteistand und steckte es in meinen analen Prachtbau, um ihn so unmittelbar vor dem Werbestand zumindest etwas kenntlicher zu machen. Auf dem Fähnchen stand: »Frisches Braun für Deutschland!«

Lemmy war entsetzt.

»Dandy, was hast du denn da gemacht? Du kannst dem netten Herrn doch nicht einfach vor den Stand machen.«

Ich schaute Lemmy skeptisch an. Hatte er das mit dem Ninepercenter etwa nicht kapiert? Erzieherische Regeln à la Solveig galten nicht mehr, und ein Straßenköter, wie ich es jetzt war, macht nun mal eben auf die Straße.

Der Herr am Stand schwang seinen Seitenscheitel hinter das Ohr und lugte über die Theke. »Äh, das ist nicht ganz korrrekt. Dieser Drrreck muss hierrr aus der Fußgängerzone entferrrnt werden.« Er schwang bedrohlich den Zeigefinger.

Lemmy besann sich auf seine kindliche Erziehung, so etwas nicht gutheißen zu können, und suchte eifrig nach einer Möglichkeit, den Mist wieder wegzumachen. Ich steckte mir unterdessen noch ein paar Gratis-Kugelschreiber ein und empfahl Lemmy, nun dringend mit mir das Weite zu suchen. Lemmy hatte jedoch eine Idee. »Da! Der Typ mit der Kehrmaschine kommt in unsere Richtung gefahren.«

Auch der Parteifuzzi sah den Wagen, schloss zackig die Hacken und erhob den Arm, um ihn herbeizuwinken.

»Lemmy, mein Freund. Ich hab da ein ganz komisches Gefühl.«

Mir war die Nummer nicht ganz geheuer. Die Kehrmaschine fuhr auf den Haufen zu. Der Parteifeldwebel zeigte streng mit dem Zeigefinger auf meinen Haufen vor seinen Füßen. Das Fähnchen wehte munter im Wind. Die Kehrmaschine kam näher, und Lemmy und ich beobachteten das laute Gerät auf seinem Weg, meine braune Trophäe für immer in seinem Bauch zu versenken. Nee, dachte ich mir, so leicht lasse ich mir mein Eigentum auch nicht wegnehmen.

Die Kehrmaschine war noch gut und gern zwei Meter vom braunen Dreck entfernt, da sprintete ich los. Der Fahrer sah mich aus einem übermüdeten Auge gerade noch rechtzeitig und wich panisch aus, um mich nicht zu überfahren. Der Parteiobergefreite hechtete zur Seite und stand nun mit beiden geschlossenen Hacken zackig in der Hundescheiße. Korrrekt! Ich war erstaunt, wie es eine so kleine Kehrmaschine schaffen konnte, einen kompletten Werbestand, inklusive Fähnchenkarton und Kugelschreiberkiste, mit nur einer Durchfahrt fast vollständig aufzunehmen. Jetzt konnte man wahrlich von einer Splitterpartei sprechen, denn viel mehr war nicht mehr übrig. Das braune Deutschland, in Form des Parteistandes, war dem Erdboden gleichgemacht und von der alliierten Kehrmaschine fast vollständig aufgesaugt worden. Shit happens! Lemmy stand mit großen Augen und weitgeöffnetem Mund neben mir.

»Dandy, ich glaube, du hast da gerade ...«

Mir war das irgendwie alles egal. »Lemmy, scheiß der Hund drauf! Wir haben doch Hundehaftplicht, oder?«

Die Situation war prekär, und ich hielt es nun langsam für sehr angebracht zu verschwinden, da selbst der Hobby-Gauleiter diesen Super-GAU nicht wirklich prickelnd fand. Also verpieselten wir uns, damit ich auch noch den kleinen Teil meines Geschäftes an einem Baum erledigen konnte.

Ich hatte Lemmy die Kugelschreiber gegeben, und während ich an einer stolzen, großen Rotbuche endlich laufenlassen konnte, kritzelte mir Lemmy die neun Prozent auf meine Kutte. Hundeerziehung in Verbindung mit Gassigehen ist wirklich ein spannendes und vielfältiges Thema.

Sie werden sicher schon einmal beobachtet haben, dass Hunde beim Gassigehen erst einmal an einem Baum riechen, bevor sie sich dort erleichtern. Wir Hunde nennen das aber nicht riechen, sondern wir lesen den Baum. Das ist eine

Eigenschaft, die uns sehr speziell macht. Hunde können Bäume also lesen, Menschen müssen sie dafür erst fällen und zu lustigen Büchern verarbeiten. Wir lesen in einem Baum zum Beispiel die ganzen Vorbenutzer, also die Hunde, die dort auch ihre Marke hinterlassen haben.

Das ist in etwa so, als würden Sie sich auf einer Autobahntoilette zunächst mal von dem betörenden Duft an der Pissrinne überzeugen wollen, wer hier alles schon besoffen sein »Bächlein« gemacht hat, bevor sie entspannt in Richtung Reißverschluss an der Hose greifen. Ich weiß, es wird langsam ekelig, aber gut, dass wir mal drüber gesprochen haben.

Und es wird noch besser. Es gibt nämlich noch andere Besonderheiten, die uns kein Frauchen und kein Herrchen der Welt aberziehen können, da sie zu sehr dem Wesen eines Hundes entsprechen. Während Menschen am Strand bemüht sind, eine Schippe Sand über ihre spontane Notdurft zu kippen, befürworten wir Hunde eher, den ganzen Mist noch durch die Weltgeschichte zu scharren. Dafür hat die Natur uns zwei zusätzliche Beine gegeben, die man Hinterläufe nennt und die sich wunderbar dafür eignen, den Sand im hohen Bogen in den nächstbesten Strandkorb zu verfrachten. Wir Hunde sind also bemüht, unsere Duftstoffe noch weiter zu verteilen. Bei Menschen läuft das genau andersherum. WC-Enten, Klosteine und Duftbäume. Mehr muss ich ja wohl nicht sagen.

Entscheidend ist, dass Sie als Hundehalter Ihren Liebling auf vier Beinen nach dem Geschäft auch mal loben. Sie müssen dafür nicht extra Pokale oder Urkunden produzieren lassen, aber rein hundeerzieherisch kann es angeblich nicht schaden, wenn Sie Ihrem fünfzig Kilogramm schweren Rottweiler auch mal folgende Worte mit auf den Weg geben: »Na, da hat der kleine Brummer aber ein feines Häufchen gemacht. 845 Gramm und 24 Fliegen drum herum. Das ist ja Rekord, Brutus. Mutti holt mal schnell das Smartphone. Das ist in fünf Minuten bei Facebook.«

Die Rotbuche war inzwischen mit einem eleganten Muster von mir vollgepullert worden, und Lemmy und ich setzten uns auf eine kleine Mauer, damit ich das Kunstwerk auch bestaunen konnte. Aufgrund des hohen Lärmpegels erkannten wir recht schnell, dass es sich bei der Mauer wohl um die Begrenzung eines Schulhofes handeln musste. Dutzende Kinder tobten hinter uns über den Asphalt. Eher ungewöhnlich für einen schulfreien Samstag, aber aufgrund des bevorstehenden Brückentages stand hier wohl heute einmalig der gute alte Samstagsunterricht auf dem Stundenplan.

Eigentlich hätten wir das Thema Erziehung zum korrekten Gassigehen an diesem Punkt abhaken können, wenn da nicht noch diese junge Frau mit ihrer kleinen Jack-Russell-Hündin vorbeigekommen wäre. Eine rassige, sehr elegant gekleidete Dame mit Hütchen und sehr angenehm duftend. Und das Geile war: das Frauchen auch!

Die Hündin kam auf mich zu. Ich war mir nicht sicher, ob die Duftmischung aus Hühner-Donut-Resten, Pulleralarm und verschwitzter Rocker-Kutte erotisch wirkte, aber zumindest lief sie nicht gleich panisch davon. Das Frauchen verwickelte Lemmy in ein Gespräch, so wie es Millionen andere

Hundebesitzer während des Gassigehens auch machen. Für viele Hundehalter ist der einzige Zweck, sich einen Hund anzuschaffen, ja der, dass man mal wieder raus und beim Gassigehen ins Gespräch mit anderen Hundehaltern kommt. Die Themen sind zwar meist die gleichen, eher simpel und nicht die große Weltpolitik betreffend, aber es soll Partnerschaften geben, die beim Gassigehen entstanden sind.

Wir Hunde haben es da schwerer. Der Hauptzweck beim Gassigehen ist ja der biologische der Erleichterung. Haben Sie beim Pinkeln schon mal den Partner fürs Leben getroffen? Nee, geht ja auch gar nicht, da Männer- und Frauenörtchen strikt voneinander getrennt sind. Bei Hunden funktioniert das schon eher, aber mit voller Blase macht die Anmache einer Hundedame auch keinen Bock. Und während Lemmy nun mit der jungen, eleganten Frau, die auf den Namen Sophia hörte, über Barf-Futtermethoden und Heimtiermessen schwadronierte, schaute ich mir die Jack-Russell-Dame etwas näher an.

»Nun mach mal schön, Cilly!« Frauchen gab klare Kommandos.

Cilly hieß sie also. Ich quatschte sie an. »Schatz, es wäre mir eine Ehre, wenn du auch an diese prachtvolle Rotbuche strullen würdest.«

Cilly schaute mich hechelnd an. Die billige Anmache, denselben Baum zu nutzen wie ich, schien ihr nicht zu behagen. Nicht, dass sie stattdessen noch an meinem Allerwertesten riechen möchte. Blöde Erfindung vom Hundegott und während des Gassis leider ständig praktiziert.

Cilly hechelte immer noch, musste aber wohl nicht das Bein heben, und noch bevor ich mich ihr kurz vorstellen konnte, zog Sophia auch schon an der Leine, um Cilly weiter durch die Wohnsiedlung zu scheuchen.

Irgendwie hatte die Hündin etwas versnobt Adeliges an sich, wie ich fand. »Cilly vom Terriergestüt«, dachte ich mir spontan einen passenden Adelstitel für sie aus. Und auch ich träumte in diesem Moment von einem adeligen Namen. »Runter vom Bett« war aber der einzige Von-und-zu-Adelstitel, der mir einfiel.

Ich schaute ihr traurig hinterher und sah aus der Entfernung, wie sie sich trotzig an der Alufelge eines billigen Sportwagens erleichterte. So eine arrogante Schnepfe, dachte ich mir. Vom Duft anderer Weibchen hatte ich erst einmal die Nase voll und keine Lust mehr, mich weiterhin mit dem korrekten Verhalten in Sachen Gassi und Häufchen zu beschäftigen. Ich war mir sicher, die feine Hundelady nicht wiederzusehen, und juckte mir erst einmal genüsslich die Murmeln. Auch das machen Hunde gerne mal.

»Dandy, die war nett, oder?«

»Ja, Lemmy, total nett. Und so gesprächig.«

»Dandy, das Frauchen! Nicht der Hund. Die sind morgen bei Petplay 2015. Weißte, diese Hundemesse, die in der *Vier Pfoten* immer beworben wird. Sie hat da einen Stand für Hunde-Make-up und Nageldesign. Schade, dass wir dann schon zu Hause sind.«

Petplay 2015? Na, wenn das mal nicht die große Chance war, dem Thema Erziehung noch differenzierter auf den

Grund zu gehen. Da wollte ich hin. Ich war mir sicher, dass ich Lemmy davon überzeugen musste, mit mir auf diese Messe zu gehen. Natürlich nur, um Ihnen als Leser noch mehr Einblicke in die Welt der verrückten Kinder- und Hundeerziehung zu gewähren, nicht wegen Cilly.

Die Schulglocke läutete, und ich sah, wie alle Kinder zurück in ihre Klassen rannten. Mir kam eine Idee.

»Hör mal, Lemmy, hast du nicht auch langsam tierischen Hunger?«

Lemmy nickte.

Ich sah, wie ein Angestellter eines Gastro-Zulieferers irgendeine tiefgekühlte Pampe aus einem kleinen Transporter entlud und die Kisten mit einer Sackkarre in die Schulkantine schob.

»Wie wär's, Lemmy? Mittagessen auf Staatskosten?«

Wir kletterten über die Mauer am Schulhof. Ich kroch in Lemmys Rucksack, und er marschierte zusammen mit den anderen Kindern wie selbstverständlich in das Schulgebäude. Dutzende Kinder verschiedenster Couleur rannten mit ihm, und auch ein paar »Pädagogen« ließen den Erzieher heraushängen und sammelten wie ein Hirtenhund die weißen und schwarzen Schafe namens Schüler vom Schulhof ein.

DIE GRÖSSTEN ERZIEHUNGSIRRTÜMER

Schüler gehören früh ins Bett

Einbildung ist auch eine Bildung

Die Berufsbezeichnung Pädagoge ist in Deutschland nicht geschützt. Somit werden die Begriffe Erzieher, Pädagoge und Lehrer gerne mal in einen Topf geworfen. Erzieher sind im Prinzip all diejenigen, die es sich zur Aufgabe gemacht haben, jemanden erziehen zu wollen, so wie zu Beginn des Buches kurz angerissen. Also vor allem die Eltern sowie Frauchen und Herrchen, denen dieses Buch ja gewidmet ist. Aber auch der Ihnen eventuell gänzlich unbekannte Hausmeister, der Ihnen per Aushang im Hausflur den Fegedienst für den Keller vorschreibt, ist eine Art Erzieher im Dienste einer sauberen Waschküche.

Pädagogen wiederum sind die, die sich eher mit der Wissenschaft der Pädagogik auseinandersetzen und schauen, welche Einflüsse Erziehung haben kann und wie sie seit Jahrhunderten definiert und praktiziert wird beziehungsweise sich verändert hat. Der Begriff Pädagoge kommt übrigens aus dem Griechischen und bezeichnete in der Antike wohl gelehrte Sklaven, die die Rotzlöffel aus gehobenem Hause zur Schule und den Lehrern begleiteten. Heutzutage nennen sich diese Sklaven Eltern oder Erziehungsberechtigte und haben dafür als Hilfsmittel ein vierhundert PS starkes Kutschwerk zur Verfügung.

Und Lehrer, ja, weitestgehend auch so etwas wie Erziehungsvermittler, sind die armen Säue, die die Schlachten mit den Erziehungsempfängern an der Frontlinie des täglich stattfindenden Krieges Schule kämpfen müssen. Auch wenn die Eltern als Erziehungsberechtigte durch das Sorgerecht ganz weit oben auf der Hierarchiestufe derjenigen stehen, die Chef spielen dürfen, so kann man die Spezies Lehrer ebenfalls als eine Art Erziehungsberechtigte in den Klassenraum stellen. Zeitlich meist zwischen 8.00 Uhr und 14.00 Uhr haben sie – Achtung Klischee! – vormittags gerne recht und nachmittags frei. Mir persönlich würde es ja besser gefallen, wenn man die Eltern eines heranwachsenden Kindes per Gesetz zu Erziehungsverpflichteten machen und den Lehrern ergänzend die Berechtigung erteilen würde, das Kind im Schulalltag pädagogisch wertvoll noch ein wenig weiter zu optimieren.

Schade ist eigentlich nur, dass der Außenstehende, der nicht zur Fraktion der Lehrer und Schüler gehört, gar nicht richtig mitbekommt, wie es tagtäglich in den Klassenräumen dieses Landes zugeht und welche Bemühungen hier mehr oder weniger ehrgeizig gemacht werden, Kinder zu gebildeten, aber auch wohlerzogenen Wesen zu schulen. Die eigenen Eltern eines Kindes haben in dieser intellektuellen Irrenanstalt nur zu bestimmten Besuchszeiten, die sich Elternsprechtag oder Elternabend nennen, die Möglichkeit zu beurteilen, ob der Referendar mit Rasta-Mähne und Birkenstock-Sonderedition an den Füßen der richtige Zeitgenosse ist, um dem Paschakind Philipp-Gerome den Hunger in der Dritten Welt zu erläutern. Aber einen hautnahen Eindruck, was in der Schule täglich abgeht, bekommen sie nicht. Zudem können sich Eltern in den seltensten Fällen den Vormittagserzieher für ihr Kind selbst aussuchen, so dass es mitunter auch zu Reibereien zwischen Elternschaft und Lehrertum kommen kann, die Mama und Papa heutzutage nicht selten gerichtlich und per einstweiliger Verfügung klären lassen. Vor der Einschulung des eigenen Kindes wird also erst einmal eine wasserdichte Rechtsschutzversicherung abgeschlossen. Lehrer bewegen sich mitunter auf einem sehr schmalen Grat zwischen der von den Eltern gewollten Übernahme der erzieherischen Verantwortung am Vormittag und der juristischen Einwandfreiheit ihrer Tätigkeiten.

Viele Eltern treiben es mit der Auslegung der Schulpflicht auch auf die Spitze und versuchen sich alles zu erhaschen, was die Schulzeit für das Kind unproblematisch macht und dafür sorgt, dass der eigene Alltag der Erziehungsberechtigten durch die schulischen Pflichten des Kindes nicht zu sehr beschnitten wird.

Der Wunsch, das Sitzenbleiben abzuschaffen, steht bei vielen Eltern sehr weit oben. Ist das eigene Kind nicht mit allzu viel Intelligenz oder zumindest Lernmotivation ausgestattet, so drohen Ehrenrunden, die mitunter dazu führen, dass der Bengel länger in der Schulkantine speist als nötig und Mama ihn nicht zum pünktlichen Auszug aus den eigenen vier Wänden überreden kann. Der Start in die Berufslaufbahn wird ebenso verzögert wie alle anderen generalstabsmäßig geplanten Karriereschritte im Leben der Tochter oder des Sohnes. Daher: Turboabitur ja, aber das Thema Sitzenbleiben passend dazu abschaffen.

Bevor ich Ihnen als außenstehender Hund mal genauer erzähle, was sich in der Schule zugetragen hat, die Lemmy und ich als blinde Passagiere für ein warmes Mittagessen geentert hatten, möchte ich Ihnen aber noch kurz die klassischen Lehrertypen vorstellen, die jeder kennt und die auf diverse Art und Weise tagtäglich versuchen, des Ungetüms namens Schüler erzieherisch Herr zu werden.

Die höchste Stufe, die ein Lehrer in der Gunst von Schülern erreichen kann, ist der sogenannte Kumpeltyp, der sich aber trotz der Tatsache, dass ihn alle duzen dürfen, immer noch eine gewisse Autorität bewahrt hat, die von den Kindern auch respektiert wird. Er tritt meist lässig gekleidet auf, ohne dabei irgendeinem Markenzwang zu folgen. Aktentasche aus speckigem, hellbraunem Leder, die aber nie am Griff oder gar über die Schulter getragen wird, sondern immer cool in einer Hand baumelnd. Die Haare meist schulterlang im 1968er-Style und ohne dringenden Wunsch, diesen durch einen Friseurmeister einmal ändern zu lassen. Den Kindern vermittelt er indirekt, dass man auch in zerrissenen Jeans durch San Francisco gehen kann und ein gepflegter Joint eher der Entspannung als dem Führungszeugnis dienlich ist. Das lieben die Schüler. So will schließlich auch jeder Schüler einmal werden und aussehen. Dieser Lehrertyp ist bei allen der coole Anti-Typ und auf Klassenfahrten der ältere Kumpel eines jeden Schülers. Häufige Fächerkombination Deutsch und Erdkunde und meist jenseits der 45.

Die zweithöchste Stufe Autoritätsperson und Lehrer ist der extrem konservative und knallharte Postschalter-Onkel, der am liebsten noch mit der Krawatte zum Unterricht kommen möchte, um den Schülern zu verdeutlichen, dass einem Erziehungsauftrag auch eine gewisse Etikette dienlich ist. Zudem macht man durch einen grauen Bügelfaltenanzug gleich klar, dass man nicht zur Hannah-Montana-Generation gehören möchte. Die Schüler können ihn nicht ausstehen, haben aber gezwungenermaßen Respekt vor ihm, da er zwar rein menschlich ein »Opfa« ist, in Sachen knallharter Notenverteilung aber immer noch am längeren Hebel sitzt, besonders wenn es um die Versetzung in die nächsthöhere Klasse geht. Meistens ist er mit einem Makel wie Mundgeruch, Lispeln oder Segelohren ausgestattet, so dass er auch genügend Lästerfläche für alle frustrierten Schüler bietet, die permanent von ihm mit einer Fünf dekoriert werden. Fächerkombination Latein und Mathematik und meistens jenseits der 64 einhalb, rein optisch, durch Karohemden aus den Siebzigern, eher an die achtzig grenzend.

Etwas weiter unten auf der Respektskala steht häufig der klassische Sportlehrer, der zwar auch gerne mal krampfhaft versucht, auf Kumpeltyp und Sportkamerad zu machen, aber durch seine penetrante Art nicht viele Freunde unter den Schülern und vor allem Schülerinnen gewinnt. Mädchen hassen ihn, da er die Erdbeerwoche, sprich die Menstruation, ungern als Teilnahmeverhinderung akzeptiert. Stattdessen versucht er permanent, sie fachlich einwandfrei dazu zu animieren, während des Schwimmunterrichts lieber Bikinis anstatt Badeanzüge zu tragen, da man die Bauchmuskeln dann besser arbeiten sieht. Nee, ist klar. Und beim Anlauf auf den

Sprungbock rennen die Mädels wahrscheinlich oben ohne, damit die beiden Möpse auch bequem und frei schwingen können und man so die Milchdrüsen besser arbeiten sieht. Daher nannte man den erzieherischen Auftrag des Sportunterrichts früher wohl auch Leibes- und nicht Weibesertüchtigung. Der klassische Sportlehrer steht somit bei vielen etwas weiter unten auf der Akzeptanzskala im Alltagsdickicht deutscher Schulpflicht.

Die goldene Arschkarte am Ende der Skala ziehen dann die Lehrerinnen und Lehrer, die den Laden von der ersten Schulstunde an gar nicht im Griff haben. Die, die von Anfang an klarmachen wollen, dass sie die strengsten Lehrkräfte der Welt sind, aber nicht einmal wissen, dass man sich als Challenge erst einen Eimer Eis über den Kopf schütten muss, um wirklich up to date und cool zu sein. Nachdem die Schüler dem Lehrer das Eisbad dann unfreiwilligerweise demonstriert haben, versucht der klassische Luschenlehrer auch weiterhin, sich nicht anmerken zu lassen, wie sehr er eigentlich innerlich schon aufgegeben hat, den Haufen Terroristen unterrichten zu wollen. Er ist zwar bemüht, sich mit überflüssigen Specials, wie der Schaffung einer Friedens-AG gegen Atomkraft, Waldsterben, Bayern München und das Ozonloch eine Lobby zu schaffen, scheitert aber an seiner uncoolen und verunsicherten Art. Mit Butter eingeriebene Kreide, Schmierkäse unter der Türklinke und das geklaute Handtuch am Waschbecken im Klassenraum. Wenn ein Lehrer nicht mal diese Klassiker umschifft, kann er sich sicher sein, nicht zu den Erziehern zu gehören, die das Flaggschiff Unterricht erfolgreich durch die raue See steuern. Eine ergänzende Karriere als Alkoholiker oder Goldmember beim Psychologen ist dann häufig unabdingbar.

Bei Schülern und Lehrern ist es wie bei Männlein und Weiblein. Der erste Eindruck zählt, und es gibt keine zweite Chance für einen ersten Eindruck. Einmal Loser-Lehrer, immer Loser-Lehrer. Einmal Autoritätsperson, immer Autoritätsperson.

Für viele Eltern ist der Schulalltag ihres Kindes auch eine wunderbare Möglichkeit, private Erziehungsangelegenheiten outzusourcen. Selbstverständlich erwarten die Erzeuger des Kindes dann, dass der Nachwuchs in der Bildungsanstalt genau nach ihren Vorstellungen weitererzogen wird. Wenn Patrick-Fernando zu Hause immer die Füße auf den Esstisch legen darf, weil das Kind sich so von Mama die Fußnägel bequemer feilen lassen kann, warum sollte ihm das der Lehrer in der Schule verbieten dürfen? Das wäre zudem erzieherisch nicht im Sinne des Vaters, der das ebenso praktiziert und den Hornhauthobel gerne mal beim Mittagessen kreisen lässt. Lehrer sind also in gewisser Weise ungewollt die verlängerten Arme der Eltern, die durch ihre Steuergelder finanzierte professionelle Alleinunterhalter für ihre Kinder erwarten.

Umso schöner war es für mich als Hund, nun mal zu erleben, wie es denn tatsächlich in einer durchschnittlichen deutschen Schule abläuft. Schließlich war mir auch wichtig zu sehen, welche diversen Schülertypen es neben den beschriebenen Lehrergattungen gibt und wie sich diese mit ihnen so schlagen würden. Eventuell sogar im wahrsten Sinne des Wortes.

Ich lugte mit einem Auge aus dem Rucksack heraus. In dieser Situation fühlte ich mich ein wenig wie eine seltene Salamanderart im Gore-Tex-Käfig, die man aus dem tiefsten Busch in Borneo gekidnappt hatte, um sie nun in der chinesischen Schulkantine frisch zuzubereiten. Ich müffelte immer noch nach Hühner-Donut und bemerkte, dass eine Handvoll der Kulis ausliefen, die ich am Stand des Amateur-Adolfs hatte mitgehen lassen. Die braune Tinte lief durch den Rucksack, verteilte sich auf meinem Fell und ließ mich so gescheckt aussehen wie die Milka-Kuh mit Dünnpfiff im Pelz. Hoffentlich hatte die Kutte nichts abbekommen. Ich musste dringend hier raus.

»Dandy, zappel nicht so. Ich habe keine Lust, dass wir hier gleich auffliegen.« Lemmy hatte schon wieder diese übertriebene Panik in der Stimme. »Ich geb dir auch gleich was zu essen nach hinten in den Rucksack.«

Ich war schockiert. »Wie, in den Rucksack geben? Meinst du, ich möchte die drei Gänge, inklusive Lauchcremesuppe und Mokkatörtchen, im dunklen Rucksack wegschaufeln? Vergiss das mal, Kollege! Ich sitze gleich schön mit am Tisch. Zumindest darunter, so wie zu Hause. Such dir schon mal 'ne ruhige Ecke.«

Wenn ich Hunger habe, kann ich sehr stinkig werden. Auch ohne Hühnerduft. Aber Lemmy stellte sich brav in eine Reihe anderer Schüler, die gelangweilt, bedingt durch die Wartezeit, enorm kreativ agierten und das Tablett für das Mittagessen gleich mal zweckentfremdeten. Dustin-Rocco zum Beispiel, ein zotteliger, ungepflegter Bengel, irgendwo um die sechste Klasse herum, benutzte das Tablett, um die frischen Fleischklößchen wie der Baseball-König von Wanne-Eickel durch die Kantine zu schlagen. Die fleischigen Tischtennisbälle klatschten an die Wand, auf den Boden und trafen schließlich auch einen Lehrer, der zur Aufsicht neben der Horde stand. Der zuckelte schüchtern an seiner Goldrandbrille.

»Dustin-Rocco, magst du das bitte mal seinlassen!?«

Ui, dachte ich mir, gleich drei Fehler in einem Satz. Ich verdrehte die Augen. So was muss ein ausgebildeter Pauker aber eigentlich besser draufhaben.

Fehler Nummer eins: Der Name des Kindes. Okay, nicht im Einflussbereich des Loser-Lehrers, daher außerhalb der Wertung.

Zweiter Fehler: Die Anrede in Form einer Frage. Stellt man einem Kind eine Frage, anstatt ihm im Befehlston klarzumachen, dass gleich die Hütte rockt, wenn er so einen Scheiß noch mal macht, so sieht sich das Kind sehr schnell genötigt, Abwägungen zu treffen. »Magst du das mal seinlassen?«, assoziiert schließlich die Möglichkeit, dass ich es mag, aber nicht machen werde, oder dass ich es nicht mag und ebenfalls weitermache. Dustin-Rocco drosch die Fleischbällchen also weiterhin durch die Kantine. Nun auch die, die bereits in der Currysoße gebadet hatten.

Der dritte Fehler des Lehrers war die Ergänzung »bitte«, die ein asozial angehauchtes Kind wie Dustin-Rocco aus einem entsprechenden Elternhaus leider nicht deuten konnte. Die

Wörter »bitte«, »danke«, »pünktlich«, »ordentlich«, »sauber«, »zielstrebig« und »fleißig« werden in vielen deutschen Familien durch die Ausdrücke »hasse mal«, »gib mich«, »krasser«, »mach ich morgen« und »besser geht das nicht« ersetzt. Dustin-Rocco handelte in diesem Moment also eher nach dem Motto: »Das geht noch krasser«, als »bitte zielstrebig damit aufhören«.

Der Lehrer bekam noch einen weiteren Behelfs-Köttbullar an die Birne gebrezelt. Er wischte sich die Sauce aus dem Auge und gab Dustin-Rocco dann mit auf den Weg: »Freundchen, das tut man aber nicht.«

Mann, dachte ich, der Typ ist ja weicher als Matratzen im Landschulheim. Warum geht der nicht mal zu dem Baseballer hin und haut ihm das Tablett gegen die Lauscher?

Dustin-Rocco legte sich eine weitere Ladung Fleischklöpse auf das Tablett und verschwand dann in Richtung Cola-Automat, um hier die restlichen Fleischhäppchen in den Münzschlitz zu kneten.

Auch Lemmy hatte sich nun endlich ein paar Plastikschalen mit Essbarem gesichert und war bemüht, einen Platz zu finden, an dem ich unbemerkt aus dem stinkenden Rucksack hinauskonnte, um die frische Luft von vertrockneter Currysauce einzuatmen. Lemmy setzte sich in eine ruhige Ecke und stellte mich mit dem Rucksack unter den Tisch. Ich fühlte mich schon wieder wie ein Salamander, da ich große Mühe hatte, mich aus der schmalen Öffnung hinauszuwinden. Er stellte die Kiste Latte-Gläser auf den Tisch und zog ein Glas für mich aus dem Karton.

»Ich hol mal eben was zu trinken, Dandy. Bleib still!«

»Lemmy, mach aber keinen Scheiß. Keine Kräuterlimonade und kein stilles Wasser. Ich will jetzt 'ne ordentliche Cola. Am besten mit 'nem Schuss Jägermeister drin. Ach ja, und meide bitte den Getränkeautomaten da vorne. Der hat heute Verstopfung.«

Lemmy verschwand in Richtung Ersatz-Cola-Automat auf dem Schulflur, und ich hockte mich unter den Tisch, um vier Fleischklöpse mit Currysauce herunterzuwürgen. Es dauerte keine zehn Sekunden, da setzten sich drei weitere Schüler an unseren großen Tisch. Ob sie mich bemerkt hatten, wusste ich nicht, aber es war ein Glücksfall, denn eine solche Bandbreite an Erziehungshorror hatte ich nicht erwartet. Die drei offenbarten, ebenso wie der irre Dustin-Rocco, die ganze Parade an prolligem Verhalten, die einem erzieherisch durch die Eltern oder den falschen Umgang innerhalb der Schule so vor Augen geführt werden konnte.

Der erste Schüler, ich nenne ihn einfach mal Muschi-Marvin, holte seine menschliche Fernbedienung namens Smartphone aus der Tasche. »Guck, krass! Hier! Wollte der Mathe-Arsch mir heute wegnehmen. Hab isch voll mit Kopfnuss gedroht und so. Hat sich das Subjekt voll zurückgezogen.«

»Alter, was has du gemacht, dass Mathe-Arsch dir krass Smartphone zocken wollte?«

»Ach, hab isch voll Pornos geguckt, wo alte Bitch wird von ihren Köter gepoppt!«

Mir fiel die Kinnlade auf Teppichhöhe und die Fleischklöpse aus meiner geöffneten Hundeschnauze. Köter poppt Bitch? Ich musste an Bitch-Spray und die leicht arrogante Hundedame Cilly, die wir vor dem Schulhof getroffen hatten, denken und auch der Begriff Zoo-HANDLUNG schoss mir wieder ins Oberstübchen. Die Blender mit dem ersten Bartflaum im Gesicht waren vielleicht 13 Jahre alt.

Der zweite Musterschüler zuckelte an seiner schiefen Basecap und gab seinen Fleischklopssenf dazu: »Fett, Kollege! Fett! Ich hab auch voll Stress mit Mathe-Arsch Herr Bestmann. Hat mir voll so mit Brief gedroht, wenn isch nisch aufhör, den sein Auto zu zerkratzen. Da hat meine Mudda erst mal voll so Anzeige gemacht wegen Nötigung. Einstweilige Vergnügung oder wie dat heißt. Alter, guck mal! Was is das denn hier voll und so. Voll die leeren Gläser.«

Die drei Caballeros hatten die Kiste mit den Latte-Gläsern entdeckt, und nun bestand meinerseits Handlungsbedarf, damit der dritte Schüler, der sich fünf Minuten lang gebrüstet hatte, häufig alles zu klauen, was nicht niet- und nagelfest ist, nicht auch noch die Kiste abgriff. Ich hatte keine Lust, noch mal durch irgendwelche Haushaltsläden zu pirschen, um diese verfluchten Latte-Gläser zu organisieren.

Kampfköter Dandy machte also das, was ein Jagdhund am besten kann: jagen und zupacken. Ich biss Muschi-Marvin und Ingo-Lenßen junior mal ordentlich in die Waden und siehe da, plötzlich fühlte ich mich doch ein bisschen wie Berti. Berti Vogts, der Terrier, der kleine Wadenbeißer, der jeden Mitspieler mit einer Blutgrätsche außer Gefecht setzen konnte. Muschi-Marvin sprang vom Tisch auf und schrie wie eine kleine Muschi, die Memme. Lemmy kam unterdessen mit zwei Colaflaschen zurück zum Tisch. Die Kiste Latte-Gläser fiel zu Boden und Rechtsexperte Ingo-Lenßen junior war der Erste, der erkannte, dass Flucht hier die bessere Verteidigung war.

Schüler 1: schachmatt. Schüler 2, also Muschi-Marvin, brachte noch ein kurzes »Alter, was macht der Köter hier?« heraus, bevor auch er wegrannte. Kampfköter Dandy zeigte ihm die Stinkepfote und sagte noch »Dich poppen!«, ehe auch der dritte Schüler lieber das Weite suchte und fand.

Lemmy, wie so oft mit großen Augen danebenstehend, nuckelte überrascht am Strohhalm in seiner Cola herum.

»Ich hab uns mal etwas Platz gemacht, Lemmy. Es wurde gerade etwas ungemütlich am Tisch, als du weg warst.«

Der samtweiche Lehrer hatte zum Glück nichts von der Situation mitbekommen, so dass wir auch weiterhin unbemerkt und in Ruhe die mittlerweile gänzlich ausgetrockneten Fleischklöpse aufessen konnten.

Latte-Glas 2 und 3 hatten sich durch den Sturz in ihre Einzelteile aufgelöst, aber ich war happy, unter dem Tisch nun endlich satt und getränkt ein gepflegtes Bäuerchen hinterlassen zu können, obwohl mir ehrlich gesagt mehr danach war, mir einen Magenbitter zur Brust zu nehmen. Die eben heruntergeschlungenen Fleischhäppchen gaben Pfötchen im Magen, und ich war mir nicht sicher, ob eine popelige Flasche Cola diese Müllhalde in meinem Bauch selbständig in den Griff bekommen und aufräumen würde. Ein Hoch auf alle Katzen, die immer so elegant aussehen, wenn sie ein Büschel

Fell oder anderen Unrat hochwürgen. Ich hatte dieses Kunststück in Bezug auf mein Mageninneres einfach nicht drauf. Ein Mangel an frühwelpischer Förderung, wie mir schien. Ich legte mich auf den Rücken, streckte alle viere entspannt von mir und kam ins Nachdenken.

In Bezug auf Bildung und Förderung von Kindern fragte ich mich, ob viele erst im Zuge der Schullaufbahn zu bildungsfernen Mutanten heranreifen oder ob primär das vorschulische Elternhaus dafür verantwortlich ist, dass es neben den klassischen Strebern und den Normalos auch eine Menge Kiddies gibt, die in Schulen mittlerweile Strukturen durchsetzen, wie man sie eher aus einem Jugendknast in Texas gewohnt ist.

Nun, nicht jeder, der von einer Form der Bildungsarmut betroffen ist, ist auch gleichzeitig doof und wenig clever. Aber Bildungsarmut ist leider ein häufiger Umstand, der im Elternhaus bereits frühkindlich mit auf den Weg gegeben wird und sich durch mangelnde Unterstützung während der Schulzeit sowie ein eventuell ungünstiges Schulumfeld potenziert und weiterentwickelt. Lehrer kommen in dieser These aber gar nicht vor, so dass in erster Linie die bereits erwähnten Erziehungsberechtigten diejenigen sind, die das Baby nicht nur ans Laufen, sondern vor allem ans Lernen bekommen sollten. Frühkindliche Förderung durch die Eltern ist also, solange man es nicht übertreibt, enorm wichtig, um zunächst einmal Grundkenntnisse von Bildung zu vermitteln, die dann während der Schulzeit in einem hoffentlich vernünftigen Umfeld gefestigt werden.

Lehrer als Erzieherersatz sind da eigentlich gar nicht notwendig. Natürlich wird auch beim Thema Frühförderung seitens der Helikopter-Eltern gerne mal so dermaßen übertrieben, dass man meinen könnte, die designten Premium-Babys sind nur lebenswert, wenn sie bereits im Alter von drei Monaten die Quantentheorie fehlerfrei beherrschen.

Auch hier bietet eine fragwürdige Industrie den frischgekürten Eltern allerhand Futter, damit sie alle notwendigen Punkte in Sachen Frühförderung abarbeiten können. Und das Förderprogramm beginnt bereits im Mutterleib. Ein Arzt aus Kalifornien schoss diesbezüglich den Vogel ab. Laut eines vor fünf Jahren in der *Welt* erschienen Artikels, den ich vor einigen Wochen im antiken Wartezimmer des Tierarztes gelesen habe, behauptet der amerikanische Onkel Doktor doch tatsächlich, dass die Gebärmutter das erste Klassenzimmer eines Kindes sei. Nun gut, wahrscheinlich ohne Taschentuchkügelchen, die man an die Tafel schießt, oder diesen fürchterlichen Linoleumgestank vom Fußboden. Aber immerhin ein Klassenzimmer im Mutterleib, in dem das Baby, ob es nun will oder nicht, bereits zum Lernen gebracht werden soll. Eine Flucht ist meistens erst im neunten Monat möglich. Trommeln auf den Bauch, singen und tanzen sollen helfen, das Baby vor der Geburt zu einem Hochbegabten zu trimmen. Die Mutter macht sich zum Animateur im Ferienclub Schwangerschaft, und das Baby lernt durch das Auf- und Ableuchten einer auf den Bauch der Mutter aufgesetzten Taschenlampe angeblich das Zählen von eins bis zehn. Das behauptet der kalifornische Arzt, nicht ich als unwissender Hund. Bleibt zu hoffen, dass die Mutter die Taschenlampe nicht auch noch in Körperöffnungen reinschiebt, um dem Baby den Begriff Kellerlicht zu erläutern.

Zudem soll das Kind musisch gefördert werden, indem die Mutter frühzeitig einen Kopfhörer über den schwangeren Bauch schiebt und das Kind permanent klassische Musik hören muss. Der Atemrhythmus des Babys wäre dann laut Studien ausgeglichener, und es wäre in der Lage, diesen Atemrhythmus an Beethovens Neunte anzupassen. Toll, oder? Hoffentlich wird das Baby im Mutterleib mit Motörhead auch frühzeitig zum Headbangen gebracht, bis das Fruchtwasser überschwappt. Der Rock-'n'-Roll-Fötus auf seinem Weg, ein begnadeter Hardrock-Star zu werden.

Ist das Kind dann erst einmal frühgefördert auf der Welt, geht es seitens der Eltern in Sachen Bildung mit sogenannten Lehrgängen in Zwergensprache weiter. Gut, die kannten wir als Kind und Hund schon immer, aber früher war Zwergensprache nur das Verständnis von *Schneewittchen* mit ihrem Harem aus sieben kleinwüchsigen Callboys. Heutzutage werden nicht nur Märchenhelden, sondern gleich alle Neugeborenen erst einmal diskriminierend als Zwerg tituliert, obwohl Papa bereits während der Zeugung mit einem ähnlich kleinen Männlein hantierte, das noch winziger war als der frisch geschlüpfte Säugling. Diese für gutes Geld angebotenen Kurse in Zwergensprache dienen den Neueltern dazu, frühzeitig, bevor er sprechen kann, zu verstehen oder zumindest zu deuten, was der kleine Scheißer ihnen sagen möchte. Ich erinnere mich da gerne an ein befreundetes junges Ehepaar der Klein-Urbans, das allen Ernstes einen Yoruba-Kurs an der Volkshochschule belegte, da sie ein nigerianisches Baby adoptiert hatten und doch unbedingt verstehen wollten, was das Kind zu erzählen hat, wenn es mit dem Sprechen anfängt.

Die Kurse in Zwergensprache wiederum verdeutlichen einem Laien professionell den Unterschied zwischen einem »Adapapasabbergrins« und einem »Dadamamapupslächeln«. Zweiteres ist nämlich Plusquamperfekt und deutet auf einen gewünschten Windelwechsel hin. Und wenn man den Kurs in Zwergensprache erfolgreich absolviert hat, dann hat man was Eigenes, worauf man aufbauen kann. Holleradudödeldi! Loriot lässt grüßen.

Sobald das eigene Kind nur drei komplizierte Buchstabenkombinationen, wie beispielsweise Mama, Kacka oder *Blau und Weiß, wie lieb ich dich,* fehlerfrei aufsagen kann, beginnt für viele Eltern der Bereich der scheinbar lebensnotwendigen Frühförderung, um das Kind möglichst vorgebildet in den Lebensabschnitt Schule, Kindergarten oder gar Vorschulkindergarten zu schicken.

Sogar erste Handzeichen des Babys werden gewissenhaft gedeutet. Bohrt das Baby zum Beispiel wiederholt in der Nase, deutet das auf eine spätere Karriere als Geologe hin. Seitens der Eltern wird direkt mal ein Studienort gegoogelt. Zuckelt das Baby auf dem Küchentisch an der undichten Windel herum, so macht es per Gebärde klar, dass es gerne mal ein erfolgreicher Klempner werden möchte. Und wenn das Baby, ohne zu sprechen, den Eltern den Stinkefinger zeigt, dann deutet der Zwergenspracheprofi das als … Nee, stopp! Dann findet das Baby die Eltern einfach nur doof.

Doch zurück zu unserem Ausflug ins deutsche Bildungswesen. Lemmy befahl mir nun, wieder in den Rucksack zu kriechen, damit wir so langsam, aber sicher das Weite suchen konnten. Mein Fell juckte wegen der braunen Tinte aus den Kugelschreibern so, als hätte ich mich mit einer Dressurnummer für Bettwanzen selbständig gemacht. Und kaum hatte ich das Wort Dressurnummer ausgesprochen, klingelte auch schon wieder das Manfred-Mann-Handy des Zirkusfritzen. Es lag im Rucksack direkt neben mir, und lediglich der stimulierende Vibrationsalarm ließ mich in Verzückung geraten. Auch hier in der Schulkantine hörte sich *Ha! Ha! Said the Clown* in voller Lautstärke nicht besonders gut an. Der tanzende Monsterclown erschien wieder auf dem Display, und ich schob Lemmy panisch das Handy aus der Rucksacköffnung zu. Und genau das war der große Fehler. Lemmy nahm das Handy an sich, und ich guckte ihn neugierig an, was einen Lehrer der bereits beschriebenen Marke Postschalter-Onkel gar nicht begeisterte.

»Na, isch glöööbs ja nisch. Ei, der Bengel hat seen Hund dabäi.« Der Lehrer, ich nenne ihn mal IM Zonen-Erich, kam auf uns zu und machte keinen sympathischen Eindruck. Er humpelte leicht, was uns zumindest einen gewissen Vorsprung verschaffte.

Lemmy, der Trottel, ging auch noch ans Telefon. Er musste nicht mal auf Lautsprecher schalten, damit ich hören konnte, wie ihm gallig ins Ohr geschrien wurde. Zirkus-Costa war dran und teilte wutentbrannt mit, dass er Lemmy und seinem verlausten Köter das Handy in den piiiiep schieben würde, wenn er, dieser kleine piiiiep, nicht unmittelbar das Handy zurückbringen würde. Er, der große Zirkus-Costa, würde Lemmy piiiiep und danach piiiiep.

Die Situation wurde ein wenig unübersichtlich, da auch der Ost-West-Gesandte mittlerweile fast fertiggehumpelt hatte und Lemmy bald am Arm haben würde. Ich nahm Lemmy das Handy vom Ohr und bat ihn, einfach nur zu rennen. Bevor ich den Verbal-Artisten Costa wegdrückte, gab ich ihm noch ein charmantes *Ha! Ha! Said the Clown* mit auf den Weg und behielt gleichzeitig den dampfenden Lehrer im Blick.

IM Zonen-Erich brüllte nun immer lauter und bestimmter. »Kömm söfört züm Öbjekt!« Er zeigte auf einen Stuhl, der neben ihm stand. »Du hast nisch de Befügnis, hier mit einem tierischen Kretön in die Schule zu kömmen.«

Ich weiß gar nicht, warum, aber irgendwie hatte ich seit unserer Flucht von zu Hause die ganze Zeit den Filmhelden Dr. Kimble im Hinterkopf, der ja auch permanent auf der Flucht war und wegrennen musste. Andererseits wirkte die Szene gerade eher so, als sei ich der große Jedi-Meister Yoda, der auf dem Rücken seines Schülers Skywalker durch den Sumpf von Dagobah geschleppt wird. Ich hob meine Pfote und grinste dem Bürgermeister von Bautzen nur entgegen: »Möge der Dialekt mit dir sein!«

Ich drehte mich zu Lemmy. »Lemmy, es wird Zeit, dass du in diesem Irrenhaus langsam mal den Ausgang findest.

Wie lange wir noch werden klarkommen, ich nicht dir sagen kann.«

Yoda hatte gesprochen, und Jedi-Schüler Lemmy rannte wie ein Bekloppter in Richtung Haupteingang. Nach der Landpomeranze im Fachhandel für Heimtierzubehör, Gauleiter Gröfaz und Zirkus-Costa war nun also IM Zonen-Erich schon der vierte etwas ungehaltene Zeitgenosse, der uns unsere neugewonnene Freiheit streitig machte. Selbstbestimmte Erziehung war ja schön und gut, aber wenn man permanent auf der Flucht ist und einem die schützenden vier Wände der heimatlichen Bude keinen Schutz mehr bieten, dann kann es schon sehr rau werden. Bezugspersonen wie die Klein-Urbans, die einen nicht nur liebevoll erziehen, sondern einem auch ein wenig Schutz geben, sind anscheinend doch nicht so ganz unwichtig im behüteten Leben eines Kindes und eines Hundes.

Lemmy rannte und rannte. Er sprintete vom Schulhof und hechtete durch die Fußgängerzone. Er lief schnurstracks an einem Streifenwagen vorbei, dessen Besatzung immer noch den Fahrer der Kehrmaschine vernahm. Er lief am Einkaufszentrum vorbei, und irgendwo an dieser Stelle fragte ich Lemmy, ob auch mal wieder der Moment kommen würde, an dem ich auf eigenen Beinen laufen dürfe und er die unnötige Hetzerei mal beenden würde.

»Lemmy, hast du Angst, dass der humpelnde Physikgeneral dich nach achtzig Kilometern noch einholt?«

Lemmy blieb keuchend stehen. Der Karton unter seinem Arm sah mittlerweile aus, als habe der Paketbote, der bei den

Klein-Urbans immer schellte, einen schlechten Tag gehabt. Man konnte sich nicht mehr vorstellen, dass die drei noch intakten Gläser in der Kiste tatsächlich irgendwann mal im Küchenschrank der Solveig Klein-Urban thronen würden.

»Lemmy, mir ist nach dem Kantinenfraß und der ganzen Rennerei schlecht geworden. Nach den Fleischklößchen ist mir aber endlich ein passender Kampfname für mich eingefallen. Wie wäre es mit Fleischmann? Fleischmann ist cool. Nenn mich ab sofort bitte nur noch Fleischmann. Professor davor kannste weglassen.«

Ich stand nun endlich wieder auf eigenen Beinen neben Lemmy und bettelte ihn an, mal einen Schnaps zu organisieren, damit dieses vermaledeite Sodbrennen endlich aufhörte. Der Junge keuchte immer noch wie ein Asthmatiker in der Sprechstunde auf dem Mount Everest.

»Ach übrigens, Lemmy, was ich dir noch gar nicht erzählt habe, Solveig hat uns eine Antwort-SMS auf den Zirkusknochen gesimst. Hab ich aber in der Hektik mit dem Anruf eben wohl gelöscht.«

Ich hatte die SMS natürlich absichtlich gelöscht, um in dem ehemaligen Finn-Luca nicht wieder den Nach-Hause-Drang zu wecken. Solveig hatte geschrieben, dass sie sich Sorgen mache und die Telefonnummer von Pelé nicht finden könne, um sich bei seiner Mutter für das nächtliche Logis zu bedanken. Und warum er denn, ohne Bescheid zu sagen, vom Kindergeburtstag getürmt sei.

Solveig schien die Story zumindest geglaubt zu haben. Das verschaffte mir und Lemmy noch weitere Zeit, den heutigen

Tag im Dienste der Selbsterziehung zu genießen und mal allen Stuss zu machen, den wir beide zu Hause nie unternehmen konnten. Zum Beispiel, uns einen Magenbitter hinter die Binde zu kippen.

»Dandy, was hat sie denn geschrieben?«

»Na, na, wie heißt das? Fleischmann! Lemmy und Fleischmann! Die Blues Brothers in ihrem allerersten Roadmovie. Solveig ist entspannt, Lemmy. Die hat dir schon mal 'ne Kürbiscremesuppe aufgesetzt.«

Lemmy hasst Kürbiscremesuppe, und ich war mir sicher, den Sprössling mit dieser Notlüge noch etwas auf der Straße halten zu können und seinen Drang, bei Mama auf den Schoß zu kommen, weiter im Griff zu haben.

Erneut waren wir von Dutzenden Menschen umgeben. Wir waren mitten auf einer Art Straßenfest gelandet, und als Erstes stach mir die Bierbude ins Auge, an der es sicher auch einen Magenschnaps geben würde.

Menschen schmecken besser als Hunde

Ernährung ist vielleicht nicht das Erste, das Ihnen durch den Kopf geht, wenn Sie an das Thema Erziehung denken. Aber kein Elternteil und auch kein Hundehalter kann leugnen, dass es enorm wichtig ist, seinen Schützling bereits in jungen Jahren mit gesunden Dingen vollzustopfen oder ihn dahingehend zu erziehen, dies später mal selbständig zu erledigen. Kinder und Hunde sollten bereits im Baby- beziehungsweise Welpenalter mit nahrhaften, gesunden und dem Wachstum förderlichen Lebensmitteln beglückt werden. Da sind sich fast alle einig. Als zukünftige Verbraucher sollten Kinder zudem schon in jungen Jahren dazu erzogen werden, dies auch zu verinnerlichen, damit sie später nicht Stammgast bei Akropolis-Pizza und Izmirübel-Döner sind.

Ja, sollte! Die Realität sieht aber leider anders aus, so dass viele Mütter und Väter immer noch davon ausgehen, dass Milchschnitten direkt an der Euterzitze der glücklichen Hochlandkuh geknetet werden und zuckersüße Smoothies für Kinder von mexikanischen Bauern direkt an der Spitze der Palme abgefüllt werden. Die Werbung suggeriert das ja regelmäßig, und wenn es die Medien schon propagieren, dann wird es auch so sein. Die dreihundert Millionen Bio-, Güte- und Qualitätssiegel aus irgendwelchen obskuren Forschungslabors stärken diesen Eindruck, und insofern kann in den Augen vieler Eltern das Kind doch auch mal selber entscheiden, welchen Zuckerdreck es in der ersten großen Pause zu sich nehmen will. Da sollten sich die Eltern laut Werbefernsehen besser gar nicht einmischen. Schließlich haben alle Erziehungsberechtigten schon mal im Apothekenblättchen gelesen, dass der Körper all das, was er nicht braucht, auch nicht aufnimmt. Zumindest nicht dauerhaft. Wenn Sie mal die vollgekotzte Komawiese auf dem Münchner Oktoberfest gesehen haben, werden Sie dieser These sicher zustimmen.

Man könnte also annehmen, dass zunächst einmal die fürsorgenden Eltern vieler heranwachsender Kinder einen Crashkurs in Sachen richtiger Ernährung brauchen, bevor sie auf die Einkaufswagen dieser Welt losgelassen werden und ihren Kindern das auf den Teller oder ins Glas packen, was sie auch regelmäßig selbst in sich hineinschaufeln.

Die dreilagige Discounter-Bibel mit den vielen Lebensmittelofferten, die jeden Samstag im Briefkasten landet, suggeriert den ernährungstechnisch eher unbedarften Familien, was am folgenden Tag auf den Tisch kommen muss. Die Kinder bekommen die Zwei-Liter-Flasche Cola light, weil die ja wesentlich gesünder als herkömmliche Cola und zudem im Angebot ist. Papa bekommt die Fertigpizza mit Formschinken und Analogkäse drauf, Mama die für den Knochenaufbau so wichtigen Weingummis im Fünf-Kilogramm-Vorteilseimer und die deutsche Dogge das Kobe-Filet vom Japanmetzger aus Düsseldorf.

DIE GRÖSSTEN ERZIEHUNGSIRRTÜMER

Teller aufessen gibt schönes Wetter

Der Hund speist also in vielen Fällen und Familien nicht qualitativ gleichwertig, sondern häufig besser als der Rest der Sippschaft, da viele Hundehalter, die mitunter ja auch gleichzeitig Eltern sind, sehr auf die richtige Ernährung des kleinen Vierbeiners achten. Die Futtermittelindustrie lässt sich eine Menge einfallen, um Hundebesitzer davon zu überzeugen, dass das Tier regelmäßig was Neues und gleichzeitig Dutzende verschiedene Nahrungsmittel benötigt.

Eine sinnvolle Begründung lasse ich als kleiner Vierbeiner noch so eben durchgehen: Hunde haben in verschiedenen Lebensphasen auch unterschiedliche Nährstoffbedürfnisse. In der *Herz für Hunde*, die die Klein-Urbans seit gefühlten 150 Jahren im Abo beziehen, konnte ich mal lesen, dass Hunde in jungen Jahren einen hohen Proteinbedarf haben. Gut, als verhätschelter Welpe hatte ich damals noch nichts mit Hundedamen am Hut, so dass mir Proteine erst mal helfen sollten, dass auch alles an mir schön wächst und gedeiht. Glänzendes Fell und gezielte Fressattacken, alles eine Folge von ausreichend Proteinen im Welpenalter. Aber wie so oft wird auch in Bezug auf Nahrungsergänzungsstoffe seitens der Menschen gerne mal übertrieben. Millionen Omas haben schließlich schon in den fünfziger Jahren ihren Enkeln mit auf den Weg gegeben: »Junge, egal, wat du hass. Nimm immer ordentlich Zink. Zink geht immer. Ohne Zink kippse aus den Latschen. Egal, ob Husten, Hühneraugen, Hämorrhoiden oder Tollwut. Zink musste nehmen.«

Diese Hausmittel, von Oma empfohlen, haben anscheinend auch heute noch alle Tierhalter im Hinterkopf, wenn sie ihren Hunden nun Futtermittel kaufen, die mehr Zusatzstoffe enthalten als Fleischanteil. Schlimm wird es meist dann, wenn der eigene Nachwuchs von zu Hause ausgezogen ist. Ist das Kind erst einmal aus dem Haus, wird der Hund nämlich zu Tode gefüttert. Zink, Eisen, Magnesium, Vitamine und Mineralstoffe, bis der Onkel *Dog*tor kommt. Und hat der kleine Jack-Russell-Terrier mal wieder die halbe Nacht durchgefeiert und anschließend drei Tage geschlafen, so wird gleich auf Eisenmangel geschlossen, und Herrchen setzt die Feile am Metallklotz an, um Späne ins Futter zu hobeln.

Doch zurück zu den oft sorglosen Ernährungsaktivitäten vieler Eltern in Bezug auf ihre Kinder. Andersherum geht's nämlich auch. Viele Eltern sind so dermaßen um die richtige Ernährung ihres Nachwuchses bemüht, dass sie am liebsten eine Ferienwohnung im Biosupermarkt einrichten und das eigene Kind bereits mit vier Jahren zum Frutarier verkommen lassen würden, der auch im Erwachsenenalter höchstens mal an den Fleischröllchen der eigenen Ehefrau lutschen darf. Glückliche Kartoffeln bleiben in der Erde, und auch Äpfel werden erst gegessen, wenn sie selbständig vom Baum gefallen sind und mindestens drei Wochen lang im feuchten Gras gegammelt haben. Daher sollte man sogar das Thema Vitamine nicht auf die leichte Schulter nehmen. Ein Plakat, das ich neulich in einem Posterladen gesehen habe, brachte mich zu dieser Erkenntnis. Darauf stand:

Vitamine = Kraft
Kraft = Macht
Macht = Geld
Geld = Frauen
Frauen = Sex
Sex = Aids
Aids = Tod
»Willste 'n Apfel, mein Schatz?«

Hunde sind da prinzipiell viel simpler programmiert, denn bei ihnen geht es ausschließlich um die reine gesunde Nahrungsaufnahme, nicht um den Genuss einer Mahlzeit. Das mag daran liegen, dass Menschen besser schmecken (können) als Hunde. Hunde hingegen können besser riechen, was aber in Bezug auf viele Lebensmittel aus der Konserve ohnehin egal ist, da das meiste chemisch aromatisiert wird, oft gleich schmeckt und der Erdbeerjoghurt auch nach Kirsche riechen beziehungsweise das Hundegulasch auch mit Fischaroma verkauft werden könnte.

Wir hatten auf dem Straßenfest, das wir nach unserer panischen Flucht aus der Schulkantine nun erreicht hatten, die Möglichkeit, einen dieser Elterntypen zu beobachten und abzuwägen, welche gesundheitliche und ernährungstechnische Über- und Untertreibung für Kinder denn nun die bessere war. Vor allem stand aber immer noch mein dringender Wunsch im Raum, mir nun endlich mal einen Magenbitter hinter die Binde zu kippen, da die Glutamat-Fleischklops-Bälle in meinem Bauch langsam anfingen, Polka zu tanzen und mir zusammen mit den Hühner-Donuts den Tag zu versauen. Außerdem muss ein echter Rocker-Köter auch einmal in seinem Leben einen Hochprozentigen wegkacheln.

»Lemmy, ich würd's ja selbst machen, aber die Kante der Theke ist vertikal suboptimal angebracht. Kannste mir da an der Bierbude mal einen Magenschnaps besorgen? Ich komm da doch nicht ran.« Ich schaute Lemmy dabei mit dem treudoofsten Hundeblick an, den ein Jack-Russell-Terrier so draufhat, und der Junge schaute ebenso komisch und überrascht zurück.

»Dandy, ich ...«

»FLEISCHMANN! Herrgott, Lemmy, ich heiße jetzt Fleischmann!«

Lemmy kam der Name immer noch blöd vor, aber als echter Straßenköter musste ich auf einem Kampfnamen bestehen und Lemmy sich nun endlich mal daran gewöhnen.

»Ja, Fleischmann. Ist schon klar. Ich bekomm doch als Elfjähriger hier an der Bierbude keinen Schnaps.«

Ich sag's ungern, aber Lemmy hatte recht, und ich war meiner hochprozentigen Medizin kein bisschen näher gekommen. Der gnadenlose Jugendschutz entwickelte sich gerade zu meinem stärksten Gegner. Meine perfektionierte Nummer mit Gejaule als Wurstbettelei vor der Metzgerei zog hier sicher auch nicht, und die Kiste mit den kleinen Schnapsfläschchen lag wahrscheinlich gut versteckt und unerreichbar unter dem Tresen der Bierbude.

Wir beobachteten eine Horde Quartalssäufer, die jetzt um die Mittagszeit beim Übergang vom Frühschoppen hin zum

Abendbesäufnis hier schon ordentlich getankt hatten. Sie sorgten aber immerhin lautstark für gute Laune auf diesem Fest. Einige hatten ihre Hunde mit, andere ihre Söhne und Töchter. Nur die Gattinnen der hunger- und durstleidenden Mampfreds hatten wohl allesamt keine Lust auf schwitzende Männergesichter, fettige, verkohlte Bratwürstchen und schale Hefeteilchen aus dem Bierfass. Schön, dachte ich mir. Wenn ich mal Rocker-Rentner bin, dann werde ich mich auch bereits mittags auf Straßenfeste begeben und lauthals den Mickie-Krause-Hit *Geh mal Bier hol'n! Du wirst schon wieder hässlich!* singen.

Wir stellten uns nicht unmittelbar an die Bierbude, sondern platzierten uns daneben an einem großen Grillstand. Väter, die gerne mal am Wochenende im Jack-Wolfskin-Look mit dem Weidekörbchen über den Wochenmarkt schlendern, sahen wir hier leider keine. Stattdessen gab sich an dem Gasgrillungetüm der typische deutsche Grillmeister die Ehre, aber keine Mühe, dass die Koteletts nicht nach Brikett aussahen. Er drehte die Biester mit seiner verklebten Grillzange, was das Zeug hielt. Das Fett tropfte literweise durch den gammeligen Rost und verpuffte zu einer wohlig duftenden Abgaswolke, die mich an den Ausstoß von guatemaltekischen Hochland-Lkw erinnerte. Der Grillgott, mit dem wir hier nun das Vergnügen hatten, hieß Bruno, trug ein Achselshirt, das keine Kochwäsche der Welt mehr retten konnte, und war selbstverständlich der Organisator dieses Straßenfestes.

Die Bosse auf Straßenfesten, Schützenfesten, Pfarrfesten und Scheunenfesten werden Sie immer entweder am Zapfhahn in der Bude oder als Grillgott am Industriegrill aus Edelstahl antreffen. Dort entfaltet sich die Machtfülle eines Abgesandten in Sachen Hunger und Durst am besten. Und mal ganz ehrlich: Was wäre ein Volksfest ohne die oft gescholtenen Fress- und Bierbuden? Nix! Gegessen und gesoffen wird schließlich immer, und daher hat sich das Thema Ernährung und Zubereitung von Lebensmitteln mittlerweile auch zu einer eigenen Wissenschaft gemausert. Von den Millionen Kochshows im Fernsehen mal abgesehen, versuchen uns insbesondere die Grillhersteller klarzumachen, dass der Zwanzig-Euro-Holzkohlegrill aus dem Baumarkt längst nicht mehr ausreicht, um mit der Grillschürze am Leib einen auf dicke Hose zu machen. Während man noch vor einigen Jahren die gesundheitsbewussten Foliengriller belächelte, muss man sich nun ernsthaft Gedanken machen, ob der Grillwahn, der derzeit die Republik beherrscht, noch Hobby ist oder schon Weltanschauung. Smoker, Geflügelhalter, Räuchereinheit und Schwingkorb. Plastik-Gartenmöbel waren gestern. Heute zieren ganze Industrieküchen die Terrassen und Balkone dieser Welt. Die Jünger und ihre Grillbibeln in Reinform.

Und wie in jeder Wissenschaft, entwickeln sich in Bezug auf einen Prozess Befürworter und Gegner der Prozedur. Elektro-Tischgrills sind was für die Opas in der guten Stube und auf diesem Straßenfest hatte man sich für Gas entschieden. Eine schlechte Entscheidung, wie sich noch herausstellen sollte.

Lemmy überließ mir den Rucksack, und ich begann, mir Gedanken zu machen, wie wir denn nun endlich an den

Schnaps aus der Bude kamen. Ich beobachtete einen Greifvogel mit sieben Buchstaben (Bardame), wie er fleißig ein Schnapsfläschchen nach dem anderen unter der Theke hervorzauberte und den grölenden Bierbäuchen reichte.

Man war mittlerweile beim Song *Dicke Titten, Kartoffelsalat* von Mallorca-Sänger Ikke Hüftgold angelangt. Bruno drehte die Koteletts erneut in Rückenlage, und ein schwer angetüdelter Herr mittleren Alters kam zusammen mit seinem knapp vierzehnjährigen Sohn an den Grillstand. Der Vater hatte den aufgesaugten Alkohol inzwischen aus jeder Pore vom Körperinneren in sein Bacardi-Ausgehhemd geschwitzt, und sein aufrechter und geradliniger Gang erinnerte ein klein wenig an den Flussverlauf des Amazonas im Quellgebiet. Sein Sohn war Teil der Generation Kopf-runter, da er permanent und gelangweilt auf seinem Handy herumtippte und sich gar keinen Überblick verschaffen konnte, wann der Bereich »kalte Luft« endete und der Bereich »heißer Grill« begann. Dementsprechend blind lief er Grillgott Bruno fast in die Würstchen rein. Die Brandwunden schienen unbedeutender als die Tatsache, mal fünf Minuten lang ohne das Checken von E-Mails verbringen zu müssen.

Zudem hatten die beiden einen kleinen Beagle dabei, der besonders meine Aufmerksamkeit auf sich zog. Nicht, weil er hormontechnisch in mein Beuteschema passte, es war ohnehin ein Rüde, sondern weil er anscheinend genauso fehlernährt worden war wie Herrchen inklusive Kopf-runter-Sohn. Der Körper des Hundes sah aus wie ein prall gefüllter Kuheuter, und seine noch übriggebliebenen kurzen Stummelbeine wirkten wie die Zitzen, die in alle Himmelsrichtungen abstanden.

Nun, ich hatte mal gehört, dass gewisse Hunderassen, wie der Beagle, zu Fettleibigkeit neigen, also eine gewisse genetische Veranlagung mitbringen, aufgrund deren sie häufig dicker sind als andere Hunde. Dass sich dieser Hund aber kaum noch voranschleppen konnte, lag eindeutig an der Fehlernährung durch Herrchen. Und kaum hatte ich meinen Gedankengang abgeschlossen, da legte Herrchen auch schon los.

»Bruno, gib den Marlon mal 'n Stück von dein Nacken. Mein Sohnemann hat schon zwei Bier wech. Der brauch 'n Fundament, sonst is der gleich noch besoffener als wie ich.«

Bruno fragte fachmännisch nach. »Für zum Hieressen?« Er hielt mit der Grillzange ein lecker fetttriefendes, schwarzes Stück Nackenfleisch in die Höhe. Das Stück Fleisch hing dabei so schlaff an der Grillzange, dass man den Eindruck hatte, Viagra sei gerade ausverkauft.

»Vatta, ich will nich so 'n Dreck. Ich hab getz Bock auf Dönerburger.«

»Marlon, hier gibt et keinen Döner. Du musst auch mal wat Gesundes essen. Hier gibt et noch gute Hausmannskost. Mit Sempf! Wie Fümf! Haha! Und für unseren vierbeinigen Beißer da unten noch 'ne Wurst mit bei.«

Der stämmige Bruno, dessen Schnauzbarthaare bereits eine enge Freundschaft mit den ebenso langen Haaren aus der Nase geschlossen hatten, zuckelte sich seine zitronengelbe Grillschürze mit der Aufschrift »Wenn wir kein Fleisch zum Grillen mehr haben, grillen wir eben die Vegetarier« zurecht, zog seine Hose über die bloßliegende, ebenso behaarte Kimme und schmiss mit seinen bräunlich umrandeten Raucherfingern dem ernährungstechnisch verunreinigten Marlon ein Stück Nacken auf eine Pappschale. Danach warf er dem Beagle eine verkohlte und nicht mehr verkäufliche Wurst auf den Boden. Marlon drückte sich noch einen Berg Ketchup-Senf-Gemisch auf die Konstruktion, und Papa zahlte das gesunde Mittagessen mit fünf Wertmarken. Der Beagle stürzte sich unterdessen auf die Holzkohle im Schweinedarm und schlang die Wurst noch gieriger herunter als ich meine Fleischklopssünde vor einer Stunde.

»So Marlon, dat is mal 'n gutes Mittagsessen. Nicht so 'n Türkengyros. Und getz machen wa noch 'n Absacker anne Bude klar, oder?«

Man musste davon ausgehen, dass Vater und Sohn den Begriff Adipositas eher mit Sportbekleidung als mit Übergewicht (bei Hunden) in Verbindung brachten.

Die beiden gingen zurück an die Bierbude, und plötzlich sah ich, dass die Theke eine kleine Tür hatte, die ein wenig offen stand.

»Lemmy, ich hab den Eingang in die Bude gefunden. Der Laden hat 'n Eingang.«

Die Bardame, eine rotgefärbte, voluminös toupierte, groß gebaute Frau mit allerhand Bling-Bling an den Ohren und knallrot lackierten Fingernägeln verließ die Bude, um sich eine Pausenkippe zu gönnen. Äußerlich machte sie auf Britney Spears vor zwanzig Jahren. Schaute man aber genauer hin, erblickte man im ungeschminkten Grundgerüst eher Angela

Merkel nach dem Aufstehen am Sonntagmorgen. Die Wechseljahre hatte sie wohl schon zur Zeit der Französischen Revolution hinter sich gelassen.

Die Tür der Bierbude blieb offen stehen.

»Fleischmann, ich kann da doch nicht einfach reinspazieren und den Schnaps klauen.«

»Lemmy, wer redet denn schon wieder von Klauen? Du holst Medizin für einen kranken Weggefährten. Ich bin doch in der Gesetzlichen. Dann kann es also nicht ungesetzlich sein, wenn du Arznei besorgst. Du nimmst jetzt deine Kiste Scherben, äh, Gläser und tust so, als wolltest du die unter die Theke stellen.«

Lemmy schob todesmutig ab, und ich beobachtete die Situation vom Grillstand aus. Alles lief nach Plan. Die Ballermann-Sangestalente waren mittlerweile bei *Atemlos* von Überall-Frau Helene Fischer angekommen, und der vierzehnjährige Marlon kippte ebenso atemlos mit dem zweiten Schnaps intus neben die Bude. Es herrschte etwas Aufregung. Sein Vater schrie direkt in Richtung Grillstand, ob da was mit dem Fleisch nicht in Ordnung gewesen sei. Lemmy nutzte unterdessen die Gelegenheit, sich mit der Kiste Latte-Gläser unter dem Arm Zutritt zur Bierbude zu verschaffen. Immer noch lief alles wie gewünscht. Lemmy war immer noch in der Bierbude verschwunden. Ich hoffte, dass er zügig die Kiste mit den Schnapsfläschchen finden würde, und stand mit großen Augen gespannt neben Grillgott Bruno, der lauthals husten musste und den Auswurf treffsicher mit dem Grillfleisch vermengte. Das Wort Spuckschutz assoziierte man an diesem

Grillstand wohl nur mit Hannibal Lecter aus dem Film *Schweigen der Lämmer*. Zudem war Bruno gar nicht begeistert davon, dass ihm Marlons Vater vorwarf, mit seinem heiligen Bauchfleisch würde etwas nicht stimmen. Wutentbrannt stürmte er mit der Grillzange in der Hand zu Marlons Vater. Bruno stieg über den bewusstlosen Marlon hinweg, und die Diskussion über gesundes Essen und richtige Erziehung bekam Nahrung.

Lemmy war immer noch verschwunden, und ich machte mir langsam Sorgen, warum er so lange hinter der Theke der Bierbude abgetaucht war. Zwei Sanitäter kümmerten sich mittlerweile um den stockbesoffenen Teenie Marlon, und ich sah, dass die Kippe der Bardame nicht mehr allzu lang war. Sie würde sicher gleich zurück in die Bierbude marschieren und dumme Fragen stellen. Meine halbverdauten Fleischklöpse sagten im Bauch erneut »Guten Tag«, und ich überlegte, was ich tun konnte, um Lemmy zu helfen.

Die Sanitäter brachten indes den hackestrammen Marlon von der Bude weg. Sein ebenfalls rotzbesoffener Vater folgte ihnen, und Bruno schien immer noch sehr beleidigt zu sein, dass man seine feine schwarzgebratene, fettige Hausmannskost für den Promillewert des Jünglings verantwortlich machte. Im Zorn ging er nun tätlich auf Marlons Vater los und ergriff mit der Grillzange dessen Nase. Die Polizeistreife, die eben noch den Fall eines verschwundenen Parteistandes bearbeitet hatte, stand nun ebenfalls an der Bude. Die anderen Kerle an der Theke sangen von der Band Creme 21 das Lied *Ich mag Tiere heiß und fettig*.

Um Gottes willen! Ich musste handeln. Lemmy war verschwunden, um Schnaps zu klauen, die Bullyzei stand unmittelbar an der Bude, und der Grillstand qualmte kapitänslos so, als habe Helmut Schmidt gerade Platz für eine Signierstunde genommen. Da der Grillstand nun verwaist war, wählte ich einfach mal die brutale Variante, um Lemmy Luft zu verschaffen. Ich zog mit dem Maul die Schlauchverbindung aus der Gasflasche heraus. Mit einem zischenden Geräusch strömte nun Gas aus der Pulle, und ich begann, wie blöd zu bellen, um die Aufmerksamkeit in Richtung Grillstand zu lenken. Keiner nahm Notiz. Ich begab mich in sichere Entfernung vom Gasungetüm weg und hüpfte wie Kermit auf Aspirin durch die Luft. Nichts passierte. Die Kotelett-Gourmets grölten *Sieben Fässer Wein* von Roland Kaiser, und keiner scherte sich um das ausströmende Gas. Hatte ich als Hund nun doch etwas über die Stränge geschlagen? Ach was, ich war doch jetzt ein Radauköter, die machen so was.

Da! Endlich tauchte Lemmy wieder auf. Er hatte den Schnaps am Mann. Und zwar im wahrsten Sinne des Wortes. Die kleinen Schnapsfläschchen waren nämlich nicht in einer Kiste hinter der Theke versteckt gewesen, sondern in Form eines Patronengürtels, den man sich schräg über den Oberkörper hängen konnte. Statt der Patronen steckten kleine Magenbitterflaschen in den Lederschlitzen des Gürtels. Supergeil! Lemmy sah aus wie der Ouzo-Rambo von Gelsenkirchen-Bulmke. Er rannte mir entgegen. Die Bardame war bereits auf dem Weg zurück zur Bierbude. Hoffentlich würde sie Lemmy nicht noch auf den letzten Metern erwischen.

Die Polizeistreife war dem angeschlagenen Marlon und seinem Erzeuger zum Klowagen gefolgt, damit man dem Döner-Freund nun mal ordentlich den Kopf waschen konnte.

Es fing langsam an, immer stärker nach Gas zu riechen, und ich hüpfte und bellte, was das Zeug hielt. Die Bardame war noch gut zwei Meter weit von der Bierbude entfernt und ihre Zigarette für ein bis zwei Züge gut. Die Saufkumpane, inzwischen bei *Eisgekühlter Bommerlunder* von den Toten Hosen angelangt, bemerkten nun endlich das ausströmende Gas an der Grillbude. Bob Seger begann schließlich, etwas musikalisches Niveau in die Veranstaltung zu bringen, und mit der akustischen Untermalung von (running) *against the Wind* liefen und torkelten alle Bierbrüder aufgeregt von der Bierbude und dem Grillstand weg. Es herrschte Panik. Nur die leicht bräsige Bardame nahm noch einen letzten Zug von der Zigarette und schnippte die Kippe dann im hohen Bogen in Richtung Grillstand. Ob die Fluppe vor dem Grillstand noch auf dem Boden landete oder bereits in der Luft von dem ausströmenden Gas samt Filter und Lippenstiftabdruck zerfetzt wurde, ist bis heute nicht überliefert.

Lemmy und ich saßen in einem großen, kahlen Raum, der unmittelbar an vier Ausnüchterungszellen grenzte. Die Nachricht, dass die Bardame zwar eine leicht angesengte Haarpracht davongetragen hatte, aber ansonsten, ebenso wie alle anderen, halbwegs unverletzt geblieben war, machte uns Mut, dass nicht alles schiefgelaufen war. Bauchspeck-Profi Bruno saß unterdessen im Verhörzimmer der Polizeidienststelle und versicherte, immer noch mit der Grillzange in der Hand, dass er die Sperrmuffe der Gasflasche kurz vorher noch überprüft habe und er sich nicht erklären könne, wie ihm sein Heiligtum Gasgrill so einen bösen Streich spielen konnte. Der komplette Grill war in die Luft geflogen, die Bierbude lag halbverkohlt in Trümmern, und vier Personen mussten ambulant Splitter von Latte-macchiato-Gläsern aus dem Oberarm gepult werden. Roland Kaiser und Helene Fischer waren nun endgültig verstummt. Der Vierzehnjährige mit Alkoholvergiftung war da eher eine Randnotiz.

Lemmy und ich saßen wie zwei Messdiener mit gefalteten Händen und Pfoten neben den nach Bier und Schweiß stinkenden Zeugen von der Bierbude, und nur der Schnapsgürtel an Lemmys Oberkörper passte nicht so richtig ins Gesamtbild zweier unbescholtener Bürger dieser Stadt. Lemmy hatte noch genau einen Magenbitter über, da er die anderen Fläschchen bereits an die besoffenen Kerle verschenkt hatte, die neben uns hockten und darauf warteten, ihre Zeugenaussage tätigen zu können.

Lemmy zog den letzten Magenbitter aus dem Gurt. »Fleischmann, den letzten teilen wir uns aber!«

Ich war freudig überrascht, dass Lemmy nun auch mal einen heben wollte, und fand die Idee Bombe. »Super, Lemmy, aber ich trink zuerst. Ich war doch früher ein Heimhund.«

Lemmy ließ mir den Vortritt, und ich merkte recht schnell, dass der Schnaps in meinem Magen sofort damit begann, Räumungsarbeiten vorzunehmen, während Lemmy und ich damit beschäftigt waren, nach Luft zu ringen. Als nach kurzer

Zeit auch der letzte Zeuge im Suff neben uns eingepennt war, durften wir die Polizeiwache wieder verlassen. Die Beamten hatten uns wohl als Sohn und Hund einem der anderen Männern zugeordnet und nicht weiter erkannt, dass wir ohne Erziehungsberechtigten unterwegs waren. Ich setzte erneut die Zirkusbrille auf die Nase und fand immer mehr Gefallen an diesem Karnevals-Gimmick in Verbindung mit der speckigen Rocker-Kutte, die mittlerweile nach einem Gemisch aus Grillkohle, Gas und Gammel roch.

Wir verließen die Polizeiwache, und ich musste an die zahllosen amerikanischen Mafiafilme denken, in denen Al Pacino als freier Mann auf die Straße schreitet, Tausende Reporter ihn fotografieren und sich wundern, dass die Bullen ihn nicht wegen seines klorollenlangen Vorstrafenregisters in die Isolationshaft gesteckt haben. So fühlte ich mich jetzt auch, nur dass sich Al Pacino wohl nie eine solch geschmacksverirrte bunte Brille auf die Nase gesetzt hätte.

Doch als Lemmy und ich auf die Straße traten, waren wir es, die glaubten, ihren Augen nicht trauen zu können.

Verhaltensauffällig

Ein ziemlich heruntergerockter alter VW Passat hielt vor der Wache, und ein großgebauter, uns sehr bekannter Kettenöler stieg zusammen mit zwei weiteren Männern und einem waschechten Pitbull aus dem Wagen.

»Ich werd verrückt, Lemmy! Das ist Costa, der fahrende Muschelputzer vom Zirkus. Ich dachte, die wollten längst über alle Berge sein.«

Ich war bemüht, die Clownsbrille schleunigst wieder loszuwerden, damit er mich nicht sofort erkannte. Aber noch bevor ich sie mir von der Nase reißen konnte, kam Costa mitsamt den beiden Männern einen Schritt auf uns zu.

»Lemmy, der will bestimmt das geklaute Handy anzeigen.« Pitbull Harras trottete vorneweg. Er war auch der Erste, der mir vor die coole Schnauze marschierte. Ich konnte nicht anders, als dieselbe aufzureißen.

»Na, Kampfschmuser, hat ja lange gedauert, bis ihr die Geschichte mit dem Handy mal so anzeigt. Aber ich sag dir gleich, das mit dem Telefon und der Brille war ein Zufall, der …«

Costa hatte uns nun eindeutig erkannt, und ehe wir uns versahen, riss auch er die Schnauze enorm weit auf: »Ey, dat ist dat Blag mit mein Handy.«

Die Männer, die ihn eskortierten, wollten Costa zwar zurückhalten, schafften es aber nicht.

Ich legte mich unterdessen weiter mit Pitbull Harras an. Schließlich war ich nun Straßenköter, da konnte mir so eine Kampfhundsusi nicht mehr das Wasser reichen. Ich haute einen raus: »Sag mal, Pitbully, bist du eigentlich 'ne Qualzüchtung, oder siehst du einfach nur scheiße aus?«

Der Pitbull lächelte mich liebevoll an.

»Na, ich glaub, du scheinst eher ein klassischer Wach- und Schutzhund zu sein. Kaum biste wach, suchste unterm Bett Schutz. Mann, und für einen wie dich zahlt Herrchen auch noch das x-Fache an Hundesteuer.«

Was für eine Lusche, dachte ich mir. Aber ich hatte das Wort Lusche noch nicht ganz zu Ende gedacht, als plötzlich ein weiterer mir fremder Herr, inklusive einer Frau und eines Kindes, neben uns standen. Die Situation wurde unübersichtlich. Und während ich mich weiter um den Pitbull kümmerte, wandte sich die junge Familie an Finn-Luca. Zusammen mit seiner Ehefrau und seinem Sohn begrüßte der Familienvater Lemmy, beziehungsweise Finn, ungewohnt herzlich und vertraut.

»Na, wenn das mal nicht der Finn-Luca ist.«

Die Frau drückte Finn fest an ihr überschaubares 70-A-Mittelgebirge, und der Sohn des Ehepaares gab Finn brav die Hand.

»Na, sag einmal, bist du denn ganz alleine unterwegs, Finn-Luca?«

Ich glaubte, meinen Ohren nicht zu trauen. War ich als gestandener Köter denn Luft? Die Mutti legte nach: »Und wie siehst du denn überhaupt aus? Wo sind denn deine Eltern, Finn-Luca?«

DIE GRÖSSTEN ERZIEHUNGSIRRTÜMER

Bellen bedeutet Freude

Die Familie entpuppte sich als entfernte Bekannte der Klein-Urbans. Ihr Sohn Zacharias hatte mit Finn, beziehungsweise Lemmy, mal gemeinsam an der Mathematik-Olympiade in Hückelhoven teilgenommen, und der Familie reichte das aus, um die Klein-Urbans nun als gute Bekannte zu titulieren. Ich sah das anders, aber egal. Die Familie machte auf mich einen Eindruck, der charakterlich keinen Katzenwurf von den Klein-Urbans entfernt schien.

Finn erzählte ihnen von dem Unfall auf dem Straßenfest und konnte somit wenigstens plausibel begründen, warum wir mutterseelenallein aus einer Polizeiwache spazierten.

»Ja, hat denn niemand mal die Solveig und den Gunnar angerufen? Und wie kommst du denn an diesen Patronengurt, Finn-Luca?«

Der Patronengurt? Äh, ach ja, der Patronengurt. Uns gingen langsam die Erklärungen aus, und noch bevor Finn ansetzen konnte, den ganzen Spaß, den wir mittlerweile erlebt hatten, plausibel zu erläutern, packte sich der wutentbrannte Costa plötzlich Zacharias' Vater.

»So, du Pappei. Und du bist also der Olle, den sein Sohn hier Handys zockt?«

Zacharias' Vater stand überraschter vor Costa als der Weihnachtsmann vor dem Osterhasen.

»Äh, ich glaube, da liegt eine Verwechslung vor, die ...«

Den Satz zu Ende gesprochen hat Zacharias' Vater nicht, da bin ich mir sicher. Wie sich Costa aber von den beiden starken Männern lösen konnte, um Zacharias' Vater ordentlich eine in die Schnauze zu brezeln, ist mir bis heute ein Rätsel. Die

Situation war nämlich die, dass Costa gar nicht zur Wache gekommen war, um den Verlust seines Manfred-Mann-Technik-Wunderwerkes anzuzeigen, sondern weil man ihn mitsamt dem Pitbull durch zwei Zivilbeamte polizeilich aus dem Verkehr gezogen hatte. Wahrscheinlich wegen Erregung öffentlichen Ärgernisses, so verbal freizügig, wie sich Costa hier präsentierte.

Zacharias' Vater flog im hohen Bogen die weinrote Hornbrille von der Nase, und den Hall der Ohrfeige konnte man wohl noch im weit entfernten Dortmund-Brackel hören. Der rote Handabdruck auf seiner Wange schien von Costa nun eintätowiert worden zu sein, und die beiden Zivilbeamten mussten alle Kraft aufwenden, um den total ausgeflippten Zirkuslöwen zu bändigen.

Zacharias' Vater versuchte memmenhaft, die Situation zu deeskalieren.

»Na, was hab ich Dummerchen mich da auch einzumischen?«, gab er von sich. Er hielt sich die Hand auf die rote Wange und stellte fest: »Das fördert ja immerhin die Durchblutung. So ein bisschen gesunde Gesichtsfarbe schadet ja nicht.«

Wie ist der denn erzogen worden?, dachte ich mir nur. Sohn Zacharias bekam plötzlich Schnappatmung, und seine Mutter, die mit der ganzen Situation total überfordert war, bemerkte nun folgerichtig: »Burkhard, Zacharias bekommt wieder einen dieser Stressanfälle.«

Ich setzte entspannt die Sonnenbrille auf, und Zacharias' Mutter, die auf den Namen Adele hörte, entschied direkt:

»Arzt! Notarzt! Das Kind atmet so anders. Fühl mal die Stirn. Wir müssen zum Arzt.«

Dass ein Zirkuslude ihrem Mann gerade ordentlich was aufs Maul gehauen hatte, schien Adele zweitrangig. Das Kind stand im Vordergrund, hatte immerhin Schnappatmung und war nun, ähnlich wie Anna-Lena, Vorstandschef in der Hypochonder-AG. Wer weiß, was sich hinter so einem Symptom alles verbergen konnte? Typhus, Diphtherie, Windpocken, Ebola oder noch schlimmer: Fußpilz. Keiner wusste es. Nur ein richtiger Arzt konnte helfen.

Und noch während Costa sich lautstark wehrend von den beiden Zivilpolizisten mitsamt seiner Qualzüchtung in die Wache geführt wurde, klingelte erneut das Handy des Zirkusartisten mit der lockeren Hand. Finn sah, dass Solveig ihn zu erreichen versuchte. Der Faktor »besorgte Mutter« wuchs wohl langsam an. Er drückte sie weg. Die Wahrheit hätte sie ihrem Sohn in diesem Moment ohnehin nicht geglaubt, und die Story mit der Übernachtung bei Pelé wurde auch langsam schwammig.

Zacharias' Mutter Adele meldete sich wieder zu Wort: »Wir bringen euch beide dann direkt nach dem Arztbesuch nach Hause.« Sie lächelte uns doof an. Uns blieb nichts anderes übrig, als ebenso doof zurückzulächeln und mitzufahren, denn hier, unmittelbar vor der Polizeiwache, waren wir auch nicht sicher. Auf Costa hatten wir definitiv keinen Bock mehr.

Wir fuhren also zusammen mit Zacharias und seinen Eltern zu einer Notfallpraxis, um überprüfen zu lassen, ob Zacharias'

Husten eventuell von der jahrzehntelangen harten Arbeit im Kinderbergwerk stammte oder doch eher was mit den ganzen Grippekindern in seiner Schule zu tun hatte.

»Lemmy, ich glaube, das Handy und die Brille sind soeben in unser Eigentum übergegangen.« Ich grinste breit. Mir fehlte nur noch so ein auffälliger goldener Schneidezahn in meiner Hundeschnauze, und alles wäre perfekt gewesen. Gangster-Dog! Das war noch ein Titel gewesen, der mir gefallen hätte.

Auf der Fahrt lehnten wir uns zurück, und irgendwie war mir bereits jetzt klar, dass wir nun ein weiteres Horrorkapitel merkwürdiger elterlicher Erziehungsmaßnahmen erleben würden. Und zwar das Kapitel »Übertriebene Gesundheitsfürsorge an Kindern«.

Wir waren die Einzigen, die es wagten, den Notfallmediziner an seinem Bereitschaftssamstag mit Kindern wie Zacharias zu belästigen.

An der Wand des Wartezimmers hing ein Flatscreen, auf dem das gehaltlose Patienten-TV lief, eine Möchtegern-N24-Schleife, in der fragwürdige Informationen den halbtoten Simulanten während der Wartezeit unterhalten sollen. Die Nachrichtenlage an diesem Tag war folgende:

17.23 Uhr: Dortmund verliert Champions-League-Finale gegen Westfalia Herne.
Die Schlange des Äskulap, das Symbol der Ärzteschaft, erschien auf dem Bildschirm.
17.25 Uhr: Mutter Wollny erneut schwanger.
Die Schlange des Äskulap erschien erneut.

17.26 Uhr: Hacker kapern Nachrichtendienst und bringen Falschmeldungen in Umlauf.

Die Schlange des Äskulap erschien schon wieder.

17.28 Uhr: Motörhead spielen wieder Konzerte in Deutschland.

Die Schlange des Äskulap erschien nicht mehr.

17.29 Uhr: Das Wetter: Es geht heiter weiter.

Man kann sagen, was man will, aber ich finde, so ein Patienten-TV ist mitunter sehr informativ. Was haben wir früher in den Wartezimmern nicht alles lesen müssen – von *Bäckerblume* bis hin zu abgeranzten *Fix und Foxi*-Heften –, bis diese Erfindung das Warten auf die Spritze endlich revolutioniert hat.

Ich ließ die Informationen sacken. Zwei Konzerte von Motörhead in nächster Zeit, und wir sitzen in irgendeinem Wartezimmer. Na toll.

Die Tür zum Behandlungszimmer stand einen Spaltbreit offen. Wir waren immer noch die einzigen todgeweihten Patienten an diesem späten Samstagnachmittag. Ich ließ es mir nicht nehmen, mal einen Blick auf die Behandlungsprozedur des Arztes zu werfen, und spazierte zusammen mit Lemmy in den OP des Grauens.

»Na, na, der Hund ist hier aber eigentlich nicht erlaubt«, war das Erste, was mir seitens des behandelnden Arztes entgegengebracht wurde.

Dann stell dir doch mal so einen doofen schwarzen Plastikraben in die Tür, dachte ich mir im Hinblick auf den Kommentar des Arztes, der sich nun wieder der komplizierten Diagnose in Bezug auf den todkranken Zacharias mit seiner Schnappatmung widmete.

Zacharias' Vater Burkhard saß wortlos mit einem dicken Eispack im Gesicht in der Ecke des Behandlungsraumes und spielte gedankenverloren an seiner Arztrechnung herum. Zacharias wiederum lag wie Tod auf Urlaub auf der übergroßen Behandlungsliege und guckte starr die neonberöhrte Decke an. Mutter Adele hielt seine Hand und hatte die Augen panisch so weit aufgerissen, als habe sie flüssiges Ecstasy aus dem Fünf-Liter-Party-Fässchen konsumiert.

»Zacharias leidet nämlich seit seiner Geburt unter ADHS«, informierte sie den behandelnden Arzt.

Ich muss das mal kurz erklären. Das Kind Zacharias leidet also laut Mutter Adele angeblich unter einer Krankheit, die sich ADHS nennt. Verwechseln Sie das bitte nicht mit der grassierenden Seuche namens DSDS. Unter dieser leidet dank RTL nämlich seit vielen Jahren ganz Deutschland, und sie ist auch nicht ausrottbar.

Zum Thema ADHS hingegen kann ich als nicht betroffener Hund eigentlich gar nicht so viel sagen, aber durch die Lektüre zahlreicher *Apothekenumschauen* ist auch mir dieses angebliche Krankheitsbild von Kindern geläufig. Da, wo früher Modedesigner Trends kreiert und dafür gesorgt haben, dass eine ganze Nation plötzlich Schulterpolster und 7/8-Leggins trug, sind es heute die Pharmakonzerne, die gerne mal eine Modekrankheit ins Leben rufen, um die Nation mit Neuheiten aus dem Chemielabor überzuversorgen. Im Falle von Kinderkrankheiten läuft das Geschäft noch wesentlich besser als in der Modebranche, da sich keine Mutter vorwerfen lassen möchte, nicht alles erdenklich Mögliche, was machbar ist, herangeschafft und dem Kind eingeflößt zu haben. Insofern war sich Adele recht früh sicher, dass ihr Kind, weil es gerne mal auf dem Sofa hüpft so wie Millionen andere Kinder auch, unter ADHS leidet.

ADHS heißt so viel wie Aufmerksamkeits-Defizit-Hyperaktivitäts-Störung, ein Wort also, mit dem Sie beim Scrabble die ersten 358 000 Punkte schon sicher haben, und eine Krankheit, die gar nicht mal richtig definierbar ist. Trotzdem hat sie heute angeblich fast jedes Kind.

ADHS wird gerne mit Umständen wie Unwohlsein, Bluthochdruck oder Übergewicht verglichen, die ebenfalls keine Krankheiten sind und erst dann anfangen, Probleme zu machen, wenn man zu viel davon hat. In den Augen vieler Mütter hat ein Kind also, wenn es in jungen Jahren zum Teufel in Pampers mutiert, gerne mal ADHS und somit mehr Pfeffer in der vollen Hose, als dem Kind guttut. Folglich werden dann eilig Ärzte, Esoteriker und Gesprächsrunden besucht, um sich von anderen Müttern bestätigen zu lassen, dass das eigene Kind ebenso gerne wie bescheuert durch den Matsch hüpft und davon gar nicht genug bekommen kann. Mit solchen Kindern kann doch was nicht stimmen, ist dann die einstimmige These. Kinder, die schreien. Kinder, die wild umhertoben und selbst vor dem spießigen und geordneten Geburtstag von Oma Änne nicht haltmachen. Solche Kinder passen nicht in das Gesamtbild einer genormten und durchgestylten

Gesellschaft, die zwar im Bett gerne übt, aber zum Schluss dann doch eher weniger Nachwuchs in die Welt setzt, als es früher der Fall war. Ich finde das nicht verwerflich, aber Kinder gleich als krank zu titulieren, nur weil sie aktiver sind als die inzwischen leicht spießig gewordenen MILF-Mütter, ist ja so, als bezeichne man fälschlicherweise alle Fußballfans in der Schalker Nordkurve als fußballkranke Wahnsinnige, die nicht stillhalten können und deswegen mit Druckbetankung von 2 bis 35 Bier medikamentös ruhiggestellt werden müssen. Na ja, obwohl …

Auch Zacharias ist also ein Kind, das bereits kurz nach der Entbindung die ersten fünfzig Krankheiten angedichtet bekommen hat und von Mutter Adele nach dem Kappen der Nabelschnur zu einem Pflegefall abgestempelt wurde, obwohl es kerngesund und munter ist.

»Nun, Frau Eulenkötter, Ihr Sohn Zacharias hat sich in der Schule wohl einen Husten eingefangen, der …«

Adele unterbrach den Mediziner in seinem Plädoyer. »Moment, Herr Professor, das kann schon mal nicht sein. Mein geliebter Zacharias war ja seit fünf Tagen gar nicht mehr in der Schule, weil er regelmäßig allergisch auf viele Dinge des Schulalltags reagiert. Ich vermute ja die aggressiv stinkende Wandfarbe im Chemieraum als Auslöser seiner zahlreichen Allergien. Zacharias leidet neben einer Latexallergie nämlich auch unter einer Kreideallergie und einer Pausenmilchallergie. UND DAS HAT NICHTS MIT LACTOSE ZU TUN! Das will ich Ihnen gleich mal sagen.« Adele wurde richtig böse.

Der Arzt zündete sich genüsslich eine Zigarette an.

»Und auch die warme Heizungsluft im Winter in den Klassenräumen kann für ein Kind in seinem Alter allergieauslösend sein. Die Zeitschrift *Frau am Abgrund* hatte das sogar neulich auf der Titelseite. Daher habe ich ihn in Absprache mit der Schulleitung nun erst einmal ein paar Tage aus dem Verkehr gezogen, um ihn zu Hause zu schonen, den armen Zacharias.«

Der Arzt zog an seiner Kippe und sich danach die Latexhandschuhe aus. »Okay, Latexallergie vermuten Sie also. Haben Sie denn zu Hause die Heizung komplett aus, Frau Eulenkötter?«

»Zu Hause heizen wir nur mit fair gehandeltem Eschenholz aus dem Kachelofen. Das verträgt mein Kind wesentlich besser.«

Zacharias setzte sich nun aufrecht hin und schaute auf die Uhr. »Mama, gleich kommt die Wiederholung von *Mitten im Leben*. Sind wir jetzt fertig?«

Adele war noch lange nicht fertig. »Moment, Zacharias, ich glaube, der feine Herr Mediziner nimmt unsere Sorgen und Nöte nicht ganz ernst. Ich war ja mit den Allergien noch gar nicht durch.«

Der Arzt setzte sich an seinen Schreibtisch und fing an, die Rechnung für Zacharias' Behandlung zu tippen. Er zog noch mal tief an der Zigarette.

»Wissen Sie, Herr Notarzt, diese ganzen Allergien bei Kindern, die kommen ja überwiegend von der mangelnden Hygiene allenthalben. Wo man auch hinschaut, überall herrscht

Hygienemangel. Es gibt sogar Bäckereien, in die Leute Hunde mitnehmen dürfen. Alle Orte, an denen sich Kinder aufhalten, sind doch heutzutage nicht mehr keimfrei.«

Der Arzt drückte die Zigarette in einer auf dem Schreibtisch stehenden Bettpfanne aus.

Mutter Adele schaltete noch mal einen Gang hoch. »Wir halten daher unsere ganze Wohnung absolut keimfrei und stellen so sicher, dass unser Kind in einer reinen und keimfreien Umgebung aufwachsen kann.«

Der Arzt musste in Richtung Spritzenbesteck niesen und schaltete sich wieder ein. »Und Sie glauben nicht, dass gerade das Übermaß an Hygiene für die ganzen Allergien Ihres Sohnes verantwortlich sein könnte?«

Mutter Adele schaute überrascht. »Blödsinn! Das sind doch Standards, die eigentlich jeder Haushalt mit Kindern beherzigen sollte. Wir haben zum Beispiel bei uns zu Hause alle Föhne abgeschafft, damit der Hausstaub nicht unkontrolliert durch die Luft fliegen kann. Wir trocknen Zacharias' Haare nun über dem Gasherd. Zudem bewegen wir uns zu Hause wesentlich langsamer als früher, was auch dazu beiträgt, dass nicht unnötig schmutzige Luft und Dreck aufgewirbelt werden. Okay, mein Mann Burkhard ist deswegen mal bei dem Versuch, im Zeitlupentempo von der Toilette aufzustehen, mit dem Kopf seitlich in die Waschpulvertonne gekippt und hat sich Prellungen im Gesicht zugezogen. Aber das sind Dinge, die halt passieren können, wenn man Wert auf einen keimfreien Haushalt legt.«

Burkhard saß immer noch angeschlagen in der Ecke des

Behandlungszimmers und schaute seine Frau Adele mit seinem gesunden Auge mitleidig an.

Adele fuhr bereits im höchsten Gang. »Wir haben die mit Hausstaub und Waschpulver verseuchte Toilette dann professionell von einem Desinfektionsdienst entkeimen lassen, und Burkhard kam zwei Wochen zur Quarantäne in den Keller. Himmel, hat der nach Lavendel gestunken.«

Der Arzt war mit dem Schreiben der Rechnung fertig und zündete sich noch eine weitere Zigarette an. Er schien an der bekloppten Familie samt Sohn Zacharias Gefallen gefunden zu haben und hörte weiter locker entspannt zu. Mutter Adele war ja noch lange nicht fertig mit ihrer Gardinenpredigt.

»Und, Herr Professor Doktor, was uns im Hause Eulenkötter auch immer sehr wichtig ist, sind termingenaue Impfungen. Die ganze Familie lässt sich stichtagsgenau impfen. Und zwar nicht nur gegen die üblichen Verdächtigen wie Kinderkrankheiten, Tripper und alles Weitere, was man sich so in den Fußgängerzonen zwischen Datteln und Frankfurt-Rödelheim einfangen kann. Nein, nein. Mein Mann, ich und vor allem unser liebster Zacharias lassen sich alle vierzehn Tage bei unserem Heilpraktiker gegen Bulimie, Dyskalkulie und Kakophonie impfen.«

Der Mediziner wurde stutzig. »Äh, Frau Eulenkötter, mit Verlaub, aber wissen Sie denn, was diese Begriffe alle bedeuten?«

»Herr Doktor, das ist doch vollkommen egal. Das sind Volkskrankheiten, gegen die man sein Kind und sich selbst ja irgendwie schützen muss. Lesen Sie denn keine Zeitungen, um zu erfahren, was so alles im Umlauf ist? Nicht wahr, Zacharias?«

Der Arzt schien die Eulenkötters mangels anderer Patienten in seiner Praxis zu seinem Nachmittagsunterhaltungsprogramm ausgewählt zu haben. Zacharias bohrte in der Nase und begann anschließend, sein Allergikerhemd wieder anzuziehen. Das Kleidungsstück bestand zu einhundert Prozent aus Plastik. Latex vertrug er ja bekanntlich nicht, und in Sachen Baumwolle war Zacharias wohl gegen die unmenschlichen Arbeitsbedingungen der armen Textilarbeiter aus Bangladesch allergisch. Dieser Stoff kam für ihn also auch nicht in Frage. Dass der Junge im Sommer mit dem Hemd stärker schwitzte als ein Merinoschaf beim Aqua-Jogging auf Fuerteventura, war der Mutter ja gerade recht, denn nur so konnten alle Giftstoffe aus dem Körper des Jungen entfleuchen.

»Stellen Sie sich vor, Herr Notarzt, es gab in Zacharias' Klasse mal eine Mutter, die ihr Kind auf sogenannte Masernpartys geschickt hat, damit sich das Kind bewusst mit Masern infiziert. Sie ging davon aus, dass das Durchleiden der Krankheit für das Kind gesünder sei als eine vorsorgliche Impfung mit dem Erreger. Das wäre ja so, als würde ich Zacharias einen Eisbeutel auf den Kopf setzen, nur damit das Kind Grippe bekommt und ich es dagegen nicht mehr alle zwei Monate impfen lassen muss. Hach, was gibt es doch für schlimme Weiber.«

Burkhard nahm den Eispack von seinem Gesicht und meldete sich zu Wort. Er merkte an, dass der Kleine nun wieder angezogen sei und auch seine rote Wange nicht mehr allzu stark gekühlt werden müsse. Man wolle nun gehen.

Mutter Adele schnappte sich das Rezept, um dem Jungen noch schnell einen Hustensaft ... Nee, Moment. Die Situation war anders. Der Notarzt hatte Mutter Adele gleich den ganzen Rezeptblock in die Hand gedrückt, so dass er sich das Abreißen der einzelnen Zettel sparen konnte. Neben einem Hustensaft für Zacharias und einer Wund- und Heilsalbe für Vater Burkhard hatte er für Mutter Adele auch noch eine Turnierpackung hochdosierten Baldrians mit aufgeschrieben. Die Familie zog beseelt von dannen.

»So, ihr beiden, jetzt wollen wir euch mal zügig zu Solveig und Gunnar zurück nach Hause fahren. Ich mache mir auch so langsam Sorgen wegen der ganzen Hundehaare im Fahrzeug.«

Adele war vorne raus die Freundlichkeit in Person, aber hintenherum war sie wohl tatsächlich froh, uns loszuwerden. Nicht, dass ich in Bezug auf die charmante Familie Eulenkötter anderer Meinung gewesen wäre, aber jetzt schon zurück zu den Klein-Urbans gebracht zu werden wäre tödlich gewesen. Ich wollte ja unbedingt noch das absolute Highlight unseres Roadtrips erleben: den Besuch der Petplay-Hundemesse-und-Tierschau am morgigen Sonntag. Und auch ein paar andere Dinge in Sachen »Erziehung von Kindern und Hunden« standen noch auf meiner Agenda, so dass wir uns etwas ratlos anschauten, als uns Adele in den Volvo Kombi steckte, der unmittelbar vor der Notfallpraxis auf dem Behindertenparkplatz stand.

Ich schaltete mich leise ins Gespräch mit ein. »Äh, Lemmy, vergiss nicht, wir haben nun keine Latte-Gläser mehr. Wir sollten mal zusehen, dass wir vor unserer Rückkehr irgendwie in die Küche von der Eule Kötter kommen, um uns hochdesinfizierte und keimfreie Latte-Gläser zu besorgen. Danach könnten wir uns ja von der Chaosfamilie nach Hause chauffieren lassen.«

Das leuchtete Lemmy ein, und noch bevor ich weitere fadenscheinige Argumente zutage bringen musste, haute Lemmy auch gleich mal einen raus: »Sag mal, Zachi, hast du eigentlich noch den Graphikrechner, den ich dir bei »Matrizenrechnung für Vorschulkinder« mal geliehen habe? Du weißt schon, dieses Billigding mit Sensor-Datenerfassung, Ungleichungsgraphik, Learning-Check, Study-Cards und SCI-Tools. Den brauch ich jetzt wieder zurück. Pythagoras steht bald auf der Matte.«

Ich glaubte mal wieder, meinen Ohren nicht zu trauen. Einerseits hätte ich Streber Finn-Luca für diese Klugscheißerei den Taschenrechner am liebsten anal quer eingeführt, aber andererseits war die Nummer gar nicht schlecht, um doch noch in die Bude der Kötter-Eulen zu gelangen. Es war immerhin schon früher Abend, und für einen echten Fleischmann sollte sich im Haushalt der Keulenötters doch wohl ein schönes lauschiges Plätzchen finden lassen.

»Ja, das Ding liegt noch bei mir rum. Mama, können wir eben noch nach Hause, den Rechner für Finn holen?«

BINGO!

Wir machten uns auf den Weg zur Wohnung der Eulenfamilie Kötter.

DIE GRÖSSTEN ERZIEHUNGSIRRTÜMER

Jede Rasse passt zu mir

Ein Heim für Hunde

Nachdem ich in diesem *dog*matischen Frühwerk nun schon ausführlich über das umfangreiche Thema von Hunden und deren Erziehung auf der Straße philosophiert habe, möchte ich mich nun damit beschäftigen, was den Hund in den eigenen vier Wänden charakterisiert. Schließlich wird auch dort viel Wert auf die richtige Erziehung und den richtigen Umgang mit dem eigenen Vierbeiner gelegt. Insbesondere dann, wenn im Zuhause nicht viel mehr Platz ist als in einer Telefonzelle, die gerade von einer Schulklasse besichtigt wird.

Viele angehende Hundehalter machen sich meist erst nach der Anschaffung eines Hundes Gedanken darüber, ob der ausgewachsene Bernhardiner eigentlich in die zwanzig Quadratmeter kleine Wohnung passt und gehört. Häufig wird daher unmittelbar nach der Anschaffung des possierlichen Tierchens erst einmal der langjährige Lebenspartner inklusive Möbel aus der Bude geworfen, um Platz zu schaffen, damit man zukünftig auch auf engem Raum mal mit dem Tier *Fangen* oder *Hürdenlauf* spielen kann. Auch unnütze Gegenstände, wie Bett und Waschmaschine, müssen häufig dem Platzbedarf des Tieres weichen, so dass Frauchen ab sofort im Ohrensessel nickert und fortan der tägliche Besuch im Waschsalon auf dem Programm steht.

Zum Glück gilt das nicht für alle Hundehalter, so dass die meisten noch genügend Raum in ihrer Wohnung oder ihrem Haus finden, damit der Hund bei Gefallen auch mal für den Sparkassenlauf 2016 trainieren kann. Size does matter ist eben auch für Hunde wichtig, und im Zoo achtet man schließlich ebenfalls darauf, dass alle Tiere artgerecht, also mit genügend Auslauf, untergebracht werden. Auch die Rückzugsmöglichkeiten im Haushalt sind daher für Hunde enorm wichtig.

Natürlich werden Hunde in erster Linie zur Unterhaltung der kompletten Sippschaft angeschafft (»Och, wat is der süüüß«), als Star in der Manege und um das Familienleben anzureichern. Es gibt aber auch Momente, in denen der liebe Hausköter gerne mal seine Ruhe hat. Neben dem Hauswirtschaftsraum, in den man mich ja bekanntlich steckt, wenn Besuch im Haus ist, ist es vor allem das Schlafzimmer einer Wohnung, welches Hunde magisch anzieht. Das will nicht jedes Frauchen und Herrchen verhindern. Ich kenne genügend Haushalte, in denen der Hund nach dem Spaziergang im Platzregen mit in die Kiste hüpfen darf. Aber in den meisten Beziehungen dominiert dann doch die Ansicht, dass der Hund nicht ins Bett darf.

Aus diesem Grund werden Hunden gerne jegliche Errungenschaften der Bettenindustrie in Miniform ins Körbchen gelegt. Das Tier bekommt eine Viscoschaum-Hundematratze, Daunendecken, orthopädische Kopfkissen und einen Hundewecker, der morgens leise »Miau« säuselt. Das Tier wird pünktlich wach, und der Wecker stellt sich durch Bellen selbst wieder aus. Und was macht der liebe, verzogene Hund? Er springt bei erstbester Gelegenheit trotzdem wieder ins Kingsize-Bett seiner Besitzer.

Das kann meist dann zu Komplikationen führen, wenn Frauchen eigentlich alleine mit dem Tier wohnt, sich aber plötzlich eine männliche Eroberung aufmacht, mal eine Nacht bei Frauchen im Bett verbringen zu wollen. Die irritierten Blicke des Mannes und die folgende Standardfrage: »Pennt der Hund etwa auch im Schlafzimmer?«, sind dann meist vorprogrammiert. Wir Hunde lassen uns für einen solchen Fall natürlich gerne ein Spezialprogramm einfallen und bereiten so eine Nacht zwischen Frauchen und Testosteron-Macho haarklein vor.

Zunächst kaut der gehässige Hund so lange an den Gummidichtungen der Fenster herum, bis sich keines mehr nachts öffnen lässt. Der neue Partner von Frauchen schläft also bei geschlossenem Fenster mit dem Hund in einem Raum. Als Nächstes legt sich der Hund natürlich nicht in die letzte Ecke des Megaschlafzimmers, sondern direkt auf die Bettseite der Eroberung. Und zwar in umgekehrter Liegerichtung mit dem Kopf zum Bettende und dem Schwänzlein in Richtung Nachttisch. Während der Nacht folgt dann die übliche Klangfolge eines Hundes, also eine Geräuschmischung aus »Gräte hochwürgen« und Fäkalphonetik. Eine Gastro-Packung Westerneintopf mit roten Bohnen im Vorfeld konsumiert, steigert den Spaßfaktor massiv. Sie können davon ausgehen, dass die männliche Eroberung am nächsten Morgen die Tür mit dem Satz »Du, lass uns Freunde bleiben« von außen zuzieht und der Hund abends wieder alleine mit Frauchen im Kingsize-Bett schläft. Problem gelöst. Ein noch zusätzlich künstlich arrangierter Fellwechsel auf der abgelegten Garderobe des Kerls ist da in den seltensten Fällen vonnöten.

Das eigentliche Territorium eines Hundes in den eigenen vier Wänden ist auch nicht das Schlafzimmer, sondern das Wohnzimmer und vor allem die Küche. Viele fragen sich ja, was Tiere in der Küche zu suchen haben. Hallo? Natürlich gehören Tiere in die Küche. Schweine, Rinder, halbe Hähnchen, falsche Hasen. Was wäre eine Küche ohne Tiere? Und so muss ich als Jack-Russell-Terrier mal eine Lanze für Tiere, insbesondere Hunde, in der Küche brechen.

In diesem wichtigen Raum sind vor allem Hunde sehr beliebt, die ein sehr langes Fell tragen, so wie die sogenannten ungarischen Pulis. Das sind diese sympathischen Wischmopp-Hunde, die eigentlich nur aus Fell bestehen und in der Küche permanent dazu angehalten werden, sich zu bewegen. Der Effekt ist derselbe wie bei einem automatischen Bodenstaubsauger, der wie von Geisterhand allen Dreck einsammelt und konserviert. Krümel, Barbieköpfe, Kontaktlinsen – alles, was bisher den Boden verschmutzte, hängt nun im Fell des Hundes, und die Küche glänzt wie am ersten Tag. Es sei denn, der Haushalt ist so keimfrei wie bei Familie Eulenkötter, dann ist die Anschaffung eines solchen Hundes natürlich überflüssig.

Zusätzlich wird die Küche von Hunden gerne zur Nahrungsaufnahme genutzt. Da das beim Menschen ganz gut funktioniert, haben sich Frauchen und Herrchen irgendwann mal gedacht: Okay, dann kann Fiffi ebenfalls in der Küche speisen. Achten Sie beim Besuch in der Küche eines Hundehalters also darauf, nicht gedankenverloren in irgendwelche Fressnäpfe und Wasserschalen zu latschen, die meist dort herumstehen. Das sieht nur dann lustig aus, wenn die eben beschriebene männliche Eroberung nachts durstig aus dem Schlafzimmer in die dunkle Küche muss, um sich ein Glas Wasser zu besorgen, und dann mit klebrigem Nassfutter an den Füßen wieder zurück ins Bett kriecht.

Für Hunde selbst ist die Küche natürlich nur ein eingeschränktes Schlaraffenland zum Fressen und Unordnungmachen. Eingeschränkt deshalb, weil die Hängeschränke in luftiger Höhe tabu sind und nur die Unterschränke zum Stiften von Chaos in Frage kommen.

Im Badezimmer hingegen verweilen Hunde eher ungern. Ich gehöre auch dazu. In der Regel wird dort in der Badewanne nämlich versucht, aus einem dreckigen Jack-Russell-Terrier wieder einen sauberen zu machen, was nicht zur Lieblingsbeschäftigung von Hunden zählt. Vergessen Sie es einfach, liebe Hundehalter. Wohlerzogen muss nicht immer mit sauber einhergehen. Hunde wurden nicht dazu erfunden, dass sie mit sauberem Fell durch die Weltgeschichte spazieren. Wie bereits gesagt, stammen wir vom Wolf ab. Und der kennt nun mal keine Bio-Effekt-Dusche. Feingestriegelte Hunde wie Lassie haben da ein komplett falsches Bild erzeugt. Die richtig coolen Biester waren immer die schmierigen und dreckigen. Oder hätten Sie *Alien* geguckt, wenn das Vieh vorher bei der professionellen Zahnreinigung gewesen wäre und nach Veilchen duftend aus dem Raumschiff-Klo stolzieren würde? Schauen Sie sich doch nur mal diese lieben kleinen West-Highland-Terrier an, diese hübschen weißen Fellbüschel aus der Hundefutterwerbung, die man komplett sauber aus dem Tierheim oder vom Züchter holt und die im Laufe der folgenden Wochen aussehen wie ein weißer Nerzmantel nach dem Abbau eines neuen Kohleflözes. Klar, Sie können das Tier täglich in die Badewanne stellen und schrubben. Die Hundezubehör-Industrie hat da einiges auf Lager. Antifilzmittel, Teeröl-Shampoo oder Weichspüler. Einen so schneeweißen Hund wie zur Erstauslieferung werden Sie aber nie wieder bekommen.

Doch zurück zu unserer Ankunft bei den Eulenkötters. Noch bevor wir das Eulennest der Kötters, eine große Altbauwohnung im ersten Stockwerk, betreten durften, meldete sich noch im Hausflur Mutter Adele wieder zu Wort: »Burkhard, möchtest du dann mal bitte die Box holen?«

Die Box holen? Mir schwante Übles, und kurze Zeit später wurden meine grausamsten Befürchtungen Realität. Adele Eulenkötter, die Folterherrin im Dienste einer hundehaarfreien Wohnung, hat doch tatsächlich eine Hundebox im Hausflur stehen, obwohl sie gar keinen Hund besitzt. Ein Plexiglas-Ungetüm mit wenigen Luftlöchern und nicht einmal einem Gitter, um die Pfote hinauszustrecken. Da, wo andere Familien das schmale Treppenhaus mit Monsterkinderwagen, Klapprädern und Rollatoren zuparken, haben die Köttereulen eine Hundebox stehen, die wohl eigens für den Fall angeschafft wurde, dass mal ein Haustier den Weg in die Wohnung finden will. Es war unglaublich. Wie sich später herausstellte, wird die Box auch regelmäßig zum keimfreien Transport von Blumenerde und anderen »unreinen« Dingen aus dem Gartenmarkt genutzt, mit der die Spießereulen dann ihren Balkon verzieren. Ich habe immer noch Kakteendünger im Fell kleben.

Burkhard öffnete die Hundebox, und Mutter Adele begann damit, mich, den armen kleinen, lieben und zartbesaiteten Fleischmann, mit dem Fuß in die Kiste zu schieben. Gegenwehr war zwecklos. Sie schien sehr erprobt im Umgang mit rebellischen Hunden zu sein. Mein ganzes Leben zog an mir vorbei. Ob ich jemals wieder aus diesem verglasten Hundesarg herauskäme? Noch während ich über die Flurfliesen in die Box geschoben wurde, gingen mir folgende Sätze durch den Kopf: Gehen Sie in das Gefängnis! Begeben Sie sich direkt dorthin! Gehen Sie nicht über Los, und ziehen Sie nicht viertausend Mark ein!

Scheiß auf die viertausend Mark, dachte ich mir. In dieser Kiste wollte ich definitiv nicht versauern. Meine letzte Rettung war Lemmy, meine Du-kommst-aus-dem-Gefängnis-frei-Karte, der auch etwas verdutzt dreinschaute, aber erst mal gute Miene zum bösen Spiel machte. Er hatte als Trost wohl immer noch die Latte-Gläser im Kopf und erhoffte sich, schnell wieder mit mir aus dieser Bude verschwinden zu können. Dass ich den Aufenthalt in der Wohnung eigentlich für länger geplant hatte und es mein Ziel war, die Wohnung der Eulenkötters mal etwas näher unter die Lupe zu nehmen beziehungsweise ich dort sogar übernachten wollte, um der morgigen Petplay-Hundeschau etwas näher zu kommen, ahnte er ja nicht. Was für eine verzwickte Situation.

»So, das Tier ist nun also in der Quarantänestation. Da kann es keine Hundehaare in der Wohnung verteilen, Finn-Luca.«

Mutter Adele grinste zufrieden und streichelte Lemmy über die Birne, so wie es Omas gerne mal machen, bevor der altbekannte Satz fällt: »Kerl, wat has du 'n Schuss gekriecht.« Diese falsche Schlange Adele, dachte ich mir.

Burkhard schleppte die Kiste in die Wohnung und stellte mich in den gigantischen Hausflur, der sich erst einmal wenig von dem der Klein-Urbans unterschied. Kommune 1 meets Pfarramt. Man merkte aber sofort, dass in dieser Wohnung kein Haustier willkommen ist. Keine angekauten Fußleisten, keine vom Hund zerbissenen Hausschuhe in der Ecke. Keine vollgesabberten Plastikbälle unter dem Schuhschrank und keine bis zu den Stromleitungen abgefressenen Wandverkleidungen aus Holz. Alles war eine Mischung aus öko und old style. An der Flurwand, direkt neben der Haustür, hing das obligatorische, ein paar Jahre alte, groß gerahmte Familienfoto, auf dem alle drei Eulenkötters abgebildet waren. So ein klassisches Porträtbild eines Fotostudios halt, wo man sich für 29,99 Euro vor eine braune, wolkenmarmorierte Leinwand setzt und der Kleine eine ach so putzige Diddl-Maus in die Hand gedrückt bekommt. Die Mutter, frisch dauergewellt, hat den Kleinen auf dem Schoß sitzen, und der Hausherr, also der Gatte, steht in der Regel stolz daneben und legt lässig die Hand auf die Schulter seiner Frau. Alle grinsen dabei so, als habe der Fotograf gerade den Fips-Asmussen-Nachwuchs-Contest gewonnen.

Bei Familie Eulenkötter jedoch sah das Bild etwas anders aus. Die marmorierte Fotoleinwand im Hintergrund war kotzgrün, mit einem verwackelten Abbild einer norwegischen Anglerhütte. Das Plüschtier war noch in der originalen Verpackung, wegen der Keime, und Mutter Adele war die, die thronend wie eine Amazone neben ihrem Mann stand, der Mühe hatte, den übermüdeten Zacharias auf dem Schoß zu halten. Zacharias hatte auf dem Foto eine ganz rote Nase. Muss wohl durch eine Blitzlichtallergie ausgelöst worden sein. Bemerkenswert war aber, dass Adele auf dem Foto, im Vergleich zu heute, richtig jung und sogar relativ hübsch aussah. Damals war sie anscheinend jung und hübsch, und heute ist sie nur noch »und«.

Neben dem Bild klebte eine Pinnwand, auf der lauter Postkarten mit schlauen Sprüchen hingen. »Ich Chef, du Nix« galt wohl Adele im Hinblick auf ihren Gatten. Eine weitere Postkarte propagierte: »Brot statt Böller«. Der übliche Kram in einer solchen Familie. »Brot statt Böller« ist ohnehin Blödsinn. Ich habe es mal ausprobiert, aber die Dinkelkloben brennen nicht mal, geschweige denn dass sie explodieren, wenn man sie anzündet.

Ich musste mir die Bude der Eulenkötters mal etwas näher ansehen. Je länger ich in dieser Box hockte, desto mehr kam in mir der Wunsch auf, hier auszubrechen und die Wohnung der Familie aus Frust mal etwas auf links zu drehen. Und noch während ich wieder vor mich hin döste und in Gedanken am Mittelmeerstrand der Köter Sur lag, stand plötzlich Lemmy an der Kiste. Ich schaute ihn durch die große Glasscheibe an.

»Mann, Alter, das wurde aber auch langsam Zeit. Mach den Kasten auf! Ich komm mir in der Plexiglasbox vor wie diese kleinen Plastikhunde, die man alle vierzehn Tage als Teil einer Sammelserie im Zeitschriftenladen kaufen kann. Heute Heft 15: der erstickte Jack-Russell-Terrier.«

Lemmy bat mich, nicht so laut zu reden, da die Eulenkötters wohl im Wohnzimmer saßen und ihrem Abendessen aus dem Thermomix sowie dem Mineralwasser aus dem Sodastream frönten. Ich schaute auf die kleine Digitaluhr, die im Flur an der Wand hing. Selbstverständlich war sie digital, da die Zeiger einer analogen Uhr ja viel zu viel Staub in der Wohnung aufgewirbelt hätten. Es war schon recht spät geworden. Zacharias war mittlerweile im Bett, und die Diele lag im Dunkeln.

»Äh, Lemmy, wollten die uns nicht direkt wieder nach Hause fahren, sobald du deinen komischen Taschenrechnerdingsbums eingesteckt hast?«

»Ja, Fleischmann, machen die aber nicht. Die haben nämlich Solveig angerufen, während du gepennt hast.«

Ich war leicht bis mittelstark, nein, ich war total schockiert. Adele, diese alte Obereule, hatte während meines traumatischen Ausflugs an die Köter Sur tatsächlich bei Solveig angerufen.

»Ja, und was passiert jetzt, Lemmy? Bleiben wir hier oder was?«

Lemmy schien mit der Situation zufrieden. »Erst mal ja. Solveig war wohl einverstanden, als ihr Adele gesteckt hat, dass ich mit Zachi noch Pythagoras mache.«

Ich glaube, Lemmy war sich des Ernstes der Lage nicht ganz bewusst.

»Pythagoras machen? Mann, wir sind schon fast zwei Tage von zu Hause weg. Dass deine Mutter da so entspannt bleibt. Erst die Nummer mit Pelé, dem Fußballprofi ohne Gefühl im Bein, und jetzt muss auch noch diese Horrorfamilie als Ausrede herhalten.«

»Ich hab auch kurz mit Solveig gesprochen«, sagte Lemmy. »Sie hörte sich schon etwas verwundert an, weil wir beide einen auf Globetrotter gemacht haben. Fakt ist aber, dass wir hier pennen dürfen und sie uns erst morgen früh hier abholt.«

Lemmy wirkte stolz, dass er sich über die erzieherische Überfürsorge seiner eigenen Mutter hinweggesetzt und nun mal selbst geklärt hatte, wo der Hase langläuft. Besorgt legte sich meine Stirn in Falten, so dass ich aussah wie einer dieser chinesischen Faltenhunde. Lemmy wusste ja immer noch nichts von meinem Plan, am nächsten Tag die Hundemesse besuchen zu wollen.

»Morgen früh werden wir von Solveig abgeholt?«

Auch Angstschweiß stand mir nun auf der Stirn, was aber mehr an der schlechten Luft unter dieser Käseglocke für Hunde liegen musste. »Mann, Lemmy, morgen früh ist zu früh. Also ich meine, morgen früh ist zu früh für die Hundemesse.«

Ups! Ich hatte mich verraten. Jetzt war es raus. Lemmy öffnete die Klappe der Hundefolterkiste, und ich rang nach Luft wie ein Perlentaucher vor Sri Lanka.

Ich schenkte Lemmy reinen Wein ein und teilte ihm mit, dass ich vor unserer Rückkehr in den erzieherisch-perfekten Haushalt der Klein-Urbans auf jeden Fall noch die von Sophia beworbene Hundemesse besuchen wolle. Lemmy guckte zwar zunächst ein wenig irritiert, da es ihm nicht behagte, noch einen dritten Tag von zu Hause wegzubleiben, aber richtig abgeneigt schien er nicht, der Petplay-Messe, der zweitgeilsten Veranstaltung nach einem Motörhead-Konzert bei Rock am Ring, beizuwohnen.

Die Eulenkötters hatten den Themenabend *arte* inzwischen beendet und sich ins Schlafzimmer zurückgezogen. Sie gingen wohl davon aus, dass Lemmy und Zacharias bereits rechtwinklig und gleichschenklig im Bett lagen und von Pythagoras träumten. Tatsächlich eilte ich zusammen mit Lemmy auf leisen Pfoten in die Küche. Mein Gott, hatte ich einen Brand nach der trockenen Luft in der Kiste.

»Fünf Stück habe ich übrigens gefunden, Fleischmann!«
»Was, fünf Stück?«
»Na, Latte-Gläser! Die haben's hier mehr mit so Puppenhaustassen.« Lemmy zeigte auf einen Schwung Espressotassen, die auf der Küchenarbeitsplatte standen. Ich hielt die Pfoten vor die Augen. Das konnte doch alles nicht wahr sein. Jetzt stand der wohlerzogene Bengel schon wieder mit einer ganzen Rutsche Gläsern vor mir. Und zwar ohne Karton.

Ich zog mit dem Maul eine Flasche Rotwein aus einem Weinregal. Na ja, Weinregal ist übertrieben. Es war eine selbstgebastelte Konstruktion aus alten Holzbierkisten, die leider nicht besonders stabil genagelt worden war, wie sich herausstellte. Das Regal fiel inklusive Pulle um und ging zu Bruch. Ein Heidenlärm entstand, aber nichts tat sich im Haus.

»Haben die Valium zum Abendbrot genascht, Lemmy? Die schlafen ja fester als ein Abteilungsleiter nach der Weihnachtsfeier im Hotel *Bottroper Abendrot*.«

Ich begann, den Suff vom Boden wegzulecken, und verteilte eine Ladung Hundehaare neben der Rotweinschweinerei. »Baah, ist ja widerlich! Der Rotwein schmeckt so grausam, der geht glatt als Trinkmarmelade durch.«

Auf dem Etikett stand »Echter Husumer Landwein«. Wein aus Husum? Was für 'ne beknackte Familie. Wahrscheinlich noch pasteurisiert und von glücklichen Flachlandkühen gezapft.

Ich latschte durch die Weinlache hindurch zur Waschmaschine im Bad. Dort erhoffte ich mir irgendein Wäschestück, um mir mal ordentlich die Hundeschnauze abzuwischen. Waschmaschinen haben eine magische Anziehungskraft auf Hunde. Hunde wissen in den eigenen vier Wänden nämlich sehr gut Bescheid, wo sie die Objekte ihrer persönlichen Begierde finden können. Socken! Hunde lieben Socken, und kein Hundehalter wird es je schaffen, einen Hund so umzuerziehen, dass er nicht mehr an die heißgeliebten Socken geht und sie versteckt. Waschmaschinen lassen nur einzelne Socken wie von Geisterhand verschwinden, Hunde gleich ganze Sockenberge. Das liegt wohl daran, dass insbesondere getragene Socken auf feine Hundenasen einen gewissen Reiz ausüben, da sie den Duftstoff des Herrchens oder des Frauchens an sich tragen. Mit anderen Worten: Da wo Papi gerne mal im Internet getragene Höschen von fremden Frauen bestellt, klauen wir Hunde uns ganz kostenlos einfach ein paar Socken aus dem Wäschekorb.

Vor der Waschmaschine der Eulenkötters lag natürlich kein einziges Wäschestück planlos auf dem Boden herum, so dass ich mich mit einem weißen Frotteehandtuch begnügen musste, um mir die Husumer Trinkmarmelade aus dem Gesicht zu wischen. Ich pieselte noch kurz in die umgekippte Waschpulvertonne und marschierte zurück in die Küche.

Eigentlich war die Wohnung der Köttereulen ein wunderbarer Ersatz für einen Hundetrainingsplatz. Hundebesitzer neigen ja dazu, den eigenen Hund freizeittechnisch zu Hause genauso zu beschäftigen wie vor der Tür in der freien Wildbahn. Viele Herrchen und Frauchen können es einfach nicht mit ihrem schlechten Gewissen vereinbaren, dass der Hund auch mal faul herumliegen will, während der Halter in der Wohnung seinem Hobby nachgeht. Der Hund wird also zwangsbeschäftigt, und das sieht manchmal ziemlich abstrus aus. Schnell kommt dann die Frage auf, wer eigentlich wen erzieht und in der Wohnung oder im Haus bespaßt. Der Hund den Besitzer oder das Frauchen das Tier. Eine weitverbreitete Beschäftigungsmaßnahme ist zum Beispiel das Verstecken von Leckerlis in der kompletten Bude, die der Hund dann finden muss.

Liebe Leser, wir Hunde haben Dauerostern! Ja, wir Hunde werden gewollt oder ungewollt permanent dazu angehalten,

Leckerlis zu suchen wie Kinder Ostereier. Was zunächst mal totaler Kappes ist, ist die Bezeichnung »Leckerli«. Das Frauchen oder das Herrchen wissen ja schließlich nicht, wie ihrem Haustier getrocknete Kalbsohren schmecken. Und würde ich herausfinden, dass Herrchen heimlich daran genascht hat, würde ich sofort die Jungs mit den weißen »Hab mich lieb«-Jacken herbeirufen. Des Weiteren ist es bei dieser inhäusigen Beschäftigungsmaßnahme totaler Blödsinn, den Kram irgendwo zu verstecken. Wie bereits in Bezug auf diese Gummidildos, die man mit Futter befüllen kann, erwähnt, schätzt es ein stinkfauler Haushund wie ich überhaupt nicht, wenn er erst arbeiten muss, um dann essen zu können. Wir sind hier doch nicht im Gulag 5. Die einzige Form der Rache, die wir Hunde ausüben können, ist die, dass wir alles, worin Herrchen und Frauchen unser Futter verstecken, gnadenlos zerfetzen, um die leckerlichen Leckerlis herauszubekommen.

Ich habe sogar mal von einem Fall gehört, bei dem Frauchen die Leckerlis in einen alten Adventskalender gestopft hatte. Konservendosen und alte Kleidungsstücke dienen als ebenso beliebte wie langweilige Verstecke im Haus. Ich bevorzuge da eher den umgekehrten Weg und verstecke Solveigs für Gunnar frisch angerichteten Fencheleintopf gerne mal in der Lade des DVD-Players oder ihren Zumba-Leggins. Mmmh, das ist dann ein feines Leckerli.

Uns Hunden reicht es eigentlich vollkommen aus, wenn wir außerhalb der Wohnung vollzeitbeschäftigt sind und laufen, laufen, laufen können. Hunde haben einen Bewegungsdrang, auch wenn sie so faul sind wie ich. Blöd ist das natürlich bei Regenwetter. Da wird der Hund in der Wohnung gerne mal zum Problemfall. Herrchen bekommt ein schlechtes Gewissen, weil das arme Tier nicht rennen und toben kann, und der Hund kratzt an der Wohnungstür, weil er Bock auf Hundeplatz und Gassi hat.

Was die wenigsten Hundehalter aber wissen, ist, dass ein sogenannter Agility-Parcours für Hunde auch zu Hause schnell aufgebaut ist. Im Falle der Eulenkötters kam mir die geniale Idee, deren Wohnung zu einem perfekten Agility-Parcours umzudekorieren. Entscheidend für das Tier sind die Disziplinen Hürdensprung, Reifensprung, Tunnel, Hindernislauf und Laufsteg. Nur so kann es zu einem perfekt dressierten Hund erzogen werden.

Lemmy nahm unterdessen ein paar gammelige Zeitungen aus dem Altpapier-Weidenkörbchen und begann, die hochglanzpolierten Latte-Gläser in die *taz* und in das *Neue Deutschland* einzuwickeln. Ich plante derweil den Hindernislauf durch die Wohnung. Der Aufbau des Hürdenlaufs machte mir am wenigsten Sorgen, da im Wohnzimmer zahlreiche Kleinmöbel dazu einluden, den Hürdensprung zu trainieren. Ich mach's mal kurz: Das Tischchen mit den Kunststoff-Dekoblumen klappte mit meinen kurzen Beinen noch so eben. Das alte Grammophon leider nicht. Ich riss die Lautsprechertüte des Nostalgie-Plattenspielers ab, und das ganze Ding fiel scheppernd zu Boden. Überrascht schaute ich in den verbogenen Trichter des China-Nachbaus, und mir war klar, dass *His Master's Voice* nun für immer verstummt war.

Der Reifensprung gelang hingegen wieder besser. Den

können Hunde aus dem Effeff. Alles, was irgendwie nach »rund« und »groß genug« aussieht, wird von einem agilen Hund wie mir durchsprungen. In diesem Fall war es ein großer, mit kitschigen Holzblumen verzierter Kranz, den ich in meinem Eifer hastig durchsprang. Das Problem war nur, dass der Kranz an der Wand hing, was ich erst merkte, als ich auf dem darunter stehenden Glastisch landete, der ebenfalls laut klirrend ins Glasnirwana einzog.

Das Eulennest war immer noch erstaunlich still. Alle pennten entspannt weiter.

Den Tunnel in diesem Agility-Parcours imitierte das Ofenrohr des Baumarktkamins, den die Eulenkötters in ihrem Wohnzimmer stehen hatten. Aus Hygienegründen war der Kamin zum Glück ein Imitat mit elektrischer Flackerbeleuchtung, so dass mein Fell im Rohr nicht noch mehr versaut wurde. Auch der Fake-Kamin kippte um.

Der Hindernislauf war das kleinste Problem. Lemmy stellte mir einfach in der ganzen Wohnung noch ein paar Husumer Weinflaschen, gemischt mit einigen geöffneten Ketchupflaschen, auf, und Fleischmann konnte in der Disziplin Slalom Gas geben. Ketchupreste lassen sich vom Fischgrätparkett halbwegs rückstandslos wieder entfernen. Das hatte ich mal im *Reader's Digest*-Heft gelesen. Und Rotwein soll man doch mit Salz wegbekommen, oder?

Wir streuten also das grobe Meersalz aus der Küche über den hochglanzpolierten Parkettboden und widmeten uns nun der letzten Disziplin in diesem heimischen Agility-Parcours für Hunde: dem Laufsteg. Zudem mussten wir hier langsam verschwinden. Wenn Solveig uns am nächsten Morgen in diesem Chaos abholen würde, dann könnte Lemmy zwischen dreimal lebenslänglich und Todesstrafe wählen, und der arme Fleischmann müsste sich auf einen Einzelzwinger im Hundeheim vorbereiten. Wir planten also erneut die Flucht aus einer abgedrehten Familie, die das Leben ihres Sohnes und das der Eltern so durchorganisiert hatte, dass einem schlecht werden konnte.

Das größte Problem, das nun vor uns lag, war die Nachbarwohnung der Eulenkötters, die ebenfalls einen Hund beherbergte. Ein Hund in der Wohnung ist ja an sich was Feines. Ein Hund in der eigenen Wohnung und ein fremder in der Nachbarwohnung auf derselben Etage können da schon zu größeren Komplikationen führen. Insbesondere in engbebauten Großstadtarealen, also vor allem in Mehrfamilienhäusern, sorgt der ausgeprägte Kampf ums Hundeterritorium immer mal wieder für Sprengstoff zwischen Hundebesitzern.

Bevor die Klein-Urbans in ihr Reihenhäuschen gezogen sind, musste auch ich als Junghund mich regelmäßig gegen einen ausgewachsenen, aber strunzdummen Boxer mit Unterbiss behaupten. Mit dieser lustigen Hundeschnauze wären ihm mindestens eine Millionen Klicks bei YouTube sicher gewesen. Im Prinzip war er ein recht ängstlicher Zeitgenosse, da er sich, wie es sich für einen Boxer gehört, bei jedem Mucks direkt in eine Ecke im Treppenhaus verzog. Trotzdem machte er gerne einen auf King Louis. Ich kam ihm daher nicht mit körperlicher Überlegenheit, sondern mit geistiger. Der Boxer behauptete nämlich mal ganz stolz, dass sein Herrchen ihn dazu erzogen hatte, zehn Gegenstände auseinanderhalten zu können. Die *Wetten, dass..?*-Bewerbung ließ nicht lange auf sich warten. Was für ein Angeber. Zehn Gegenstände auseinanderhalten? Lächerlich! Ich konnte schon damals die BH-Größen aller aktuellen Bundesliga-Spielerfrauen rückwärts pfeifen. So was ist wahre Hochbegabung.

Mit dem Umzug der Klein-Urbans in das Neubauviertel erledigte sich das Problem Boxer dann endgültig. Ich habe ihn nie wiedergesehen. Wahrscheinlich wurde er irgendwann mal durch *Wetten, dass ...?* eingeschläfert.

DIE GRÖSSTEN ERZIEHUNGSIRRTÜMER

Kinder brauchen ständig Lob

Zu viel EGO hat noch keinem Kind geschadet

Auch der Umzug von Lemmy und mir stand nun vor der Tür. Und zwar vor der Balkontür. Mir kam die Idee, dass wir das Thema Hundeerziehung in den eigenen vier Wänden nun mal ad acta legen und versuchen sollten, irgendwie über den Balkon statt durch das Treppenhaus abzuhauen, damit der Nachbarbello nicht das ganze Mehrfamilienhaus aus dem Schlaf riss. Auch wenn die Eulenfamilie das akustisch wohl immer noch nicht wahrgenommen hätte. Wir befanden uns ja nur im ersten Stockwerk des Hauses. Da sollte doch in Bezug auf eine diskrete Flucht was zu machen sein.

Lemmy öffnete vorsichtig die Balkontür im Wohnzimmer und stand zunächst einmal vor einer riesigen Ladung Torf, Rosendünger und Mutterboden. Mann! Ich war baff. Da hatte der Vater mit der Folter-Plastikbox aber einiges an mütterlichem Boden in Bewegung gesetzt. Lemmy schmiss die halbgeöffneten Säcke auf den Velourstreppich im Wohnzimmer, und der Weg für den letzten Teil des Agility-Parcours war nun freigegeben. Der Laufsteg!

Wir kletterten auf das Geländer der Balkonbrüstung zum Nachbarbalkon. Klingt ein bisschen wie *Mission Impossible – Das Balkon-Protokoll*, aber es war halb so wild. Die Wohnung lag direkt über dem Garagenhof, so dass selbst ein Absturz auf das Kiesdach der Autohütten medizinisch überschaubar gewesen wäre. Vom Nachbarbalkon führte eine Metalltreppe in den besagten Garagenhof. Die mussten wir irgendwie erreichen.

Lemmy stellte mich auf das dünne Geländer. Ich hielt mich mit dem Maul an einem Blumenmobile fest. Ökoscheiß, der mir Halt in meinem Leben gab. Dämliche Idee mit dem Laufsteg, dachte ich mir. Warum muss ich mich auch immer so grenzenlos überschätzen?

Lemmy kletterte ebenfalls auf die Brüstung und nach der Passage des Geländers und einer Trennwand, die die beiden Balkone voneinander separierte und zudem Sichtschutz vor der in die Jahre gekommenen Adele bot, standen wir nun auf einem fremden Balkon und schauten in die Räume der Nachbarwohnung. Lemmy hatte Mühe, seinen vollgepackten Rucksack mit sich zu schleppen. Die Latte-Gläser waren leider gut verstaut worden und bildeten nun den Klotz am Bein einer Reise, die sich immer noch »verrückter Familienhorror von nebenan« nannte.

Die Nachbarsfamilie musste wohl übers Wochenende weggefahren sein, da wir durch eine große Balkontür in ein leeres Kinderzimmer blicken konnten. Leer, bis auf die siebzig Raummeter an Spielzeugbergen, die hier standen und lagen. Um diese Uhrzeit hätte eigentlich ein Kind im Bett liegen müssen, aber die Bude war komplett dunkel. Einerseits gut, so wurden wir nicht gleich entdeckt, andererseits schlecht, da weder ein Fenster noch eine Tür offen standen, durch die wir die Wohnung hätten entern können, um etwas mehr über den Klan zu erfahren.

Lemmy setzte sich in eine gigantische Hollywoodschaukel im Lounge-Style, die mehr als die Hälfte des kleinen Balkons einnahm. Überall an diesem Monstrum klebte der Herstellername. Mann, was für ein Markenwahn, dachte ich mir.

Ich blickte derweil etwas genauer durch die Scheibe in das Kinderzimmer der Wohnung und sah ein großes Bett im Bayern-München-Look. Dazu gesellten sich die üblichen Gadgets wie Plastik-Krimskrams-Kisten, zwei Teppiche mit Straßenmuster und ein großes Namensschild über dem Bett. HIER WOHNT KÖNIG DENNIS! Dennis? Meine Güte, wie lange habe ich diesen Namen schon nicht mehr gehört? Dennis, ein Name wie eine schwäbische Rückschlagsportart.

Neben dem Bett stand ein Schreibtisch mit PC darauf. Darüber hing ein Foto, anscheinend von Dennis. Er sah aus wie der klassische Nerd mit einem Brillengestell auf der Nase, aus dessen Gläsern man auch Bullaugen für Öltanker hätte bauen können. Sein Gesicht sah aus wie ... na ja, sagen wir so: Dennis könnte in jeder deutschen Talk-Show Stammgast sein. Pubertätsbedingt erinnerte sein Gesicht an Schleifpapier mit Fünferkörnung. Ein wenig pickelig, aber mit gesunder roter Farbe. Ein Kind in seiner eigenen Welt, wie mir schien. Ansonsten erkannte ich nicht viel, aber anhand der Millionen Spielzeugteile, die sich hinter der großen Balkontür und im Rest des Raumes auftürmten, wurde mir klar, dass dort entweder das Zentrallager von Toys»R«Us untergebracht sein musste oder das Kind dieser Familie der Weihnachtsmann höchstpersönlich war, der kurz vor der festlichen Hauptauslieferung stand.

Ich setzte mich zu Lemmy auf die Hollywoodschaukel, und wir blickten beide so gedankenverloren in das Kinderzimmer, als stünden wir vor den großen Schaufenstern von Karstadt, um die riesigen Spielzeug-Dioramen zu bewundern, die dort zur Adventszeit immer aufgebaut waren.

Lemmy fing an, in seinem Rucksack zu kramen, und zog plötzlich eine große Flasche süßen Likörs heraus. Deswegen war der Rucksack also so schwer gewesen.

»Lemmy, ich hab doch vorhin erst geträumt. Was ist das denn, bitte schön?«

Er teilte mir feierlich mit, dass er die Flasche im Schreibtisch von Burkhard gefunden hatte, dem kleinen Feigling der Familie Eulenkötter.

Nun gut, dass ein Mann wie Burkhard, der mit einer Eule wie Adele geschlagen ist, sich zum Ausgleich gerne mal einen zwitschert, ist ja vollkommen in Ordnung, solange es nicht überhandnimmt. Aber dass Lemmy mir das Stichwort Feigling unter die Nase rieb, nachdem ich eben erst todesmutig übers Balkongeländer geklettert war, fand ich schon unverschämt. In dem Fall hätte ich mir lieber schon vorher Mut angesoffen.

Nun, liebe Freunde des gepflegten Besäufnisses, ich mache es mal wieder kurz: Lemmy und ich wogen nun brüderlich das Kotzen-Nutzen-Verhältnis ab und entschieden, dass das Geschäft mit dem Alkohol trotz unseres jungen Alters und der bisherigen Brecherfahrung für uns beide gewinnbringend war. Es war ja auch eine ganz besondere Situation, in der wir uns nun befanden. Wir mussten schließlich irgendwie die

Nacht über die Bühne bringen, und die Hollywoodschaukel war so bequem, dass wir sie als provisorisches Bett zweckentfremden konnten. Die Nacht war lau, aber mit einem kleinen Party-Gesöff würde das Ganze sicher wesentlich lustiger und entspannter werden. Und weil mir die zahlreichen Spielzeugkisten und das total überladene Kinderzimmer von König Dennis nicht aus dem Kopf und den Augen gehen wollten, begann ich nun im halbvollen Zustand, Lemmy ein Märchen zu erzählen. Eines, das mir gerade spontan einfiel, welches aber einen hohen Wahrheitsanteil hatte, so wie es sich für Märchen schließlich gehört. Auch der erzieherische Aspekt, den ein jedes Märchen ja verfolgt, sollte nicht zu kurz kommen.

Lemmy hing auf der Kante der Hollywoodschaukel wie die geschmolzenen Uhren von Dalí und lauschte andächtig. Ich nahm noch einen tiefen Schluck aus der Pulle und legte los:

Es war einmal ein großes, üppig ausgestattetes und feudales Schloss. Nennen wir es der Einfachheit halber mal Kinderzimmer. Die Republik war voll von solchen Schlössern, in denen nicht Prinzessinnen namens Lillifee, sondern vor allem die ganzen gelangweilten, unsportlichen und an Prunk gewöhnten Königinnen und Könige namens Kinder saßen. Diese Herrscher wurden nicht als solche geboren, sondern sie wurden zu Königen ernannt. Von ihren eigenen Eltern, die es sich zeitlebens gewünscht hatten, einem kleinen König oder einer kleinen Königin bedingungslos dienen zu dürfen. Grundvoraussetzung, um den König milde zu stimmen, sind zwei Dinge. Das eine ist, sämtliche finanziellen Mittel, die Mami und Papi am Monatsanfang netto, also nach Abzug von Steuern, Handtaschenkäufen und Alimenten nach Hause bringen, dem König zur Verfügung zu stellen. Die zweite Voraussetzung, um das Wohlwollen des Herrschers zu erhaschen, ist die, dass er permanent durch seine beiden erwachsenen Hofnarren unterhalten und verwöhnt werden muss.

Die kleinen Könige indes regieren heutzutage immer strenger und härter im Umgang mit ihren eigenen Eltern. Doch schauen wir zunächst einmal ein wenig zurück in das ganz frühe Mittelalter eines Kindes. Nur wenige Jahrzehnte vor der heutigen Zeit waren diese Könige nämlich noch normale Kinder gewesen, die von ihren Eltern mit einem Goldtaler in der Hand auf die Straße geschickt wurden, um sich dort den Tag um die Ohren zu hauen. Spielzeug gab es in überschaubarer Menge nur zu Weihnachten oder an anderen wichtigen Tagen, wie zum Geburtstag oder zur Erlangung des Schwimmabzeichens. Die Kinder trugen Turnschuhe mit zwei, einem oder gar keinem Streifen, die Oma aus der Schütte von Woolworth gezogen hatte. Ihre Kleidung kaufte man noch mit prima Mark im qualitativ hochwertigen Bekleidungsgeschäft um die Ecke. Genäht von sozialversicherungspflichtigen deutschen Muttis mit gewerkschaftlich garantierter Mittagspause. Was auf den Klamotten draufstand, war egal, Hauptsache, sie hielten auch die härteste Keilerei auf dem Schulhof aus.

Das alles hat sich mittlerweile grundlegend geändert. So etwas lassen die kleinen Könige heutzutage nicht mehr zu.

Keilereien gibt es zwar heute auch noch, aber diese werden längst mit Krokodil-Label auf dem Polohemd ausgetragen und für YouTube mit dem Galaxy-Videohandy gefilmt. Den Tritt in den Hintern des verhassten Mitschülers absolviert man heutzutage ausschließlich mit drei Streifen an den lederbesohlten Füßen. Lacoste was es wolle, Geld spielt keine Rolex. Dass die Kleidung mittlerweile aus fremden Königreichen, wie Kambodscha oder Malaysia, importiert wird, ist den kleinen Königinnen und Königen meist furzegal. Entscheidend ist, dass auch das richtige königliche (Marken-)Wappen auf die Produkte genäht wurde, damit man sich im Club der kleinen Könige nicht fremd fühlt.

Die Mini-Kings entwickeln sich also zu Konsumkindern und drängen ihre Hofnarren dazu, ihnen all das zu kaufen, was man als Kind und König zurzeit so haben muss. Sei es im Bereich Markenkleidung, Spielzeug oder technische Errungenschaften wie Eifon, Eimäck, Eibuck, Eierwärmer und so weiter. Der Preis spielt keine Rolle, denn Mami und Papi werden es schon richten, damit das Königskind auf dem gleichen Konsumstand ist wie zahlreiche Freunde und Klassenkameraden im Königsclub. Zur Not eben mit einem Raten- oder Dispokredit.

Auch der kleine König Dennis ist anscheinend ein solches Konsumkind, das von seinen Eltern mit einer Flut an Übermaß so dermaßen zugeschüttet wurde, dass es Probleme bekommt, den Wert eines einzelnen Gegenstandes zu schätzen und sich eine Zeitlang auf nur ein Spielzeug konzentrieren zu können.

Schauen wir uns das Königreich Dennis des Ersten etwas genauer an, und analysieren wir mal, wie er zu dieser unbeschreiblichen Machtfülle im Kinderzimmer gelangen und wie er es schaffen konnte, seine Eltern zu hörigen Konsumsklaven zu erziehen, die ihm jeden Wunsch von den großen Augen hinter seiner Nerdbrille ablesen.

»Lemmy, schütt mir inzwischen noch mal einen nach! So jung kommen wir beide nicht mehr zusammen.«

Lemmy schüttete mir noch einen Süßen in eines der Latte-Gläser, und nachdem der Kurze im noch Kürzeren verschwunden war, erzählte ich dem fast eingepennten Lemmy Teil zwei der Geschichte vom phantastischen König Dennis.

Angefangen hat damals wohl alles mit dem Satz von Dennis' Mutter: »Schatzi, können wir uns ein Kind denn überhaupt leisten?«

Wenn man bedenkt, dass ein durchschnittliches deutsches Kind von seiner Geburt bis zum achtzehnten Lebensjahr in etwa 125 000 Euro kostet, war das durchaus eine sinnvolle Überlegung. In diesen statistischen 125 000 Euro sind dann Ausgaben für Windeln und Babyzubehör genauso mit eingerechnet wie die Kosten des heranwachsenden Kindes für Schule, Kleidung und Spielzeug. Auch die immer häufiger anfallenden Kosten für Yoga-Ballett-Kurse und die Schnuppermitgliedschaft im Kindergolfclub sowie die Flat-App-Zapp-Gebühr für Dutzende Klingeltöne, Handys und Pay-TV sind da schon irgendwie mit drin. Antibabypillen und wöchentliche Puffbesuche der Minderjährigen werden hingegen nicht statistisch erfasst. Vier Milliarden Euro geben die Deutschen insgesamt jährlich für Kinderspielzeug aus. Ein wachsender Industriezweig im Verhältnis zu einer gleichzeitig schrumpfenden Geburtenrate. Diese beiden Trends sagen eigentlich schon alles aus. Was diese Zahlen allerdings nicht berücksichtigen, ist die Tatsache, dass man die eben erwähnten Kostenstellen für den kleinen König auch aus dem Ruder laufen lassen kann. Bei Dennis schien dies seit seiner Geburt der Fall zu sein. Der Kinderwagen, mit dem Dennis als Baby durch die Straßen dieser Republik chauffiert worden war, war nicht irgendein Modell, sondern es war das teuerste Modell, das auf dem Markt war. Es war der korrekte Markenname darauf abgedruckt, und das gleich an allen erdenklichen Stellen.

Als Dennis dann irgendwann die Welt des Spielzeugs entdeckte und mit Sklavin Mama die ersten Spielzeugläden enterte, gab es auch dort nur eine Kaufoption: Markenware! Zu Zeiten, als ich armer Familienhund mir aus einem alten Stück Knochen eine Voodoo-Puppe mit Anna-Lena-Gesicht schnitzen musste, um eine wenig spielkindliche Unterhaltung zu finden, bekamen die Prinzessinnen und Könige gleich die fertige Plastikpuppe im Katy-Perry- und Justin-Bieber-Look in tausend Ausführungen. Bieber im Bühnenlook, Bieber im Partylook, Bieber, wie er nach einem Autounfall aussieht, und Bieber, wie er einen Staudamm baut. Alles ist permanent da und will gekauft werden. Ebenso verhält es sich mit den guten alten Legosteinen, die man in Form eines großen Goldbarren zusammensetzen könnte, der dann im Laden in etwa denselben Kaufpreis hätte wie ein solcher. Markenware hat eben ihren Preis. Es ist ja auch nicht verwerflich, dem Kind den 239 000-teiligen und 400 Euro teuren Todesstern von Lego unter den Weihnachtsbaum zu legen.

Das Problem bei Dennis fing nur an dem Punkt an, an dem seine Mutter entschieden hatte, dass das Kind erst dann glücklich sein kann, wenn der komplette Katalog einmal durchgekauft ist. Und das Gemeine daran ist, dass jedes halbe Jahr ein neuer Katalog auf den Markt geschmissen wird, von fast allen Spielzeugfirmen. Wir hören einfach mal rein, wie sich das im Königreich Dennis des Ersten abspielen muss.

»Lemmy, und du machst uns beiden jetzt noch mal schön einen Leckeren fertig. Die paar Tropfen müssen doch auch noch zu schaffen sein.«

Lemmy kippte nach und ich fast um. Wir wurden immer müder. Lemmy musste sich schon wieder übergeben. Meine Güte, der Junge war ja auch erst elf.

Mir fiel das sechste Gebot ein: »Du sollst nicht ehebrechen, bis ein Eimer vor dir steht.« Oder so ähnlich. Lemmy traf stattdessen zielsicher den Zierbrunnen, den ich eben erst angeschaltet hatte und der direkt neben der Hollywoodschaukel aufgebaut worden war. Das beruhigende Wassergeplätscher erinnerte nun eher an eine kochende Erbsensuppe, die man besser schnell vom Herd nehmen sollte, bevor sie zu stinken anfängt. Ich zog den Stecker raus.

Nun aber zur Fortsetzung des Märchens rund um den verwöhnten König Dennis.

Ein vermutlich stinknormaler Mittag im Königreich Dennis des Ersten:

»Dennis, wir fahren gleich in die Stadt. Sollen Mama und Papa dir was Schönes mitbringen? Hat mein kleiner Mullemann da einen speziellen Wunsch?«

Dennis sitzt gelangweilt an seinem Kindercomputer und spielt *World of U-Haft*.

»Dennis, hörst du mir überhaupt zu?«

»Boah, Mama, Preview von Level 435, und du störst mich voll!«

»Dennis, Mama und Papa möchten dir aber gerne was aus der Stadt mitbringen. Wir bringen dir schließlich immer was mit, wenn wir unterwegs sind. Du hast doch früher immer so gerne mit dieser Holzeisenbahn gespielt.«

Dennis schaut weiterhin stur auf seinen Bildschirm. »No-Go, Mama! Der Bahnhof, die Schranke und der Prellbock liegen noch OVP im Schrank. Uncool!«

»OVP, Dennis? Ist das etwa was Unanständiges?«

»Mann, nicht ausgepackt! In Originalverpackung!«

»Peer, ich hab dir gleich gesagt, das Kind spielt nicht richtig mit den Sachen! Die Teile sind nicht pädagogisch wertvoll genug.«

Königsdiener Peer, Dennis' Vater, schaut seine Frau an und zieht sich schon mal die Jacke an.

»Dennis, und was Neues von Playmobil?«

»Wir haben in der ganzen Wohnung Holzböden, Mama. Der Statiker hat schon gesagt, dass die Gewichtsbelastung bei mir im Zimmer langsam zu hoch wird durch den ganzen Kram. Kauf am besten gar nichts. Ich hab genug von allem.«

»Peer, das Kind wirkt lustlos. Haben wir in unserer Erziehung irgendwas falsch gemacht?«

Dennis schmeißt vor Wut über den nicht erreichten Punktestand die Tastatur seines PCs vom Tisch. »Mama, ich bin zwölf! Da spielt man nicht mehr mit dem ganzen Kram. Besorgt mir lieber mal ordentliche Streetwear. Ich brauch geile Klamotten. In der Schule bin ich sonst voll der Freak und so. Klamotten machen mich cooler. Oder willst du, dass ich voll der Außenseiter werde?«

Dennis' hörige Zofe schaut in das pickelige Mett-Gesicht ihres Sohnes. »Nein, Dennis, mein Kind wird kein Außenseiter. Da werden wir selbstverständlich gleich mal was organisieren. Kommst du dann mit zum Anprobieren?«

»Boah Fuck, Mama, kauft einfach alles in drei Größen. Irgendwas wird schon passen. Sonst geht das halt bei eBay.«

»Wie du wünschst, mein kleiner Mullemann. Peer, stell den Smart wieder in die Garage, wir nehmen den Van.«

Und so zogen die treuen Schergen des Königs also von dannen, um ihrem kleinen König prächtige Gewänder herbeizuschaffen, die ihn auch im schulischen Umfeld und im Freundeskreis zu einem wahren König werden ließen. Des Königs neue Kleider sorgten dann dafür, dass das Kind zwar null Selbstbewusstsein und Individualität entwickelte, da es herumlief wie Millionen gleichgekleideter kleiner Markenkönige, aber dafür fühlten sich die Schergen des Königs gut und zufrieden. Sie hatten sich die Gunst des Königs neu erkauft, und solange die Industrie nicht dafür sorgte, dass neue Trends kreiert wurden, die dann Einzug in die Kinderzimmer finden sollten, hatten die treuen Gefährten des Königs erst einmal ein paar Tage ihre Ruhe vor dem Markenwahn und Konsumterror.

Im Schnitt trägt heutzutage jedes deutsche Kind drei bekannte Marken am Leibe und kann bereits mit zehn Jahren zwölf Marken aufzählen. Marken, die bundes- oder weltweit bekannt sind und das Kind nicht selten in seiner Persönlichkeit stärken sollen. Eine fragwürdige Entwicklung, auch aus dem Blickwinkel eines Hundes.

Lemmy hing neben mir in der Hollywoodschaukel und schnarchte. Er sägte lauter als jede verrostete Kreissäge aus *Saw*, und auch ich überlegte, ob ein weiteres kleines Nickerchen nicht von Vorteil wäre. Schließlich wollte ich am nächsten Tag, am großen Tag der Petplay-Hundemesse, ja ausgeschlafen und topfit sein.

Ich holte einen der braunen Kulis aus dem Rucksack und malte müde vom Alkohol und gedankenverloren einige Sprüche an die Hauswand am Balkon. Der Balkon wirkte dadurch etwas kindlicher, wurde vom Markenwahn befreit und ich durch das anstrengende Herummalen mit dem Stift in meinem Maul angenehm schläfrig. Ich schrieb und schrieb. Na ja, was ein besoffener Hundekopf halt so mit dem Kuli im Maul zustande bringt.

»Jetzt oder nie – Anarchie!«

»Wir sind das Hundevolk!«

Auf die Scheibe des Kinderzimmers schmierte ich noch: »DER WILL DOCH NUR SPIELEN!«

Dann muss ich eingeschlafen sein, denn mein Traum vom Strand der Köter Sur wurde endlich fortgesetzt und erst am frühen Morgen jäh zerrissen, als ich den spitzen Schrei einer aufgebrachten Frau wahrnahm. Ich ordnete ihn Adele Eulenkötter zu, die wohl kurz zuvor den Agility-Parcours in ihrer Wohnung entdeckt haben musste. Vielleicht hatte sie sich auch nur über das Fellbüschel im Marmeladenglas echauffiert, man weiß es nicht.

Auch Lemmy war von dem spitzen Schrei wach geworden, und ich schlug vor, dass wir uns langsam vom Acker machten, um nicht unnötig in ungewollte Verwicklungen verstrickt zu werden. Außerdem würde Solveig sicher bald hier aufkreuzen.

»Sag mal, Lemmy, hast *du* gestern noch den ganzen Mist hier auf die Hauswand geschmiert?«

Lemmy schaute etwas überrascht, da ihn ebenso wie mich ein paar Erinnerungslücken plagten. Unser erster Hangover! Mann, war ich stolz. Das hätte es bei Solveig im Mikrouniversum der spießigen Klein-Urbans nie gegeben. Eine tolle Erfahrung, bis auf die Kopfschmerzen, die mich nun stark im Griff hatten. Mein Kopf fühlte sich so an, als wäre ich die ganze Nacht gegen einen Bullterrier in Ritterrüstung gerannt. Warum ich am Abend zuvor mit der Rosenschere noch einen angebissenen Apfel und das Prada-Logo in den Kunstrasen auf dem Balkonboden geschnitten hatte, war mir schleierhaft. Auch hatte ich nicht mehr auf dem Schirm, warum die Füllung der Polyester-Polster der Hollywoodschaukel nun verkokelt auf dem Holzkohlegrill lag. Nur gut, dass da nichts explodiert war. Filmriss, dank Hangover.

Doch nun war ich wieder ein Trocken-Dog. Wir packten unsere sieben Sachen, vorwiegend Latte-macchiato-Gläser, in den Rucksack und machten uns über die Metalltreppe auf den Weg in den großen Garagenhof. Dort herrschte schon emsiges Treiben, obwohl man auf Garagenhöfen eigentlich nicht oft viele Menschen zu Gesicht bekommt. In der Regel trifft man hier die eine oder andere Krawatte, an der ein Bürohengst dranhängt, der eilig seinen hochglanzpolierten Spießer-Ford-Focus mit Stufenheck aus der gefegten Garage manövriert, um anschließend ins Büro zu fahren. Auch die schlaflosen Rentner, die bereits morgens um 6.00 Uhr in ihrem Garagen-Messie-Paradies mit der Kreissäge Vogelhäuschen zimmern, gehören zum typischen Ambiente eines großen Garagenhofes mit dazu. Eher selten zu finden sind die wahren Autoliebhaber, in deren Garagen ein abgedeckter Oldtimer steht. Bei ihnen sorgt die nachträglich ausgelegte Elektro-Fußbodenheizung für perfekt temperierte Reifen, obwohl das gute Stück mit Saisonkennzeichen von Juni bis Juli nur einmal im Jahr aus der Garage entfernt wird. In dem Altbau, in dem sich Eulenkötters und Könige aus dem Reich Dennis des Ersten befanden, war ein solcher Fund aber eher unwahrscheinlich.

Stattdessen beobachteten wir beim Einmarsch in den Garagenhof eine Familie, die gerade ihr großes Auto für eine bevorstehende Reise vollpackte. Daneben standen ein hechelnder, ausgewachsener Labrador-Retriever sowie 287 Koffer, Taschen, Kindersitze und ein sechs Meter großes Barbiehaus, inklusive, na klar, Garagenhof und Swimmingpool auf dem Dach des zehnten Stockwerks. Ich witterte die Chance, ein weiteres Amüsement auf unserem lustigen Trip mitzubekommen, und setzte mich mit Lemmy auf eine große Kiste mit Streugut, die direkt an der Toreinfahrt zum Hof stand. Auf »Hund auf der Straße« und »Hund im Haus« folgte nun also der lustige Tagesordnungspunkt »Hund auf Reisen«.

DOG Holiday

Lemmy, wir sollten uns mal langsam Gedanken machen, wie wir heute zur Hundemesse kommen. Die Messehallen liegen doch irgendwo am anderen Ende des Hinterns dieser Stadt, oder?«

Lemmy überlegte kurz. »Fleischmann, Bus!«

»Wie, Bus? Ich fahr doch nicht mehr Bus. Lemmy, ich bin jetzt so 'ne Art Gangsterköter. Die fahren in aufgepimpten metalliclackierten Corvettes oder auf dem Armaturenbrett einer S-Klasse mit verchromten Zuhälter-Radfelgen. Aber doch kein langes, langsames Auto, in dem Omas zum Einkaufen kutschiert werden. No way!« Auch ein Hund will schließlich stilsicher vorwärtskommen und reisen.

»Na ja, Sophia ist mit ihrer Hundedame sicher schon auf der Messe. Als Ausstellerin ist die doch als eine der Ersten da. Soll ich sie mal anrufen, Fleischmann?«

Eigentlich gefiel mir die Idee, nicht nur wegen der arroganten Hundedame Cilly, sondern vor allem wegen der Möglichkeit, von Sophia direkt Backstage auf die Hundemesse gefahren zu werden. Aber letztlich war ich auch der Meinung, dass sie sich bereits um ihren Stand auf der Messe kümmern würde und sicher nicht darauf gewartet hatte, zwei verkaterte Winzlinge wie uns mitzuschleppen. Lemmy zeigte mir einen Flyer ihrer kleinen Firma: »Sophia Meißner: Nagelstudio (keine Maniküre, keine Pediküre)«.

Ich ließ diesen leicht anrüchig klingenden Hinweis kurz auf mich wirken und sah dann, wie Familie Holiday damit begann, ihren geräumigen hellbraunen Fiat Multipla zu beladen, wohl eines der schönsten Autos, die je gebaut wurden. Wir cancelten den Anruf bei Sophia einstimmig. Wie ich mitbekam, ging es bei der Familie, die wir nun beobachteten, um eine einwöchige Reise in ein Ferienhaus nach Dänemark, wo technische Errungenschaften wie Mikrowelle, Crêpe-Maker und Teigrührmaschine wohl gänzlich unbekannt waren. Wie war es sonst zu erklären, dass die Familie allen Ernstes all diese Dinge, zusätzlich zu ihren Millionen Koffern, der Tochter und vor allem dem großen Hund, ins Auto bekommen wollte?

Für Familien mit Hund(en) sind Urlaube in Ferienwohnungen ja geradezu prädestiniert. Das Tier hat in den Räumen genügend Auslauf und muss sich im Gegensatz zum Hotel nicht permanent mit dem Zimmerservice und der fehlenden Bibel im Nachttisch herumärgern. Als Betroffener weiß ich selbstverständlich auch, was für einen Hund auf einer Reise wichtig ist. Jeder, der seinen Hund durch die Weltgeschichte schleppen möchte, sollte einige Dinge beachten, damit sich das Tier im Dezember auf einem Campingplatz in Moldawien auch wohl fühlt.

Bevor ein Hund zum ersten Mal auf eine Reise geschickt und über einen längeren Zeitraum in ein Auto gepfercht wird, sollten Frauchen und Herrchen dafür sorgen, dass sich das Tier erst einmal an längere Fahrten gewöhnt. Das kann man wunderbar dadurch erreichen, indem man mit dem Tier schon

DIE GRÖSSTEN ERZIEHUNGSIRRTÜMER

Hunde gehören nicht in die Stadt

Wochen vor Urlaubsantritt Probeausflüge macht, so dass Auto fahren irgendwann zur Lieblingsbeschäftigung des Hundes wird und er gar nicht mehr aus der Karre aussteigen will.

Es reicht schon aus, wenn Sie den Hund jeden Tag zum Brötchenholen mitfahren lassen und jeden Morgen einen Bäcker wählen, der etwas weiter von Ihrer Wohnung entfernt ist. Wenn Sie nach drei Wochen dann das Gefühl haben, dass es für Sie als Duisburger zu kompliziert ist, für zwei Laugenstangen bis nach Flensburg zu fahren, sollten Sie diese Übungsmaßnahme beenden. Das Tier ist dann reisefit, und Sie können es ohne Probleme für einen längeren Zeitraum in ein Auto stecken.

Der faule Hund von heute ist zudem sehr lernfähig. Früher brachten Haushündchen, wie ich es bis vor kurzem noch war, gerne mal im Maul die Leine an die Couch, damit Herrchen einen ausführte. Heute holen Köter wie ich eher die Autoschlüssel und werfen sie gelangweilt vor die Ausgehsandalen des Herrchens auf den Boden. Achten Sie aber in jedem Fall darauf, dass der Hund bis zu zwei Stunden vor Fahrtantritt nichts mehr zu fressen bekommt, denn Hunde haben eine gespaltene Beziehung zum Thema Zentrifugalkraft. Bereits in der vierten Kurve könnten Sie als Fahrer es bereuen, den Wagen nicht mit abwaschbaren Ledersitzen, sondern mit Mikrofaserbezug bestellt zu haben. Auch sollte für den Hund eine eigene Reiseapotheke eingerichtet werden, mit Verkaufs-Counter, Fachpersonal, Blutdruck-Messstation ... nein, Blödsinn. Ich werde albern. Aber eine kleine Ansammlung an Medikamenten kann dem Hund im Notfall nicht schaden. Nicht unwichtig ist auch eine Zeckenzange. Wir Hunde lieben es ja, uns Zecken einzufangen, die wir allerdings keineswegs dauerhaft im Fell zu tragen beabsichtigen. Wir schütteln uns daher meist so lange, bis sie von Übelkeit geplagt von uns fliegen, um dann auf Vätern, Müttern, Kindern, Frauchen und Herrchen zu landen.

Die Autofahrt an sich ist für einen großen Hund natürlich trotzdem nie angenehm. Das liegt daran, dass es für Hunde nur drei Positionen im Auto gibt, an denen sie möglichst unfallfrei bewegt werden können.

Die eine ist in einer Hundebox, irgendwo im hinteren Teil des Autos. Geht gar nicht, egal ob die Box nun aus Plexiglas oder vergittert ist. Man kommt sich darin immer vor wie Uli Hoeneß in Alcatraz. Sie wissen ja, dass ich eine Ahnung habe, wovon ich rede.

Der zweite mögliche Ort in einem Pkw ist der bequeme Rücksitz, auf dem man dann mit einem Brustgeschirr am Sitz festgeschnallt aussieht wie der dümmste Pfingstochse bei der Bachblütenernte. Man kann dann zwar nicht mehr durch den Wagen fliegen, wenn der Fahrer mal zu lange dem Sekundenschlaf gefrönt hat, aber man ist auch sehr eingeschränkt in seinem Aktionsradius, da eine Bedienung des Autoradios unterhalb des Armaturenbretts so nicht mehr möglich ist.

Und die dritte Position, auf der sich ein Hund auf einer langen Autofahrt wohl fühlen soll, ist der gesamte Kofferraum, der nur durch ein Fangnetz vom Wageninnenraum abgetrennt ist. Das ist dann in etwa so, als stünde man hinter einem Fußballtor und beobachte den Torhüter, wie er versucht, das Spiel namens Urlaubsfahrt durch fahrtechnische Paraden in den Griff zu bekommen.

So richtiges Roadfeeling kommt für einen Hund auf einem Urlaubstrip mit dem Auto also nicht auf. Da lob ich mir doch die Holländer, die ihre Liebsten in Fahrradkörbe am Lenker setzen, um dann mit ihnen in den Urlaub zu fahren. Das ist Freiheit, das ist *Blowing in the Wind*.

Sind Sie mit dem Tier dann erst einmal am Urlaubsort angekommen, ist es sehr wichtig, dass es dort seinen gewohnten Tagesrhythmus beibehalten kann, da Hunde sonst krank werden. Sofort! Sterbenskrank! Wir fallen quasi tot um, wenn wir im Urlaub nicht exakt den gleichen Alltag haben, den wir auch zu Hause genießen. Das heißt, dass das Herrchen morgens um 7.00 Uhr Gassigehen muss. Also nichts mit Ausschlafen und Sektfrühstück mit der Gattin.

Doch zurück zur Familie Dog Holiday, die immer noch damit beschäftigt war, ihren Familien-Van zu beladen. Da ja das Beladen eines Mittelklassewagens schon ohne Hund eine extrem spaßige Wissenschaft für sich ist, wollte ich natürlich unbedingt erleben, wie sich die Familie mit Hund dabei anstellt.

Der Deutsche an sich neigt beim Beladen seines Fahrzeuges zum Zwecke einer Urlaubsreise ja dazu, die wissenschaftlich anerkannte Raumlehre außer Kraft setzen zu wollen. Insbesondere was die geometrischen Höhen- und Längenmaße angeht. Ich war drauf und dran, Lemmy mal in Sachen Pythagoras rüberzuschicken, aber es war einfach zu lustig zu beobachten, was uns diese Chaotentruppe bereits am frühen Morgen an Entertainment zu bieten hatte. Der Fahrer eines

Fahrzeuges hat ja laut Straßenverkehrsordnung vor Fahrtantritt dafür zu sorgen, dass alle Insassen und vor allem die wertvolle Ladung, also zum Beispiel Barbiehäuser, entsprechend gesichert sind und nicht seine Sicht versperren.

Der Hausherr dieser Gurkentruppe, er hieß übrigens Sisyphus, nein, sorry, er hieß Dagwin, bemühte sich nun, mit seinen zwei linken Händen das Auto zu beladen. Seine Frau Fabiola, die Tochter Finchen und der sabbernde Labrador-Retriever Bobby standen daneben und schauten sich das Spektakel skeptisch an. Die Szene erinnerte ein wenig an ein nachts bei strömendem Regen auf der A40 liegengebliebenes Auto mit kaputtem Reifen, über dessen Ersatzreifen im Kofferraum lediglich 64 volle Aktenordner der letzten Steuerprüfung liegen, die man vorher wegräumen muss, während die Gattin maulend mit dem Schirm hinter der Leitplanke steht und dringend pinkeln will.

Dagwin stand nun also vor dem großen Berg Teile, die alle in das viel zu kleine Auto hineinsollten. Fünfhundert Kubikmeter Plunder in einen Fünfsitzer. Und ganz zum Schluss musste schließlich auch der Hund noch mit ins Auto passen. Logistik-Profi Dagwin entschied sich zunächst für den größten Gegenstand, da er wohl davon ausging, dass dieser ganz zum Schluss nicht mehr im Auto unterzubringen wäre. Er packte also das Barbiehaus auf den Beifahrersitz und schnallte es an. Seiner Frau stank das schon gewaltig.

»Dagwin, bist du wahnsinnig? Wenn der Airbag ausgelöst wird, ist das Ding Schrott. Ich fahr sicher nicht nächsten Samstag zur Metro und kauf ein neues Barbiehaus. Eine ganz beknackte Idee. Räum das sofort wieder raus! Was soll denn das Kind denken?«

Dagwin gehorchte und räumte das Barbiehaus wieder aus dem Auto. Die zweite Idee, die er hatte, betraf die langen Kricketschläger für das Rasenspiel, die die Chaostruppe neben der Minigolfausrüstung und den zwei Meter langen Outdoor-Mikadostäben selbstverständlich auch mit nach Dänemark schleppen wollte.

Dagwin legte eine Hälfte der Rücksitzbank um und schob die langen Gegenstände vom Kofferraum aus bis fast zum Armaturenbrett durch den Wagen durch. Seine Frau fand auch daran keinen Gefallen.

»Dagwin! Nein! Nein! Nein! Nein! Wenn die Schläger hinten liegen, hat das Tier nicht genug Bewegungsfreiheit. Außerdem passt das Hundekörbchen dann nicht mehr mit ins Auto.«

Der Retriever hechelte kopfnickend. Das kleine Hundekörbchen hatte eher die Abmessungen einer Rattan-Couch für King Kong.

Gattin Fabiola legte nach: »Und außerdem kommt Finchen dann nicht mehr an ihre Benjamin-Blümchen-CDs. Die hab ich nämlich in die linke Seitentür gesteckt. Das Kind soll ja schließlich nicht durch den ganzen Wagen klettern müssen, nur um ihr geliebtes Törööööööö hören zu können. Himmel, was bist du nur für ein Rabenvater.«

Dagwin holte die Schläger wieder aus dem Auto und verschwand dann in der Garage, um kurze Zeit später eine alte Dachbox auf dem Auto zu befestigen. Das Problem mit den langen Gegenständen war damit gelöst, auch wenn sich die Dachbox nun nicht mehr richtig schließen ließ und er mit Packband nachhelfen musste.

Nach gut einer Stunde fröhlichen Ein-, Um- und Auspackens war es dann aber halbwegs geschafft, und alle Reisegepäckstücke, die elektrische Trockenhaube, das Fitness-Power-Board, die Kinderpost inklusive Postfachanlage und sogar das Barbiehaus waren im Auto verstaut worden. Dagwin hatte sich mit seiner Tochter Finchen diplomatisch darauf geeinigt, dass das Barbiehaus auch ohne angesteckten Reiterhof gut aussehen würde, und so fand es ein Plätzchen irgendwo zwischen Handbremse und Rücksitzbank, während der Reiterhof zurück ins Kinderzimmer musste. Was Dagwin aber nicht bedacht hatte, war, dass auch noch Personen und eventuell der Hund ins Fahrzeug passen mussten.

Seine Frau hob eine Augenbraue und guckte ihren Gatten ziemlich bösartig an. »Dagwin! Und wo sitze ich? Auf der Anhängerkupplung?«

Dagwin schlug sich mit der flachen Hand an die Stirn. Anhängerkupplung! Das war die Lösung. Er öffnete eine weitere Garage auf dem Hof, und ein Anhänger mit Plane kam zum Vorschein.

Dagwin räumte das Auto noch ein letztes Mal komplett um und beschied, dass man das Regenfass, den Brotbackautomaten und die Fliesenschneidemaschine nicht zwangsläufig während der Fahrt benötigte und die Teile somit auch im Anhänger mit nach Dänemark geschleppt werden könnten. Nun war etwas mehr Platz im Auto, und Finchen konnte es sich mit dem Hundeungetüm auf der Rücksitzbank bequem machen, während Muttertier Fabiola sich genüsslich auf den Beifahrersitz fläzte, um erst einmal den Kartoffelsalat, die Spareribs und das Raclette-Set mit Auto-Stromadapter vor sich im Fußraum aufzubauen.

Und wenn man, wie Dagwin nun, als Familienvater endlich die Schnauze voll hat und nur noch ins Auto einsteigen und losfahren möchte, dann haben die Ehefrau, die Tochter und nicht selten auch der Hund meist genug Gründe, dies zeitlich noch bedeutend hinauszuzögern.

»Dagwin, du willst doch nicht etwa schon losfahren?«

»Ja, Liebling, was ist denn noch?«

»Dagwin, welche betäubenden Mittel habe ich damals eigentlich geraucht, bevor ich dir das Jawort gegeben habe? Die Handtücher! Du hast die Handtücher vergessen.«

Gattin Fabiola meinte damit, dass Dagwin es versäumt hatte, Handtücher in die hinteren Seitenscheiben zu klemmen, damit das Kind und der Hund nicht durch die gnadenlose Sonneneinstrahlung zu Brei geschmolzen wurden. Dagwin gehorchte und organisierte zwei Handtücher, um sie vor die Scheiben zu hängen. Die eine Seitenscheibe, nennen wir sie ab sofort mal *Hotel Bella Vista* und die andere *Hotel Stern des Südens*, waren nun also mit ein paar geklauten Handtüchern aus dem letzten Traumurlaub in Griechenland abgedeckt.

Finchen meldete sich zu Wort: »Mama, ich seh jetzt nix mehr. Außerdem stinken die Handtücher nach Gleitcreme.«

»Dagwin, woher weiß das Kind, wie Gleitcreme riecht?«

Fabiola drehte sich peinlich berührt zu ihrer Tochter um und versicherte, dass das der Geruch ihres neuen Duschgels sei und die Fahrt doch nur zwölf Stunden dauere. Während der kurzen Zeit könne sie ja KIKA im Kopfstützen-TV gucken. Da verginge die Zeit dann wie im Flug, im Flug nach Dänemark, mit einem Fiat Multipla in Dünnpfiffbraun.

Dagwin unternahm nun einen weiteren Versuch, ins Auto einzusteigen, um endlich losfahren zu können. Seine Frau war jedoch schneller: »Dagwin, sag mal, wie viele Dosen hast du eigentlich eingepackt? Denk dran, wir sind diesmal vier Wochen in der Ferienwohnung, nicht nur dreieinhalb.«

»Ach du Scheiße, die Dosen!«

Dagwin erkannte nun, dass er vergessen hatte, die Dosen mit dem Hundefutter einzupacken. So ein Labrador-Retriever verputzt am Tag ja locker fünfhundert Kilogramm Fleisch, so dass natürlich ausreichend Hundefutter mit dabei sein musste. Da es in einem unterentwickelten Dritte-Welt-Staat wie Dänemark weder Zivilisation noch Supermärkte oder gar Hundefutter gibt, ist es eine gute Entscheidung, sich frühzeitig mit Tiernahrung einzudecken und die Dosen mitzunehmen. Dagwin stieg also ein weiteres Mal mit fragendem Blick aus dem Auto aus. »Schatz, wo ist denn der Hubwagen?«

Fabiola platzte fast der Kragen: »Dagwin, wenn Doofheit lang machen würde, dann könntest du den Mars auf Knien am Arsch lecken! Mein Gott, in Garage sechs natürlich. Nun mach schon! Finchen fängt gleich an zu quengeln, und Bobby bekommt dann wieder diese Pressblähungen.«

»Mama, ich hab das Fenster runtergekurbelt. Bobby braucht frische Luft.«

»Kind, bist du denn wahnsinnig, das Tier ist doch so zugempfindlich. Mach sofort die Scheibe wieder hoch!«

Finchen kurbelte die Scheibe wieder hoch. Das vormals festgeklemmte Handtuch lag nun auf dem Hund, und stattdessen klemmten Finchens Finger im Autofenster. Die Kleine fing lautstark an zu heulen. Der ganze Garagenhof klang nun wie Fliegeralarm über dem Ruhrgebiet. Alle, die von Adeles spitzem Schrei vor einer Stunde noch nicht geweckt worden waren, standen nun stramm im Bett.

Fabiola drehte sich erneut zu ihrer Tochter um: »Finchen, jetzt rieche ich es auch. Es riecht stark nach Gleitcreme. Oder ist das die Sonnencreme?«

Fabiola entdeckte nun, dass sich Bobby, der Labrador-Retriever, auf die Tube Sonnencreme gesetzt hatte und sich die komplette Faktor-fünfzig-Matsche in die Küche des Barbiehauses geschoben hatte. Ken am Herd war nun UV-imprägniert. Die duftende Mischung aus Sonnencreme und Hundeblähungen musste betörend gewesen sein. Lemmy und ich bekamen davon aus sicherer Distanz zum Glück nicht allzu viel mit.

Dagwin kam unterdessen mit einem Handhubwagen zurück, auf dem eine Europalette mit Hundefutterdosen stand. Er war nun bemüht, jeden noch so erdenklich kleinen freien Platz im Auto, in der Dachbox und im Anhänger mit Hundefutterdosen zu füllen. Es fand sich noch Platz im Handschuhfach, in Finchens Kinderrucksack, und auch in Dagwins Kulturbeutel war noch Raum für eine Probierpackung Schlemmertopf.

Zudem hatte Dagwin eine blendende Idee: »Hasilein, wenn wir deine *Emma*-Hefte von 2005 hierlassen, kann ich noch fünf zusätzliche Dosen mitnehmen.«

Fabiola kochte nun vor Wut: »Dagwin, ich werde dafür plädieren, dass auf deine baldige Beerdigung Vergnügungssteuer erhoben wird. Meine Güte, bist du eigentlich so bescheuert, oder siehst du nur jeden Morgen so aus? Die *Emma* kommt selbstverständlich genauso mit wie die Strickhefte. So weit reicht die Tierliebe dann auch nicht. Können wir jetzt langsam mal losfahren? Finchen muss gleich wieder pinkeln. Da wär ich gerne schon hinter Osnabrück.«

Dagwin stieg ins Auto und fuhr schnell los, damit seine bezaubernde Gattin Fabiola nicht noch weitere Ideen bekam, was man alles erledigen könne, bevor man nun endlich die Reise antrat.

Finchen plärrte immer noch wegen der eingeklemmten Finger. Okay, man hätte die Scheibe auch mal kurz herunterkurbeln können, um die Finger zu befreien, aber Dagwin und Fabiola waren wohl zu sehr darauf konzentriert zu schauen, wie man den Ice-Crusher an den Zigarettenanzünder anschließt.

Familie Holiday bog vom Hof, und Lemmy und ich schauten im Rucksack nach, ob wir Taschentücher dabeihatten, um uns die Lachtränen aus dem Gesicht zu wischen. Ich konnte mir bildlich ausmalen, wie nun der Zwölf-Stunden-Trip der Action-Familie nach Dänemark vonstattengehen würde.

Tochter Finchen wird noch vor Auffahrt auf die Autobahn fragen, wie weit es denn noch ist. Als Nächstes wird sie Papa die Doppel-CD mit Rolf Zuckowskis Kinderliedern nach vorne reichen. Nachdem Papa die *Weihnachtsbäckerei* nach gut vier Stunden rückwärts jodeln kann, werden alle zum dritten Mal Pinkelpause machen. Die dritte Pinkelpause findet nach zwei kontaminierten Parkplatz-Klos nun endlich an einer amtlichen deutschen Autobahnraststätte statt. Das Kind wird, ebenso wie die Gattin, eiligst zum fairen Sanitär-High-tech-Klo neben der offenen Salattheke geschleppt. Mit Claydermans Klaviermusik im Hintergrund und dem permanent dudelnden Werbefilm, der einem erklärt, dass die Klos dort weder Wasser noch Luft, noch Chemikalien benötigen (die Scheiße wird weggezaubert!), sucht man dann zeitgleich verzweifelt 5,90 Euro in Kleingeldform, um das Drehkreuz zu überwinden. Beim Kind tropfen die ersten Freudentränen aus der Hose, und Mama windet sich wie eine Greisin beim Tangotanz, da auch sie es nicht mehr lange halten kann. Der Hund ist bereits unter dem Drehkreuz durch und pinkelt gegen den Tisch des Klomannes, der hier jede Viertelstunde Rosenwasser versprüht. Ehemann Dagwin läuft unterdessen eiligst zur Tankkasse, um Scheine in Kleingeld umzutauschen, das schlussendlich aber nur für seine Gattin und Tochter Finchen ausreicht. Während die Damen sich nun um ihren Harndrang, die Pisslache im Foyer und den bulligen Labrador kümmern, stellt sich Gatte Dagwin hinter die Raststätte, um die Unkrautpopulation mit Eigensaft zu düngen. Nachdem er die zwanzig Euro Geldstrafe fürs Wildpinkeln bezahlt hat und

Tochter Finchen mit einer Kinderklarinette aus dem Tankstellenshop wieder glücklich gemacht worden ist, geht die Reise dann weiter. Nach circa hundert Kilometern, kurz vor Hamburg, merken alle, dass das Auto trotz der fortgeschrittenen Reisezeit wieder erstaunlich gut riecht und Finchen sehr viel Platz hat, um auf der Rücksitzbank mit ihrer Klarinette den Rattenfänger von Hameln zu imitieren, indem sie durch das Auto kriecht und permanent schief auf ihrer Plastikflöte spielt. Nachdem man dann erkannt hat, dass der Labrador im Eifer des Gefechts an der Raststätte vergessen worden ist, mutiert Vater Dagwin nun zum Hundefänger von Buxtehude und macht kehrt.

Nach gut vierzehn Stunden erreichen alle mitten in der Nacht den verregneten Ferienhauspark in Dänemark, und Vater Dagwin beginnt damit, die nächsten fünf Stunden lang das Fahrzeug zu entladen. Man kann sich dann glücklich schätzen, wenn man zumindest einen Ferienpark ausgewählt hat, in dem der Kinderpool, wie mittlerweile häufig zu finden, vom Hauptpool der Eltern getrennt ist, damit die etwas Ruhe bekommen. Zwar nah beieinandergelegen, aber dennoch durch eine sechsspurige Autobahn voneinander getrennt.

Familien mit Kindern und Hunden auf Reisen, ein wirklich sehr schönes Thema im alltäglichen Familienwahnsinn deutscher Erziehungsberechtigter und Hundehalter.

Lemmy und ich machten uns nun zu Fuß auf den Weg in Richtung Messehallen, um die Hundeschau Petplay noch rechtzeitig zu erreichen und nicht auf den letzten Metern von Solveig und Gunnar abgefangen zu werden. Die beiden waren sicher schon unterwegs zum Eulennest Kötter, und ich hatte keine Lust darauf, bald wieder in einem Hundekorb vor mich hin vege*tier*en zu müssen. Die Freiheit schmeckte immer noch sehr, sehr gut.

Auf unserem Marsch die Straße runter sah ich jedoch in Lemmys Augen ein bisschen Heimweh. Mein erster Gedanke diesbezüglich war: Stalingrad? *Dschungelcamp*? Urlaub in Dänemark? Das wären nachvollziehbare Gründe für Heimweh gewesen, aber doch nicht so was wie unsere Tour. Man konnte Lemmy nun ansehen, dass ein elfjähriges Kind wie er wohl doch nicht restlos für die Straße geeignet war. Mir als Hund war es piepegal, dass wir nun schon den dritten Tag wild umherliefen, um uns den erzieherischen Familienwahnsinn Deutschlands anzusehen. Ihm als Kind hingegen schien die Kostümierung im Motörhead-T-Shirt und der veränderte Tagesablauf ohne Regeln, Normen und Konsequenzen nicht mehr so zu behagen. Ich erkannte zum ersten Mal, dass eine schützende Familie, egal, wie spleenig, chaotisch oder übertrieben fürsorglich und spießig sie auch sein mag, für ein Kind doch nicht so unwichtig ist, um Halt zu finden und möglichst sorgenfrei ins Leben starten zu können. Auch wenn Eltern ihre Kinder mit ihrem eigenen Eheleben häufig grenzenlos überfordern, überwiegt doch die beherzte Absicht, dass es dem Kind gutgehen soll. Und egal, wie cool Lemmy nun bekotzte Hollywoodschaukeln, Hardrock-T-Shirts oder explodierende Bierbuden fand, irgendwann kommt bei einem Kind seines Alters immer wieder die Sehnsucht nach Mutter und Vater durch. Dann wird abgewogen, und viermal die Woche

Blockflötenstunden sind das kleinere Übel im Vergleich zu einer durchzechten Nacht auf einem Altbaubalkon.

Trotzdem war ich mir immer noch nicht sicher, ob ich dem jetzigen Lebensstil den Vorzug geben, von zu Hause fernbleiben und ein ganz neues Köterleben anfangen sollte, oder ob ich auch weiterhin Gefallen daran finden würde, mich bei den Klein-Urbans mit Männchen zum Affen zu machen, während ich im Pokémon-Hunde-Bademantel durch das Wohnzimmer hüpfte aus Freude darüber, dass mich Solveig zum Hunde-Salsa-Kurs angemeldet hatte. Ich ließ mir daher diesbezüglich noch ein wenig Bedenkzeit.

»Lemmy, Motörhead spielen bald wieder Konzerte in Deutschland. Hab ich zumindest im Patienten-TV gesehen. Kann nicht ganz stimmen, aber geil wär's schon.«

Lemmy schaute sich den abgebildeten Totenkopf auf seinem T-Shirt an. »Vergiss es, Fleischmann! Wenn wir wieder zu Hause sind, haben wir Stubenarrest bis zum Ende des nächsten Maya-Kalenders. Da is nichts mehr mit Konzert besuchen.«

Lemmy hatte leider mal wieder recht. Zwar ließ sich in Sachen Gassipflicht der Stubenarrest bei mir nicht so beherzt durchsetzen wie bei Lemmy, aber Solveig war mittlerweile bestimmt *very angry* darüber, dass wir uns mal eben für drei Tage von zu Hause verzogen hatten. Und Vater Gunnar von Hardrock zu überzeugen wäre in etwa so, als wolle man einen Ozzy Osbourne zum *Musikantenstadl* einladen.

Lemmy ließ es sich zwar nicht anmerken, aber er hatte ebenfalls absolut null Plan von Hardrock, da Solveig selbstverständlich frühzeitig darauf geachtet hatte, dass ihr Sohn nur die Musik hörte, die für sein Alter angemessen war. Über die erbarmungslos unbändigen Hardrocker wie Herbert Grönemeyer, Chris de Burgh und James Blunt ist er daher nie hinausgekommen.

Die Latte-Gläser im Rucksack stimmten auf unserem Marsch in Richtung Messehallen einen sonoren Klang an, und ich machte mir Gedanken darüber, welche Musik Kinder rein medienpädagogisch heutzutage hören oder hören sollten. Gibt es in Deutschlands Familien überhaupt so etwas wie Medienerziehung? Und was bringt sie überhaupt?

Kurzsichtig fernsehen

Sie kennen ihn vielleicht. Es gibt ihn! Den klassischen Look eines durchschnittlichen deutschen Kinderzimmers, zumindest was die Wandgestaltung betrifft. Im Falle einer weiblichen Bewohnerin dominieren gerne mal Pferdeposter die Laura-Ashley-tapezierten Wände, während in männlicheren Kinderzimmern die letzte Formel-Eins-Saison ausgiebig in Form von Megapostern über dem Bett glorifiziert wird. Bis zu einem gewissen Alter gleichen sich Kinderzimmer häufig wie ein Ei dem anderen. Der eigene Fernseher hat zwar heutzutage oft schon bei Fünfjährigen den Einzug in das Zimmer gefunden, aber selbstverständlich nur, damit sie sich Info-Formate mit Willi anschauen können, der es in der ARD so richtig wissen will, und dieses Wissen dann auch ohne Latzhose und Bauwagen an die Kurzen weitergibt. Medientechnisch bewegt man sich bei Kleinkindern in Sachen TV also noch irgendwo zwischen Kinderkanal und Disney-Channel und auch musikalisch sind bizarre Ausprägungen im Bereich von Speed Metal und ungarischer Polka beim Nachwuchs noch nicht erkennbar.

Das Kind, und leider auch zwangsläufig der Hund, wird in vielen Familien hingegen durch den Musikgeschmack der eigenen Eltern bereits frühkindlich vorbelastet, so dass ihm nichts anderes übrigbleibt, als morgens beim gemeinsamen

Frühstück die aktuellen Schlager auf WDR 4 mitzuhören. Mutti findet das vor dem stressigen Bürojob entspannend, und Papi ist es wurscht, da er ohnehin vom Badezimmerspiegel direkt ins Vorstandszimmer sprintet. Er beschränkt sich medientechnisch lediglich auf seine eigenen Kindheitserinnerungen und hört auf dem Weg in die Firmentiefgarage im Autoradio heimlich *Die drei???*-Hörspiele.

Das Kleinkind hat zu Hause also keine andere Wahl, als Andrea Berg und Andy Borg in seiner überschaubaren Welt der Musik als gute Freunde zu akzeptieren und deren Ergüsse frühkindlich als große, weite Musik- und Medienwelt zu begreifen. Man muss sich also nicht wundern, dass bei den meisten Kindern ab einem gewissen Alter die große Revolution ausbricht und die niedlichen Pferdeposter plötzlich durch einen blutüberströmten Marilyn Manson oder putzige Pandamaskenträger ausgetauscht werden. Eltern registrieren das natürlich mit feiner Antenne und fragen sich fürsorgend, ob das Kind durch seinen neuen Musikgeschmack zu einem schlechten oder verblödeten Menschen heranreifen könnte. Zugegeben, Musik hat eine große Bedeutung im Alltag heranwachsender Kinder, die plötzlich ihren eigenen Kopf entwickeln. Aber dem elterlich entgegenzusteuern, indem man seinem Kind nun ein Instrument aufzwingen will, hat bisher selten zum Erfolg geführt. Ein Kind, das mit dem Cellokasten zwischen den Beinen mit dem Bus zur Musikschule fährt, hört nicht selten über Kopfhörer Musik, bei der man sich fragt, ob dafür überhaupt noch Instrumente benutzt werden.

Solveig ist ja auf dem Standpunkt, dass ein Kind durch die

DIE GRÖSSTEN ERZIEHUNGSIRRTÜMER

TV macht dick und dumm

Übung im Notenlesen auch abstraktes und räumliches Denken lernt. Ich als Hund bin eher der Meinung, dass das Kind das räumliche Denken erst dann erlernt, wenn es den Notenständer samt Notenblatt vor Wut durch den ganzen Raum geschmissen hat.

Lemmy wird auch seit einigen Jahren mit diversen Instrumenten gequält, und es ist nicht wirklich erkennbar, dass das Kind nach seinen Versuchen an Geige, Flöte, Klavier und Xylophon irgendwann mal Orchesterchef werden wird.

Nichtsdestotrotz fördert Musik aber auch die Bewegung eines Kindes. Klatschen, tanzen, headbangen, Bus zur Musikschule besteigen – alles Aktivitäten, die den Nachwuchs in Bewegung versetzen und dafür sorgen, dass das Kind frühzeitig lernt, wie man denn auf einer amtlichen Party die Hüfte richtig in Verzückung versetzt. Insofern hatte sich Lemmy wohl seinem Schicksal ergeben und freute sich darauf, demnächst auch mal Akkordeon, Didgeridoo und Banjo spielen lernen zu müssen, da Solveig es für pädagogisch wertvoll hält.

Irgendwann beginnt dann für Kinder die MP-Zeit. Hat nichts mit Gewehren zu tun, sondern mit den allseits beliebten MP3-Playern, die dann in Kombination mit Kopfhörern ein tägliches Bild in unserer Gesellschaft abgeben. Und man sieht sie mittlerweile an jedem zweiten Kinder- und vor allem Jugendohr, statistisch gesehen natürlich. Die Kopfhörerkabel sind die verlängerte Nabelschnur der Heranwachsenden, die den Fötus Teenie mit den nötigen Nährstoffen von Gaga-Ladys wie Miley Cyrus versorgen.

Auch Lemmy und ich beobachteten auf unserem Spaziergang über die Hauptstraße den einen oder anderen angeleinten Kopfhörerträger. Besonderes Interesse weckte bei mir ein junger Herr, ich weiß gar nicht, warum, aber ich nenne ihn der Einfachheit halber mal Kevin. Er war vielleicht fünfzehn Jahre alt und hörte nicht nur lautstark Musik über seinen Player, sondern vereinte damit auch noch eine interessante Gestik. Neben ihm liefen seine Eltern und auch seine Schwester, die ich einfach mal, mmmh, sagen wir, Chantall nenne. Wie komme ich nur auf diese ganzen hübschen Vornamen? Die Mutter stolzierte mit zwei schweren Einkaufstüten in beiden Händen daneben, und der langhaarige Vater hatte Mühe, aus der drei Millimeter langen selbstgedrehten, filterlosen Kippe noch ein, zwei Züge zu erhaschen. Kommunikation herrschte zwischen allen Familienangehörigen wenig bis gar nicht, da der Sohn ohnehin nichts hörte. Er hatte sich die Kapuze seines Pullis halb über das Gesicht gezogen und wippte so mit dem Kopf, als wolle er einen Afrikanischen Elefantenbullen in zwanzigjähriger Zoogefangenschaft imitieren. Man erkannte nicht genau, was er über die Kopfhörer hörte, aber Enya und Sade konnte ich eindeutig ausschließen. Es ging ordentlich zur Sache. Sprechgesang, der uns von sangestechnischen Integrations-Experten die böse Welt rund um Berlin und die harte Kindheit in den deutschen Ghettos erklärte. Die Hände hatte Kevin in den Taschen seiner Joggingjacke vergraben, und sein gebeugter Gang wirkte so, als sei die Vollendung vom Cro-Magnon-Menschen zur vertikalen Wirbelsäule des Homo sapiens noch Zukunftsmusik.

»Jürgen, tu mich getz ma bei die schweren Tüten helfen.«

Die arme Frau konnte die Last ihrer Einkäufe nicht mehr alleine tragen.

Jürgen gehorchte und half seiner Frau, indem er zwei Dosen Bier aus den schweren Tüten herausfingerte, die er brüderlich mit seinem Sohn teilte. Jetzt wogen die Tüten immerhin ein Kilo weniger. Ein wahrer Gentleman, dieser Jürgen.

Die Tochter war Präsidentin im Club der Kopf-runter-Generation. Sie wischte dauernd mit dem Finger auf ihrem Smartphone herum. Auch sie trug einen Kopfhörer im Ohr, aber man erkannte eindeutig, dass sie keine Musik hörte, da sie die Wischbewegung auf dem Display von oben nach unten machte. Wischbewegungen auf dem Smartphone von oben nach unten bedeuten: »Ich suche eine Telefonnummer« oder »Ich google, wie lange die Pille danach noch genommen werden kann«. Die Wischbewegung von rechts nach links deutet hingegen auf »Ich schaue mir meine Nacktfotos bei Facebook an« oder »Ich suche illegale Downloadseiten für Musik von Unheilig« hin.

Auf jeden Fall war das junge Mädchen ebenso medienfixiert wie ihr Bruder, der aber wenigstens noch seine Augen nutzen konnte. Während er taub durch die Straße trottete, ging seine Schwester mit Blick auf ihr Smartphone-Display blind neben ihren Eltern spazieren. Na, dachte ich mir, dann kann ja nichts passieren. Die Situation erinnerte mich ein wenig an den Witz mit dem Tauben, der dem Blinden sagt: »Guck mal, die Grillen.« Und der Blinde sagt: »Ich riech nichts!«

In diesem Fall sah es eher so aus, als könnten die beiden Teenies nur gemeinsam auf die Straße gehen, da der eine hört, wenn ein Auto von links kommt, während der andere schaut, dass niemand gegen eine Laterne latscht.

Es ist ja schon praktisch, wenn man permanent sein Internet dabeihat. Im Prinzip ist das Internet nichts, das jemandem gehört, aber Smartphones sind mittlerweile zu einer Art Joystick für Menschen geworden, die einem alle Vor- und Nachteile des Internets und somit der großen weiten Medienwelt auf Knopfdruck näherbringen. Zwar guckt sich heutzutage keiner mehr in die Augen, da alle mit dem Bildschirm des Gerätes beschäftigt sind, aber man muss auch mal eine Lanze für die Dinge brechen, die in Zeiten des Internets für Kinder plötzlich einfacher geworden sind. Bekam man früher als Kind zum Mittagessen einen undefinierbaren roten Matsch vorgesetzt, so blieb einem nichts anderes übrig, als den Mist zu essen. Sonst gab es mindestens schlechtes Wetter. Heutzutage sind Kinder dank der modernen Medien viel weiter. Da wird zwischen Hinsetzen und Servieren des Breis mal eben gegoogelt, dass es sich um slowenischen Karotteneintopf handelt, und schon hat man alle Argumente auf seiner Seite.

»Mama, wusstest du eigentlich, dass ein zahnloser Mann in Iowa mal an einem Karotteneintopf erstickt ist, nur weil er kein Messer im Haus hatte, um die Möhren vorher kleinzuschneiden? Steht im Internet. Habe ich gerade gegoogelt.«

So eine Aussage bringt besorgte Mütter á la Solveig ins Grübeln, und das Smartphone entwickelt sich zum Retter in der Not. Medienpädagogisch problematisch wird es für die meisten Eltern erst dann, wenn der eigene Nachwuchs das Smartphone gar nicht mehr aus der Hand legen will und sein

Alltag nur noch aus wischen, tippen, downloaden und Apps besteht.

Lemmy hat auch so einen Schulfreund, den ich in einer seiner wenigen internetfreien Minuten sogar mal kennenlernen durfte. Ansonsten besteht sein Kinderalltag nur noch aus Medien. Neunzig Prozent des Tages sind Internet-Time, die restlichen zehn Prozent werden genutzt, um fernzusehen oder die Spielekonsole zu bedienen, also auch irgendwie Medienkonsum. Der Alltag dieses armen Geschöpfes, ich nenne ihn wegen seiner Markentreue zu bestimmten Hardwarefirmen einfach mal Apfelbauer, sieht in etwa folgendermaßen aus:

7.00 Uhr: Wecken durch die Weck-App. Das Gerät imitiert einen lungenkranken Hahn.

7.15 Uhr: SNOOZE! Die Weck-App klingelt erneut, und der Apfelbauer entscheidet sich aufzustehen.

7.30 Uhr: Zahnputz-App! Die zeigt an, wie lange man an einem verregneten Novembermorgen die Frontzahnreihe mit Druckstärke acht massieren sollte. Saupraktisch! Wie hätte das Kind das nur ohne App wissen können?

Seine faule Mutter dreht sich indes noch mal zu ihrem verkaterten, schnarchenden Mann um.

7.45 Uhr: Die Bus-App hat ihm angezeigt, dass die Busfahrer heute streiken, da ihrer Meinung nach die Elektronik in den Fahrzeugen veraltet ist, weil der Funk noch nicht digital umgerüstet wurde. Steinzeitunternehmen! Der Apfelbauer muss also laufen. Ganz analog, indem er ein Bein vor das andere setzt. Wie uncool.

Auf dem Weg zur Schule entdeckt der Apfelbauer gleich zwölf neue Apps im Internetkosmos, die er in der ersten Schulstunde, Fach Erziehungswissenschaften, gleich mal ausprobieren will.

9.30 Uhr: Große Pause! Der Apfelbauer findet die Münzwurf-App. Während Kinder früher noch mühsam mit einem Groschen auslosen mussten, wer beim Schulhofbolzen Anstoß hat, erledigt das nun die Münzwurf-App. Der Apfelbauer selbst spielt allerdings nicht mit, da bei ihm erste Verfettungsanzeichen nicht zu leugnen sind. Der Marsch zur Schule war schließlich nur die Ausnahme. Die Busfahrer streiken ja zum Glück nicht immer.

Und nachdem nun alle Mitschüler schnell noch ihre geposteten Schnappschüsse vom gestrigen Flatrate-Saufen in der Kinderdisko herumgezeigt haben, neigt sich der Schultag so langsam dem Ende entgegen.

Bilanz: Die Lehrer haben an diesem Tag während des Unterrichts 24 Handys (digital), dreizehn MP3-Player (digital) und einen Delphindildo (analog) einkassiert. Hausaufgaben gibt's keine, da alle Lehrer mitbekommen haben, dass heute die neue Xbox in den Handel kommt und die zwei Kilometer lange Schlange vor dem Technik-Discounter keine Zeit lässt, sich spätnachmittags noch um den Dreisatz zu kümmern.

Auch der Apfelbauer entschließt sich zuzuschlagen, und bereits um 16.00 Uhr nachmittags sitzt er vor YouTube, um sich dort anzusehen, wie man das zehnte Level seines ebenfalls neuerworbenen Ego-Shooters knackt. Da soll noch mal einer sagen, Kinder zeigen keine Eigeninitiative, sich fortbilden zu wollen.

Ab circa 17.00 Uhr ist für den Apfelbauern aber auch die Spielekonsole langweilig geworden, so dass er sich vor den Fernseher setzt, um mal etwas zu entspannen. Er berieselt nicht nur sich selbst mit den RTL2-*Teenie-Müttern* und dem *Trödeltrupp*, sondern auch den brandlochgemusterten Teppichboden mit Tüten-Nachos und Guacamole-Sauce.

Seine Mutter kommt im Bademantel in die Küche und bittet ihn, nicht so laut zu sein, da es dem Vater nach zwölf Dosen warmen Biers nicht so gut ginge und er noch etwas schlafen wolle.

Der Apfelbauer rülpst zur Bestätigung einmal lange und zweimal kurz und überlegt, ob es für so etwas nicht auch schon längst eine App gibt, die er sich für 5,99 Euro mal herunterladen könnte. Mutter und Morse sind stolz auf ihn. Ein tolles Kind!

Der Himmel öffnete unterdessen seine Schleusen. Während Lemmy und ich auf dem Weg zur Hundemesse an einem Internetcafé vorbeikamen, begann es, wie aus Eimern zu schütten.

Ein freundlicher Inder, der das Internetcafé betrieb, winkte uns in seinen Laden. Wir waren dankbar, kurz Unterschlupf zu finden, damit meine hundeanimalische Duftnote nicht noch verschlimmert wurde. Nassen Hund wollen Sie in diesem Buch nicht wirklich riechen.

Der Shop wurde von außen als Internetcafé beworben, war

von innen aber alles Mögliche gleichzeitig. Neben einem Postschalter, einer Lottotheke und Gemüsekisten fiel mir auch eine Ecke mit indischem Schnickschnack auf. Besonders faszinierend war aber ein kleiner Lounge-Bereich, in dem zahlreiche Kiddies im Internet surften oder so vor der Glotze hingen wie der eben beschriebene kleine Apfelbauer. Die älteren rauchten Kette und die jüngeren Kiddies eher eine Zigarette nach der anderen. Eine gemütliche Atmosphäre in einer anscheinend jugendschutzfreien Zone. Zwar nicht unbedingt vom heiligen Pädagogus gewollt, aber dennoch eine Location, wo Lemmy und ich entspannt das Ende des üblen Regenschauers abwarten konnten.

Der Inder fragte, ob wir was trinken wollten. Cola, Fanta, Wodka-Red-Bull, Absinth?

Lemmy und ich schauten uns ungläubig an und verneinten stereo. Von Alkohol hatten wir definitiv die Nase voll, und so langsam war mir auch nicht mehr wohl dabei, den behüteten Finn-Luca Klein-Urban permanent mit Hochprozentigem abzufüllen. Der Weg war das Ziel, und wir entschlossen uns, so lange in diesem Internetcafé zu bleiben, bis uns das Wetter einen Weitermarsch in Richtung Messehallen gestattete.

Wir setzten uns also vor den alten Röhrenfernseher, der mit einem Schwenkarm an der Wand angebracht worden war. Der Inder, er hieß Sovan, kam direkt mit einer Fernbedienung angerannt. Ich kam mir ein wenig vor wie der Maharadscha von Udaipur, dem der Hausdiener sein Zepter in die Hand drückte. Ich hatte nun die Infrarot-Macht mit zwei Batterien. Ich kleiner, bemitleidenswerter Familienhund, der jahrzehntelang nie die Möglichkeit hatte, das Fernsehprogramm im Höllenhaus der Familie Klein-Urban zu bestimmen, geschweige denn mal an die Fernbedienung auf dem Glastisch der Klein-Urbans zu gelangen, hatte nun die Macht zu entscheiden, was in dieser Flimmerkiste laufen sollte. Und ich nutzte diese neugewonnene Macht, indem ich gleich mal einen dicken Spuckefaden über die Fernbedienung laufen ließ. Das schaffte die Gewissheit, dass mir keines der verzogenen Kinder diese Macht wieder aus dem Maul entreißen würde.

Ich drückte unterdessen zehn unwichtige Sender weg, da sie meiner Meinung nach rein medienerzieherisch nicht viel leisten konnten. Arte, 3sat, n-tv und die anderen Sender, die man eigentlich nur ertragen kann, wenn man halbwegs gebildet ist, und die mit dem Thema Chaoserziehung nichts am Hut haben, passten einfach nicht in diese Runde mediensüchtiger RTL-Junkies und zu meinem Wunsch, auf diesem Trip etwas über erzieherische Niederungen zu erfahren. Dass Super RTL auf dem zweiten Sendeplatz, direkt hinter MTV einprogrammiert worden war, lag aber auf der Hand. Mit dem Zweiten sieht man schließlich besser, und so entschied ich mich eben, passend zum Kreis der bräsig dreinschauenden Mitzuschauer, für Super RTL.

Die Spucke hatte inzwischen die Lautstärketaste schachmatt gesetzt, so dass wir nun mit 98 Dezibel die Wiederholung von *Best of Super Nanny* aus den vorangegangenen 48 Jahren Horrorerziehung in deutschen Haushalten schauen mussten. *Die Super Nanny*, die mit diesem investigativen, anspruchsvollen pädagogischen Format aktuell leider nicht mehr im TV zu sehen ist, um verzweifelt Ratschläge an asoziale Eltern zu verteilen, war genau richtig, um mal zu beurteilen, inwieweit es ein Medium wie das Fernsehen überhaupt schaffen kann, Menschen an das Erziehen (von Kindern) zu bekommen. Dass dabei häufig nur der Voyeurismus von anderen Eltern befriedigt werden sollte, die von sich dann behaupten können, dass bei ihren Erziehungsbemühungen selbstverständlich alles viel besser und nach Plan verläuft, lasse ich mal außen vor.

Lemmy reichte mir eine Glasschale mit Erdnüssen auf die Couch, und schon konnte die Party beginnen.

Katharina Saalfrank, die Super Nanny und Hauptdarstellerin in diesen Horrorfilmen, dreht sich im Vorspann schwungvoll zum Zuschauer hin. Ihr grazil auf den Daumen gestütztes Kinn und ihr skeptischer Blick suggerieren dem Fernsehzuschauer mit beigebrachter Erziehung: Hier ist eine Expertin am Werk, die den verzweifelten Müttern in dieser Trash-Comedy Aufmerksamkeit schenkt und ihnen wirklich helfen will. Will! Ja, will, aber es meist nicht nennenswert schafft, denn aus faulen Eiern werden keine Küken. So wie ganz am Anfang dieses Buches bereits erwähnt.

Der Titel wird eingeblendet: *Best of Super Nanny*. Ich frage mich erdnusskauend, ob der Titel *Pest of* nicht passender gewesen wäre, denn was ich nun zu Gesicht bekam, sprengte meine Vorstellungskraft über Erziehung in deutschen Familien.

Es ist ja ohnehin schon bezeichnend, dass solche Fernsehformate allesamt einen Superlativ im Titel tragen, der suggerieren soll, dass das, was man dem gelangweilten Fernsehzapper vor die Nase setzt, ernstzunehmende Dokumentation und kein Spaßfernsehen mit Fremdschäm-Faktor ist. *Die SUPER Nanny* und *Der HundePROFI* sind nur einige Titelbeispiele von vielen. Doch bevor ich mich als Betroffener der Sendung *Hundeprofi* widme, folgt erst einmal ein kleiner Eindruck aus der Sendung *Die Super Nanny* und ihren erzieherischen Meisterleistungen.

Ich griff mir noch eine Pfote voll Erdnüsse, und wir bekamen zunächst einen Einblick in den Alltag von Hausfrau Jessica, 22, die durch ihre drei Kinder natürlich nicht frei von Arbeit war, das Wort arbeiten aber auch nicht gerade erfunden hatte. Schließlich ist es ja auch Arbeit, den ganzen Tag vor dem PC zu sitzen, um sich mit dem Thema Satanismus vertraut zu machen und den Kindern am Monitor zu zeigen, dass es nicht ungewöhnlich ist, wenn ein Menschenopfer von ganz alleine ausblutet. Mutter Jessica erklärte, dass es auf den Winkel ankommt, in dem man das Opfer aufhängen muss. Die Kinder beobachteten die Szene in dem gestellten Internetvideo aufmerksam. Auch eine beschäftigte Mutter braucht schließlich eine Freizeitbeschäftigung, und so erwähnte sie nebenbei, sich das Opferritual demnächst mal »aufe Titte« tätowieren lassen zu wollen. Sohn Dominik fand seine Alte indes einfach fotzig und trat ihr mit voller Wucht gegen das Schienbein.

Cool, dachte ich mir. Das Kind hatte im Vergleich zur Mutter wenigstens noch Ehre und Respekt im Leib und setzte sich für seine beiden Geschwister ein. Was musste die Frau mit drei Kindern auch den ganzen Tag den PC blockieren. Jeder will doch mal ran. Eine halbe Stunde You Porn für jeden wäre eine erzieherisch sinnvolle Maßnahme und viel gerechter als dieser mütterliche Alleingang.

Mutter Jessica setzte zum Konter an: »Dominik, du Arsch, geh in Bett! Isch hab dir gesacht, du sollst in dat Bett gehen!«

Sie zeigte auf ein Brettergestell hinter sich, das man nicht mal mit viel Phantasie als Sperrmüll titulieren konnte. Dominik hängte sich nun an den Haarzopf der Mutter und imitierte den Glöckner von Notre-Dame. Auch sein verrotztes Gesicht, dekoriert mit einem halben Glas Erdnussbutter zwischen Ohr eins und Ohr zwei, erinnerte an die Buchfigur von Victor Hugo.

»Boah, Celina, klatsch den Dominik ma eine! Der is heute wieder aggro.«

Katharina Saalfrank, die Super Nanny, kam ins Spiel. Wie eine Nonne im Flatrate-Puff stand sie schüchtern mit geballten Händen in der Zimmertür und beobachtete die ganze Szene argwöhnisch.

»Jessica! Stopp! Was hast du jetzt falsch gemacht?«

Mutter Jessica schaute die Super Nanny überrascht und fragend an. »Ach scheiße, ja klar. Ich hab das Satanbild nicht abgespeichert. Fuck! Boah, Dominik, du Ficker. Das kriegste gleich voll zurück.«

Jessica schnappte sich das Glas Erdnussbutter und schmiss es ihrem Sohn Dominik hinterher. Die Erdnussbutter und die

Glassplitter an der Wand bildeten nun zusammen mit dem Bretterbett darunter eine Installation, bei der Beuys große Augen bekommen hätte. Super RTL ging in die Werbung, und ich stellte mir die Frage, wie denn wohl die Super Nanny für Hundehalter diese Situation gelöst hätte.

Die Super Nanny für Hundehalter heißt übrigens Martin Rütter und ist das männliche Pendant zur Super Nanny, da auch er sich häufig mit rein erzieherischen Flachpfeifen beschäftigt, die entweder nicht in der Lage sind, einen Hund vernünftig zu erziehen, oder schlichtweg keinen Bock darauf haben. Er läuft meist beim RTL-Schwestersender VOX. Die Szene, der wir bei der *Super Nanny* beiwohnen durften, hätte im hundeerzieherischen Alltag wahrscheinlich so ausgesehen:

Frauchen Jessica, 22, ist mit ihren drei bekifften und unerzogenen Jack-Russell-Terriern total überfordert. Die Hunde haben auf der Straße und in der Hochhaussiedlung den falschen Umgang. Der älteste, Rüde Justin, war sogar schon zweimal hinter Gittern. Die jüngste, Hunde-Teenie Ayesha, ist zudem vom Nachbarhund schwanger, und der mittlere, Rüde Jayden, trinkt seinem Frauchen regelmäßig den Alkohol weg. Unhaltbare Zustände, die für das Frauchen alleine nicht mehr zu stemmen sind. Sie ruft einen Fachmann zu Hilfe.

Der Hundeprofi steht in der Zimmertür und beobachtet Mutter Jessica im Umgang mit ihren drei Hunden. Sie sitzt mit einer Zigarette vor dem PC und schaut sich im Internet Bilder aus chinesischen Garküchen an. Die Hunde schauen aufmerksam zu. Auch ein beschäftigtes Frauchen braucht schließlich eine Freizeitbeschäftigung. Sie erwähnt nebenbei, sich demnächst auch mal so einen gedünsteten Chihuahua »aufe Titte« tätowieren lassen zu wollen.

Einfach nur ekelig! Auch im Hinblick auf die andere Hängebrust, die sie nun der Fernsehgemeinde zur Schau stellt. Kampfterrier Justin pinkelt seinem Frauchen indes an den Stuhl.

»Boah, Justin, du Mistvieh! Verpiss dich!« Frauchen Jessica zeigt auf einen kaputten zitronengelben Wäschekorb, in dem ein alter Postsack als Decke liegt. Hund Justin gehorcht natürlich nicht und verbeißt sich in Jessicas Zopf.

»Boah, Ayesha, beiß den Justin ma! Fass! Fass! Der is heute wieder aggro.«

Der Hundeprofi schaltet sich in die Situation ein: »Jessica! Stopp! Was hast du jetzt falsch gemacht?«

»Ach ja, scheiße. Ich hab Fass! gerufen, aber es heißt ja: TÖTE! TÖTE!«

Der Hundeprofi ist mehr oder weniger zufrieden. Ein Anfang ist gemacht. Die halbgeöffnete Dose Hundefutter, die im Anschluss an das Gebell aller drei Hunde noch durch den Raum fliegt, hat VOX nur im Halbschatten drauf, aber die Mission seitens des Profis in Sachen Hundeerziehung ist damit erfüllt.

Ebenso wie bei der Super Nanny erkennt man also auch bei den Profis in Sachen Hundeerziehung, wie gut und sinnvoll es ist, dass uns das deutsche Fernsehen solche pädagogisch wertvollen Sendeformate regelmäßig in die Wohnzimmer bringt. Toll!

DIE GRÖSSTEN ERZIEHUNGSIRRTÜMER

Strafe muss sein

Little Mister Beckham

Plötzlich stürmte ein mit einem Trainingsanzug bekleideter Familienvater in das Internetcafé. Der Regen hatte nachgelassen, und auch der Familienvater hatte wohl erkannt, dass man dort nicht nur PCs und Postschalter nutzen, sondern auch Kleinkram käuflich erwerben konnte. Ein gut sortierter Krimskramsladen, manche sagen dazu auch Kiosk oder Bude, hält ja für jeden Geschmack und Notfall etwas bereit. Bei der Eile und Hast, die der Familienvater an den Tag legte, muss große Not geherrscht haben.

Er polterte direkt los: »Haben Sie Eisspray?«

Der indische Ladenbesitzer Sovan schaute etwas fragend: »Eisspray? Sie können Flutschfinger haben!«

»Nein, kein Eis zum Essen. Eis für an die Beine. Also, so für Fußballer und so. Mein Sohn hat gleich Probetraining für Barcelona und sich gerade das Schienbein geprellt, als er seiner Schwester in den Hintern getreten hat.«

Ich wurde neugierig, und selbst die Super Nanny konnte mich jetzt nicht mehr auf der Couch halten. Ich sprang von der selbigen und beobachtete durch die Schaufensterscheibe des Ladens einen goldenen Kleinbus, vor dessen Schiebetür die Prinzessin auf der Erbse und eine kleine David-Beckham-Kopie miteinander stritten. Die Mutter frisierte ihrer zarten Gräfin unterdessen seelenruhig mit einem Stielkamm die

Haare, während der Vater bemüht war, Eisspray für seinen lädierten Nachwuchskicker zu organisieren.

Es handelte sich bei dieser Familie anscheinend um jenes Klientel Eltern, das ihren Nachwuchs zu kleinen Stars dressieren wollte. Ich beobachtete also sogenannte Trophäen-Kinder und ihre Assistenten auf dem Weg zu irgendeinem Wettbewerb und erinnerte mich dabei an den tragikomischen Spielfilm *Little Miss Sunshine*, den ich vor einigen Monaten mal als Leih-DVD bei den Klein-Urbans zu sehen bekommen hatte. Er erzählt die Geschichte eines kleinen Mädchens, das unbedingt einen Schönheits-Contest am anderen Ende von Amerika gewinnen will und sich mit seinen Eltern in einem alten VW-Bus auf die skurrile Reise dorthin macht. Ich hatte den Eindruck, der Film würde vor diesem Internetcafé gerade wiederaufgeführt, live und in Farbe. Nur der Hobbykicker im Barcelona-Dress, der die ganze Zeit seine aufgepimpte Schwester drangsalierte, passte nicht ins Gesamtbild.

»Haben Sie denn wenigstens Nasenpflaster? Also die, wo man dann mehr Luft zum Atmen bekommt.« Der Familienvater war außer sich, dass es in diesem überfüllten indischen Kaufhaus des Ostens keine Utensilien gab, um die Karriere seiner Kinder fördern zu können. »Mann, so 'n Mist! Romeo hat die einmalige Chance auf eine Weltkarriere, und Sie haben nicht mal Eisspray.«

Der Inder zuckte mit den Schultern und schüttelte den Kopf.

Little Miss Bottrop war inzwischen von ihrer Mutter zweimal nachgeschminkt worden. Das Kind war vielleicht gerade mal fünf Jahre alt, sah aber aus wie Daniela Katzenberger nach dem Kinderschminken im Phantasialand. Das Mädchen hatte rötere Lippen als ein Löwenrudel nach dem Weihnachtsbrunch. Ihre Haare waren hochtoupiert, als wolle man sie mit diesem hairstylistischen Kunststück zu einer zweiten Amy Winehouse umbauen. Das Mädchen stand unterdessen still neben seiner Mutter und ließ allen unnötigen Styling-Schnickschnack regungslos über sich ergehen. Der Nachwuchs-Beckham war da schon munterer und begann an der Motorhaube des Kleinbusses mit Dehnübungen.

Der Vater nahm Notiz davon. »Da! Da draußen! Sehen Sie? Jetzt wird er kalt, verdammt nochmal. Der Junge wird kalt. Der muss gleich locker 'ne Stunde ins Entmüdungsbecken, wenn der nicht endlich richtig behandelt wird.«

Der Inder schob sich ein Kaugummi in den Mund, machte einen langen Hals und beobachtete die Szene ebenso interessiert wie Lemmy und ich. »Hat Ihr Sohn denn schon Autogrammkarten? Wir haben im Internetcafé auch Laserdrucker.«

Der Vater fühlte sich ein wenig verarscht und verschwand wieder in Richtung Kleinbus vor der Tür. Ich hörte durch die Scheibe die beiden besorgten Elternteile diskutieren.

»Freddy, Tiffy fängt an zu schwitzen. Die fängt an zu schwitzen, Herrgott nochmal. Die Wimpern halten aber nicht, wenn die zu stark schwitzt.«

Tiffys Augenaufschlag erinnerte ein bisschen an Miss Piggy in ihren besten Zeiten.

»Der Contest ist in drei Stunden. Du weißt, dass Tiffy vorher mindestens eine Stunde lang Durchfall hat, und ich habe keinen Bock, jedes Mal mit dem hochgezogenen Tüllrock daneben zu stehen, wenn sie muss.«

Vater Freddy interessierte das alles nicht die Bohne. Er war viel zu sehr auf seinen Profikicker fokussiert. Wie ich der Diskussion entnahm, war sein Sohn wohl knappe neun Jahre alt, aber bereits seit einigen Jahren im gnadenlosen Trainingsprogramm seines Vaters gefangen. Für Vater Freddy gab es seit der Geburt seines Sohnes nur ein Ziel: Der Junge muss Profifußballer, und zwar mindestens bei Barcelona werden.

Ich musste wieder an Pelé denken, den entfernten Freund von Finn-Luca, der auch gerne Profifußballer geworden wäre, aber dessen Beine das Wort synchron nicht buchstabieren konnten, so dass er sich beim Laufen halt lieber mal auf die Schnauze legte, statt den Pass in die Tiefe zu suchen. Vater Freddy war in Bezug auf seinen Sohn aber felsenfest davon überzeugt, dass dieser die Littbarski-Gene in sich trug, um zu einem echten Weltfußballer heranzureifen. Das Kind wurde also wohl noch im Mutterleib befindlich als Vereinsmitglied bei Barcelona angemeldet. Das Geburtsgeschenk des Vaters war wohl dementsprechend kein Goldkettchen für das Fußgelenk des Neugeborenen oder ein Fotoalbum mit Bildern des Kaiserschnitts, sondern eine vergoldete Ballpumpe. Was Passenderes hätte diese Luftpumpe als Vater seinem Sohn auch gar nicht schenken können.

Auch vier Jahre später, als Mama dann endlich ihr Püppchen auf die Welt gebracht hatte, das sie nun zu einer wahren Prinzessin drillen konnte, entschied der Vater sich wohl für ein Geburtsgeschenk der besonderen Art – Schienbeinschoner in Pink. Da freut sich jedes kleine Mädchen drüber. Aber apropos Schienbein, Vater Freddy musste nun improvisieren, damit vor dem Probetraining für Barcelona an seinem Sohn Romeo nicht doch noch etwas anschwoll. Nicht, dass das falsch verstanden wird. Das Probetraining war zwar für eine angestrebte Karriere in Barcelona, fand aber in Duisburg-Marxloh statt.

Freddy drückte seinen Sohn erst einmal mit Gesicht, Oberkörper und vor allem den Beinen flach an die geöffnete Schiebetür des Kleinbusses. Der Junge stand nun da wie bei einer Festnahme durch einen amerikanischen Straßenpolizisten, der ihm befielt, die Hände auf das Wagendach zu legen. Vater Freddy war wohl davon überzeugt, dass das lädierte Knie des Kindes und der Rest des Körpers auf diese Weise etwas Kühlung vom kalten Metall der Schiebetür aufnehmen konnten, während der Bengel wie eine zermatschte Fliege auf der Windschutzscheibe eines Lamborghinis aussah.

Die Visagistin von Prinzessin Sunshine nutzte den ungewollten Stopp noch intensiver aus und räumte nun einen kleinen Schminktisch aus dem Anhänger, der hinter dem Kleinbus hing.

Mann, dachte ich mir, das ist keine normale Familie auf dem Weg zu irgendeinem Kinder-Event. Das ist ein ganzer Formel-1-Rennstall. Die haben ihre eigene Werkstatt gleich mit an Bord. Erst jetzt konnte ich den bonbonroten Schriftzug auf der Motorhaube des goldenen Kleinbusses lesen: ASHLYN-TIFFANY ON TOUR. Ich war begeistert. Die vollgesabberte Fernbedienung schmiss ich auf die Couch und bewog Lemmy dazu, mit mir vor den Laden zu gehen, damit wir das Spektakel aus nächster Nähe beobachten konnten.

Ladenbesitzer Sovan hatte dieselbe Idee, und nachdem sein Nikotinkaugummi an Aroma verloren hatte, zündete er sich eine richtige Kippe an und folgte uns.

Little Miss Lolita saß immer noch in der Maske, während Profikicker Beckham immer noch wie eine Fliege mit allen von sich gestreckten vieren an der Schiebetür des Kleinbusses klebte. Es durfte schließlich nichts anschwellen.

Inder Sovan schaltete sich hochamüsiert in das Gespräch der beiden Elternteile mit ein: »Hat der Kleine denn auch schon einen Berater?«, fragte er.

Vater Freddy war entsetzt über diese Frage und legte direkt stolz los: »Klar hat der schon 'n Berater. Mich! Ich hab ja vor einem Jahr extra meinen gutdotierten Job als Gas-Wasser-Installateur aufgegeben, um dieses einmalige Talent zu managen.«

Ich erinnerte mich an eine uralte Ausgabe eines Fußballmagazins, in der schon vor einigen Jahren über den Irrwitz immer jüngerer angeblicher Fußballtalente berichtet worden war. Die Kinder, die fast schon als Babys in Fußballtrikots gequetscht werden, werden als eine Art Handelsware frühzeitig auf dem großen Fußballmarkt zum Kauf angeboten. Millionengehälter und ein Leben mit viel Aufmerksamkeit und Öffentlichkeit sind die Verlockungen, denen überehrgeizige Väter nachgeben. Sie sorgen dann dafür, dass der eigene Nachwuchs, sobald er größer als ein Fußball ist, gegen ebendiesen treten soll. Das Kind wird im besten Fußballverein am Platze angemeldet, voll ausgestattet, und es wird keine Chance ausgelassen, es bis zur Bewusstlosigkeit zu drillen, damit es spätestens mit sechs Jahren den ersten Profivertrag unterschreiben kann. Die meist untalentierten, überfetteten Eltern aus einfachen Verhältnissen wollen, dass es dem Kind einmal bessergeht als ihnen selbst. Und die weltbekannten Profivereine unterstützen diese fragwürdigen Erziehungsmaßnahmen noch, indem sie viele Talente bereits im Kindesalter mit Profiverträgen ausstatten, um später hohe Ablösesummen zu vermeiden, falls ein Kind tatsächlich mal zwei Tore hintereinander schießt. Das ist in etwa so, als würden Sie heute dreihundert Liter Frischmilch im Keller einlagern, nur weil Sie Angst haben, diese könnte in zehn Jahren für den dreißigfachen Preis angeboten werden. Da wird nicht nur die Milch irgendwann sauer.

Der englische Fußballclub Manchester United hat diesbezüglich mal den Vogel abgeschossen und allen Ernstes einen Fünfjährigen verpflichtet, der nach Meinung des Vereins das Top-Talent der Zukunft werden würde.

Ich bemühe da mal die simple Hunde-Mathematik. Ein gerade fünfjähriges Kind ist im besten Fall seit 1827 Tagen auf der Welt, Schaltjahre kulant mit eingerechnet. Von diesen 1827 Tagen hat es eine Vielzahl kackend, liegend und schreiend flach in einem Kinderwagen verbracht, ohne Absicht, einen Fußball auch nur anzurühren. Irgendwann fing es dann an zu krabbeln und erst danach zu laufen beziehungsweise zu dribbeln. In diesen übriggebliebenen paar Tagen des kurzen

Kinderlebens will also eine Scouting-Abteilung eines millionenschweren Fußballvereins erkannt haben, dass das Kind der neue Gott am Fußballhimmel ist? Ohne Worte.

Der kleine Beckham, den Lemmy und ich dort auf dem Bürgersteig bestaunten, machte nicht den Eindruck, als sei er der zweite Lionel Messi. Vielmehr war er nun damit beschäftigt, sich heimlich hinter dem Kleinbus einen Schokoriegel zwischen die Kiemen zu schieben. Der Vater bekam das zum Glück nicht mit, da er sich immer noch in intensiver Diskussion mit seiner Frau befand.

»Der Romeo ist jetzt wieder transportfähig, Schatz. Ich würd jetzt gerne langsam weiter. Wenn ich dich noch vor dem Probetraining mit Tiffy am Goldsaal absetzen soll, dann müsst ihr mal langsam fertig werden.«

Ich traute meinen Ohren nicht. Goldsaal? Ich haute Lemmy von der Seite an. »Lemmy, die fahren passend zur Wagenfarbe zum Goldsaal.«

»Ja und? Was is 'n der Goldsaal?«

»Mann, Lemmy, der Goldsaal ist direkt an den Messehallen. Das spart locker 'ne Stunde Fußmarsch. Guck mal auf die Uhr. Wenn wir noch die Hundeschau und den ganzen anderen Bums auf der Messe mitkriegen wollen, dann ist das *die* Chance, um den Weg abzukürzen.«

Lemmy schaute wie immer etwas skeptisch. »Du willst doch nicht etwa schon wieder irgendwo mitfahren?«

Ich beobachtete die zwei Tonnen Mutter, wie sie ihrem Kind weiterhin seelenruhig mitten an der Hauptstraße die Wimpern neu klebte und dem Mädchen das Gesicht mit

Selbstbräuner einrieb. Die Mutter wirkte wie ein Maler der Renaissance, der kurz vor Vollendung seines Spätwerks stand. Hier noch ein Püderchen, da noch ein Pinselstrichchen. Ganz zum Schluss holte sie eine Monsterflasche Haarspray aus dem Anhänger ihrer rollenden Mascara-Werkstatt. Die Flasche erinnerte mich von der Größe her an einen Feuerlöscher für Bahnhofsvorhallen. Das Kind wurde nun so lange mit Haarspray eingenebelt, bis man den Eindruck haben konnte, im Internetshop sei ein neuer Papst gewählt worden. Weißer Rauch zog durch die Straßen.

Dem Hindu war das nicht geheuer. Er ging mit seiner Kippe vorsichtshalber ein paar Schritte zurück, damit nicht noch etwas explodieren konnte. Das hätte die örtliche Polizei an nur einem Wochenende wohl doch etwas überfordert.

Little Miss Wettertaft war nun halbwegs grundrestauriert und reisefertig, so dass die Fahrt fortgesetzt werden konnte. Für das, was die Mutter ihrer kleinen Little Miss Spachtelmasse gerade make-up-technisch angetan hatte, wäre ein Gebrauchtwagenhändler für lange Zeit hinter Gitter gekommen.

Man muss fairerweise dazusagen, dass derartig extreme Ausprägungen im Bereich von Miss-Wahlen bei Kindern eher in den USA zu finden sind, die den Trend vielleicht nicht erfunden haben, aber mit einem ganz anderen Stellenwert praktizieren als Deutschland und Europa. Obwohl auch in Frankreich erkennbar ist, dass Miss-Wahlen nicht nur boomen, sondern sich um die fragwürdigen Veranstaltungen herum mittlerweile eine ganze Industrie entwickelt hat, die das

Kind zur Handelsware abstempelt. Frankreich plant daher die Abschaffung solcher Zirkusveranstaltungen für Kinder.

In Amerika erinnern die Miss-Wahlen mit Mädchen ab fünf Jahren mittlerweile an Karneval im Saunaclub. Manche Eltern lassen es sich bis zu viertausend Euro im Monat kosten, ihre Kleinen zu Prinzessinnen zu stylen und sie dann zu Miss-Wettbewerben im ganzen Land zu kutschieren. Magisch geleitet von einem total falschen Ehrgeiz in Bezug auf die Erziehung und die eventuelle Karriere ihres Kindes.

Die ebenfalls etwas überehrgeizigen, aber durchaus auch amüsanten Eltern vor dem Internetcafé luden nun hastig den Schminktisch, die Beautycases, den Verbandskasten für Profifußballer und das aufblasbare Entmüdungsbecken wieder in den Anhänger ihres Kleinbusses. Die Kinder wurden aufwendig auf der Rückbank des Busses platziert. Der Vater hatte extra die Deckenverkleidung im Kleinbus herausgeschnitten, damit die Kleine auch mit hochtoupierten Haaren oder aufwendigen Hüten im Wagen kutschiert werden konnte, ohne Anstoß zu nehmen.

Nachdem Lemmy und ich nun auch genug Anstoß genommen hatten, überlegte ich, wie wir die Familie mit den beiden kleinen Weltstars nutzen konnten, um etwas Weg in Richtung Messehallen einzusparen.

»Lemmy, zwischen Bordwand und Plane des Anhängers sollte unsere Chance liegen!«

»Wie, Chance?«

»Na, wenn die gleich mit ihrer rollenden L'Oréal-Werkstatt vom Acker brettern, dann springen wir auf den Hänger auf und lassen uns mal schön kostenfrei in Richtung Messe spazieren fahren. Weißte, Lemmy, so wie in den alten Western mit Bruce Wayne oder wie der hieß. Da sind die doch auch immer hinter so Güterzügen hergerannt, um dann im letzten Moment noch in den Viehwaggon zu hüpfen.«

Ich gebe zu, von Western habe ich bis zum heutigen Tage nicht allzu viel Ahnung. Zu viele Pferde, zu wenige Hunde.

Lemmy schaute mich und vor allem meine kurzen Beine etwas skeptisch an. Er glaubte wohl nicht wirklich daran, dass wir diese leichtathletische Meisterleistung fertigbringen würden. Aber in Anbetracht der Tatsache, dass wir ja das ganze Buch über fast nichts anderes als Laufen praktiziert hatten, war ich mir sicher, dass wir es trotz meiner Stummelfüße schaffen würden.

Lemmy schnallte sich seinen Latte-macchiato-Porzellanladen auf den Rücken, zog die Gurte seines Rucksackes noch mal extra fest, damit die Gläser nicht wieder Schaden nehmen konnten. Familie Zauberkind hatte den Viehwaggon fertig beladen und fuhr los. Wir mussten einen günstigen Winkel erwischen, damit uns der Drill-Sergeant der beiden Trophäen-Kinder nicht im Rückspiegel sehen konnte.

Lemmy rannte los, ich nicht. Lemmy rannte und rannte, und ich dachte mir: Alter, warum rennst du als Hund nicht auch mal langsam mit? Lemmy drehte sich mit panischem Blick zu mir um: »Fleischmann, gib Sprit!«

Ich gab Gas. Meine kurzen Beine erinnerten nun an Usain Bolt im Wettlauf mit Road Runner. Meep! Meep! Lemmy hatte die Ladekante des Anhängers erreicht. Die Plane des

Hängers war zum Glück nicht komplett verschlossen worden, so dass es ihm gelang, recht zügig ein Bein in den Anhänger zu heben.

Ich rannte und rannte und rannte. Ich weiß nicht, warum, aber während dieses Sprints hatte ich permanent die lokale Taxinummer vor Augen: 223344, 223344. Verdammte Hacke, das hätte vom Internetcafé bis zur Messehalle vielleicht 'n Zehner gekostet. Aber egal, denn jetzt war Lemmy schon halb im Anhänger verschwunden. Der Kleinbus beschleunigte. Ich rannte also weiter und erreichte endlich die Rücklichter des Gespanns.

Lemmy stand nun komplett im Hänger und zog seinen Rucksack über die Kante. Dann reichte er mir seine kurzen Teenie-Arme. Mann, da ist man froh, dass sich der Mensch im Laufe der Evolution vom Affen wegentwickelt hat, und nun wünschte man sich den Gibbon in Kindergestalt zurück. Seine Arme waren definitiv zu kurz, um mich mit einem beherzten Griff in den Anhänger zu ziehen.

Ich machte unterdessen Folgendes: ICH RANNTE! Verflucht nochmal, warum müssen diese Kleinbusse auch so schnell beschleunigen? Die alten Transit-Dinger aus den Siebzigern von Ford hatten doch auch nicht so einen Anzug.

Trophäen-Papa Freddy drückte durch. Dann kam endlich die Rettung. Lemmy warf mir eine lange, grün glänzende Schärpe von einer von Ashlyn-Tiffanys Miss-Wahlen entgegen. Mit etwas Glück konnte ich mich hierin verbeißen. Ich öffnete das Maul und kam mir ein bisschen vor wie ein Esel aus einem schlecht gezeichneten Comicheft, der hinter einer Möhre an einer langen Angelschnur hertrottet.

Lemmy gab Leine, und die Schleppe flatterte hinter dem Anhänger wie eine Fahne im Wind. Jetzt hatte ich langsam die Faxen dicke. Ich sprang mit einem beherzten Killersprung hoch und bekam die Schärpe mit dem Aufdruck »Zuckerpüppchen 2015« endlich mit dem Maul zu fassen. Little Miss Wattenscheid hatte mir indirekt das Leben gerettet. Cool, dachte ich mir. Jetzt bin ich ein lebender Fuchsschwanz am Anhänger eines goldenen Kleinbusses. Was kann man als Hund in seinem Leben noch mehr erreichen?

Ich flatterte durch die Luft, während Nationaltrainer Freddy inzwischen auf gut und gerne siebzig Stundenkilometer beschleunigt hatte. Lemmy zog mich langsam und mit letzter Kraft in den Hänger. Eine Pfote wusch die andere. Geschafft!

Wir lagen erschöpft auf dem Boden des Anhängers. Alle Gräten von uns gestreckt und bereit zur Einäscherung. Himmel, war das ein Kraftakt gewesen.

Lemmy schob sich seinen etwas mitgenommenen Rucksack zwischen die Knie und setzte sich in eine Ecke. Erst jetzt sah ich, welch wunderbare Möglichkeiten uns während der Fahrt zur Messe offenstanden. Zunächst einmal hockte ich mich in das aufblasbare Entmüdungsbecken für Weltfußballer Little Romeo. Das Becken war natürlich leer, also frei von Wasser, aber dennoch recht bequem für unseren kleinen Trip im Viehwaggon dieses Zuges.

Lemmy kramte unterdessen in den Schminkschatullen von Prinzessin Regenbogen herum. Neben einigen Infobroschüren über Lidstraffung und diversen Visitenkarten von Schönheitsoperateuren fiel ihm auch eine neue Sonnenbrille in die Hände. Und während sich Lemmy nun etwas Selbstbräuner ins Gesicht und auf die Arme schmierte, probierte ich mal die stilvolle Sonnenbrille aus. Sie hatte gelbe Gläser und einen lila Hornrand. Ein bisschen Jack-Nicholson-Look an mir konnte man nun nicht mehr leugnen. Fett! Die olle Clownsbrille kam stattdessen in die Schublade des Schminktisches.

Ich schaute Lemmy an. »Du, Lemmy, mit der neuen Brille siehst du ganz schön scheiße aus!«

Lemmy schaute irritiert zurück: »Ich habe doch gar keine neue Brille auf!«

»Ja, du nicht, aber ich!«

Wir amüsierten uns prächtig. Ich muss dazu sagen, dass Hunde ja generell etwas farbenblind sind. Ob ich die Welt nun rosa, gelb oder blau und weiß sah, war mir also eigentlich egal. Eine rote Ampel zum Beispiel sieht für einen Hund immer aus wie ausgeschaltet. Freddy, der Fahrer, musste eine ähnliche Rotschwäche haben, bei dem Tempo, mit dem er über die Kreuzungen der Innenstadt bretterte, um seine Prinzessin pünktlich zur Miss-Wahl am Goldsaal abzusetzen.

Lemmy sah inzwischen einfach nur komisch aus. Der Selbstbräuner in seinem Gesicht erinnerte mich weniger an die Modern-Talking-Zeit und Thomas Anders, sondern viel mehr an die Bardame aus der Bierbude, nachdem ihr der Gasgrill um die Ohren geflogen war. Der Junge hatte überall im Gesicht braune und schwarze Flecken. Lemmy legte sich noch eine bretthart Goldkette um den Hals, und erst als er mir mit künstlichen Fußnägeln etwas Gutes tun wollte, schritt ich beherzt ein. Man musste es ja nicht übertreiben.

Es herrschte eine immer ausgelassenere Stimmung im Anhänger des Kleinbusses. Wir imitierten in unserem ausgefallenen Dress der kleinen Miss Kinderzimmer so ziemlich jede Band der achtziger Jahre, und als man den Eindruck haben konnte, dass ich Boy George nun perfekt draufhatte, fing der Anhänger durch unsere Tanzerei ziemlich gefährlich an zu schwanken. Bevor die ganze Sache dann unkontrollierbar wurde, möchte ich Ihnen noch schnell den optischen Finalstand bei dieser Miss-Anhänger-Wahl durchsagen.

Lemmy sah nach gut zehn Minuten im Lipgloss-Wunderland folgendermaßen aus:

Oben: Glitzergel mit silbernen Sternchen in den Haaren. Die ganze Visage voll mit Selbstbräuner, auch die Ohreninnenräume waren getönt. Dazu trug er etwas durchsichtigen Lipgloss auf den Lippen und auch drum herum. Musikhistorisch war er im Glam Rock angekommen, während er vom Stil her nun wie eine Mischung aus Harald Glööckler im Endstadium und dem Prinzen aus Zamunda aussah. Der Totenkopf auf dem Motörhead-T-Shirt war mit Nagellack ausgemalt worden. Okay, zartrosa war nicht lemmytypisch, aber andere Farben waren auf die Schnelle nicht im Anhänger zu finden gewesen. In den Patronengurt, den Lemmy immer noch trug und der ja leider keine Magenbitterfläschchen mehr beinhaltete, hatten wir nun Lippenstifte aller Coleur gesteckt.

Ich hingegen sah etwas anders aus. Lemmy hatte mir an alle vier Läufe Schienbeinschoner von Little Mister Beckham angelegt. Ob diese Fußballaccessoires nun unbedingt zu einer Rocker-Kutte und einem geschminkten Gesicht passten, sei dahingestellt, obwohl Weltfußballer Ronaldo ja ähnlich metrosexuell durch die Gegend rennt. Der Look haute also irgendwie hin. Die Brille wirkte cool, und auch die Wimperntusche, in die ich mich versehentlich hineingesetzt hatte, hob das Antlitz meines schwanzwedelnden Hinterns mächtig hervor.

Eigentlich heißt es in Sachen Hundeerziehung ja, dass man einen Hund dazu bringen soll, sich an menschliche Aktivitäten zu gewöhnen, ohne ihn zum Nachmachen zu animieren. Bei mir waren in diesem Moment allerdings Hopfen und Malz verlorengegangen.

Wir entdeckten einen kleinen Ghettoblaster, der in einer Ecke des Anhängers stand, und entschieden uns nun für eine perfekte Tanzperformance mit Top-Styling. Ich schaute mir den Player etwas genauer an und stellte fest, dass die integrierte Festplatte so einiges auf Lager hatte. *Barbie Girl* und *Football's Coming Home* klickte ich schnell weiter, und siehe da, als wenn es der Gott der Erziehungsfragen so gewollt hätte, fand ich alphabetisch geordnet direkt hinter den unpassenden Mamas and the Papas auch eine Playlist von Manfred Mann und seiner Earth Band. Da wir ja nun beide wie Clowns aussahen und das Handy des Zirkusfritzen uns nicht mehr die Bohne interessierte, drehte ich richtig auf.

Sie müssen sich das nun so bildlich vorstellen: Auf der

Straße kachelt ein großer, goldener Bus mit der Aufschrift »Wer ist die Schönste im ganzen Land?«, während im Hinterstübchen auf dem Anhänger zwei total balla-balla verkleidete, abgedrehte Typen in einem aufblasbaren Schwimmbecken wie bescheuert zu *Davy's on the Road Again* umhertanzten. Dandy was on the road again, und ich machte endlich meinen Frieden mit Manfred Mann. Die Stimmung hätte nicht ausgelassener sein können.

Das Einzige, was wir in diesem Moment leider nicht vollständig im Blick hatten, war, trotz Pythagoras, der Neigungswinkel des Anhängers am Gefährt, der nun, ebenso wie wir, auf der Straße so stark zu tanzen anfing, dass Power-Vater Freddy in ernste Probleme geriet. Wir bemerkten plötzlich, dass der Hänger schwere Schlagseite bekam, und was dann genau folgte, entzieht sich bis heute unserer Erinnerung.

Das Einzige, was ich in meinem überschaubaren Hundehirn rekonstruieren kann, ist, dass wir auf dem Parkplatz des Goldsaals aus dem umgekippten Anhänger gekrochen kamen. Der obenliegende Reifen rotierte noch auf der Achse, so dass wir eben erst gelandet sein mussten. Lemmy hatte das geplatzte Entmüdungsbecken auf dem Kopf hängen, und ich trug eine ausgeleierte, blonde Kinderperücke im Pippi-Langstrumpf-Style, die ich aufgrund des pomadigen Gestanks direkt von mir schmiss. Lemmys Lipgloss zog sich einmal quer über sein Gesicht, und meine Schienbeinschoner schienen mir das Leben gerettet zu haben. Überall auf dem Parkplatz lagen Eyeliner, Tüllröckchen und Fußballschuhe verteilt. Zweihundert Meter entfernt hing ein goldener Kleinbus qualmend in einem Gebüsch. Zwei Kinder heulten. Der Wagen hatte wohl vorher noch einen Lkw gestreift, auf dem groß »Deutscher Tierschutzbund« stand. Es herrschte ein riesiges Palaver, wie wir aus der Entfernung mitbekamen.

»Lemmy, ich glaube, wir sind da. Der Deutsche Tierschutzbund ist es schließlich auch.«

Wir hatten es also tatsächlich geschafft. Die Hundemesse lag vor uns, und wir mussten nur noch hineingehen. Die beiden fertig gestylten Stars Lemmy und Fleischmann waren an der Showhalle angekommen. Dutzende Tierhalter, Familien mit und ohne Kinder sowie Hunderte Hobby-Hundeerzieher schritten schnurstracks auf den Eingangsbereich der Hundemesse zu. Lemmy und ich machten uns schnell aus dem Staub des Lidschattens und marschierten in Richtung Haupteingang.

Schlussnotiz: Alle keimfreien Latte-Gläser aus dem Eulennest der Kötters waren Schrott.

Gangwerkskontrolle

Ich weiß natürlich nicht, wie oft Sie in Ihrem Leben schon eine der zahlreichen deutschen Hundemessen besucht haben. Wenn Sie keinen Hund haben, dürfte die Wahrscheinlichkeit zwar nicht bei null liegen, aber dennoch sehr gering sein. Wenn Sie hingegen stolzer Besitzer eines kleinen Mopses et cetera sind, ist die Wahrscheinlichkeit schon höher. Sind Sie hingegen selber Hund, so wie ich, dann sollten Sie den Jakobsweg, den Lemmy und ich während unseres Ausflugs in die Welt der deutschen Erziehung genommen haben, unbedingt auch mal beschreiten. Voraussetzung ist, dass das Ziel am Ende Ihrer Reise eine Hunde- oder Haustiermesse ist.

Da war sie also, die große Sachbuch-Aftershow-Party namens Petplay-Hundemesse. Für einen waschechten Hund, also so einem mit vier Beinen, Zunge bis zum Boden, einem »der tut nix« wackelnden Schwanz und einem Ego bis zum Uranus, gibt es einfach nichts Schöneres, als in seinem Hundeleben einmal nach Mekka, ich meine zur einmal jährlich stattfindenden Hundemesse, zu pilgern. Die Klein-Urbans waren da bisher anderer Meinung gewesen, und so war es tatsächlich meine erste Messe dieser Art, die ich nun live besuchte.

Als ich mit Lemmy an der Kassenzone der Messe ankam, war ich mir nicht sicher, ob wir nicht tatsächlich einen Marsch durch die Wüste in Richtung Mekka gemacht hatten. Egal, wo man hinblickte, überall standen Wassernäpfe herum, so als seien alle anwesenden Tiere kurz vor dem Verdursten. Etliche Frauchen, Herrchen und ganze Großfamilien mit Hund, Kind, Oma und Bewährungshelfer standen an der Kasse an, um, ebenso wie Lemmy und ich, endlich das Ziel ihrer Wallfahrt betreten zu dürfen.

Das enge Metallgitter im Kassenbereich gab mir das Gefühl, ein Korn in einer Sanduhr zu sein. Wir wurden immer weiter zur Kasse geschoben, und es wurde immer schmaler. Meine Güte, ich bin doch nur dreißig Zentimeter hoch und auch nicht wesentlich breiter. Hätten die an diesem Tag nicht ausnahmsweise mal im Liegen kassieren können, damit ich der saugeilen Kassiererin auf Augenhöhe hätte sagen können, wie sehr ich mich in ihr Lächeln verguckt hatte und mich auf die glamouröse Hundeschau sowie das Abschreiten zahlreicher Messestände freute?

Ein Riesenschnauzer, an dem eine renitente ältere Dame mit Leine hing, machte mir das Leben in diesem engen Durchgang noch schwerer. Ich fuhr die Querruder aus und verschaffte mir etwas Luft.

Der Hund mit dem XXL-Schnäuzer vor dem Maul guckte mich nur komisch lächelnd und aufgrund meines Aussehens nach der Schminktirade etwas mitleidig an. Dabei saß er doch im Glashaus, der alte Steinewerfer.

Ich konterte verbal: »Was grinst du denn so blöd mit deinem haarigen Suppenfilter im Gesicht? Noch nie 'n Hund mit Wimperntusche am Hintern und Lippenstift ums Maul gese-

DIE GRÖSSTEN ERZIEHUNGSIRRTÜMER

Hunde brauchen Kontakt zu anderen Hunden

hen? Du siehst mit deinem Echthaar-Schenkelputzer auch nicht besser aus!«

Der Riesenschnauzer wollte sich nun auch noch unverschämterweise vordrängeln, was ich als abgebrühter Streetfighter-Dog aber zu verhindern wusste.

Die Oma hatte Mühe, ihren Hund unter Kontrolle zu bringen, und mutierte nun ebenfalls zur Riesenschnauze, indem sie Lemmy anraunzte: »Getz hörn Se ma, junger Mann! Ihr Hund geht mich aber 'n bisken rüde an. Muss dat sein?«

Die ältere Dame schob Lemmy zur Seite, da ihr Rotzbremsenköter mittlerweile an der Kasse vorbei war und total dehydriert Richtung gelber Wassernapf zog. Ich soll also eine Dame rüde angegangen haben? Verflucht nochmal, ich *bin* ein Rüde! Wie soll ich meine Mitmenschen und Mitköter denn sonst angehen? Bulle? Eber? Oder vielleicht Kater? Ich kann nur rüde, zum Kuckuck!

Erst jetzt sah ich, dass die Dame einen ähnlich attraktiven Damenbart trug wie ihr Hund, und im Hinblick auf Lemmys und meinen Achtziger-Jahre-Retro-Look musste ich in Sachen Schnäuzer direkt an Magnum denken. Bis auf die Tatsache, dass die Oma wohl keinen so coolen Ferrari fuhr wie Tom Selleck in seiner Paraderolle.

Na ja, egal. Wir hatten nun auch endlich die heiligen Hallen betreten. Ich hatte mir direkt mal ein Programmheft aus einem Metallständer gebissen, um mit Lemmy abzustimmen, was wir auf diesem Kindergeburtstag für Hunde eigentlich alles erleben wollten. Die Hundeschau am späten Nachmittag war gesetzt, so viel war sicher. Nirgendwo sonst würde ich wohl jemals wieder so viele attraktive hechelnde und wild umherhüpfende Weibchen auf einem Haufen sehen können wie dort. Und dann erst die Hunde, die die Weibchen mitbringen würden. Vorfreude pur. Die Hundeschau war jedoch erst Tagesordnungspunkt drei, da sie ganz zum Schluss des Messetages, quasi als Highlight, stattfand.

Zunächst einmal wollten wir uns einen Überblick über die zahlreichen Messestände von diversen Hunde-Yoga-Lehrern, Werbeständen von Hunde-Altersheimen (»Die Opapfoten!«) und Burn-out-Therapeuten speziell für Hunde verschaffen. Stellen Sie sich mal vor, auf dieser Messe gab es sogar einen Anbieter für Miethunde. Da können Sie als Nicht-Hundebesitzer hingehen und sich für einen gewissen Zeitraum einen Hund mieten. Sollte sich also mal wieder Ihre von böser Tierhaarallergie geplagte Schwiegermutter anmelden, so können Sie sich für zwei Stunden einen Bearded-Collie mieten, der die willkommene Dame dann direkt an Ihrer Haustür begrüßt.

Ich überlegte kurz, ob ich mich nicht auch als Miethund selbständig machen sollte, zum Beispiel an Rolltreppen. Da hängen doch immer diese Schilder »Hunde müssen getragen werden«. Und da ja nicht jeder, der diese Rolltreppe benutzt, einen Hund besitzt, wäre das doch sicher ein lukratives Geschäftsmodell. Andererseits missfiel mir der Gedanke, mich zum Calldog zu machen, und so schritten Lemmy und ich weiterhin die zahlreichen Messestände ab.

Als zweiter großer Tagesordnungspunkt interessierte mich ein Vortrag über Stress bei Hunden, der in knapp einer

Stunde beginnen sollte, und letztlich wollten wir noch Sophia wiedersehen. Okay, ja, auch ihre Hundedame Cilly weckte immer noch ein gewisses Interesse in mir. Ich gebe es zu. Obwohl ich immer noch nicht ganz darüber hinweg war, wie eiskalt sie mich ignoriert hatte, nur weil ich sie an denselben Baum pinkeln lassen wollte.

Doch zunächst einmal machten Lemmy und ich uns auf den Weg in die gigantische Showhalle 1. Das war die größte Halle auf dieser Messe und bot Hundehaltern auf einer riesigen Freifläche die Möglichkeit, jegliche Art von sinnlosem Unterhaltungszinnober mit ihren Hunden zu veranstalten.

Wir setzten uns auf eine kleine Metalltribüne und beobachteten ein eifriges Herrchen dabei, wie es sich bemühte vorzuführen, dass sein Hund auch zaubern konnte. Na ja, eigentlich zauberte mehr das Herrchen, und der Hund war die charmante Assistentin, die sich zersägen lassen musste, in Wasserbecken getaucht wurde und … Nein, stopp! Der Hund musste lediglich auf sympathisch machen und dafür sorgen, dass Herrchen nicht wie der letzte Vollhonk dastand, weil der Trick nicht klappte. Es ging also eigentlich nur darum, zu zeigen, was ein Hund alles schafft und was man ihm andressieren kann. Albern, da im Prinzip jeder Hund von Natur aus zaubern kann. Ich kann zum Beispiel machen, dass die Luft stinkt, ohne dass es einer mitbekommt. It's only illusion.

Aber der Hunde-Zauberer war echt gut. Seine Hunde-Magie-Vorführung schaffte es innerhalb von nur zwei Minuten, mir Langeweile ins Gesicht zu zaubern. Er stellte einen kleinen Kasten auf die Bühne, in den er seinen armen Mischling sperrte. Klappe am Kasten auf – Hund zu sehen. Klappe zu. Klappe wieder auf – Hund weg. Na, zum Glück, dachte ich mir. Da hatte es das Tier also endlich geschafft, von diesem Magier loszukommen, und konnte morgen im Hundehimmel sinnvollere Dinge anstellen, als sich hier zum Deppen zu machen.

Lemmy fand das ganze Spektakel auch kindisch und rief ganz laut: »Spiegel«, in die Runde. »Der hat da einen Spiegel in der Box. Das ist 'ne optische Täuschung. Hab ich mal bei *Galileo* gesehen.«

Die anderen Hundebesitzer schauten Lemmy grimmig an. Was für eine Todsünde! Ähnlich wie in der Volksmusikszene hat es ein verschwiegenes Milieu nicht gerne, wenn man ihr die Illusion der realen Welt raubt und die Tricks hinter der scheinheiligen Welt offenkundig verrät. Der Zauberer, er hieß übrigens BELLini, drehte sich zu Lemmy um und hätte ihn für diesen Kommentar am liebsten auch verschwinden lassen.

»Coole Aktion, Lemmy! Der Tierschutzbund wird sich freuen, dass du hier mal für klare Verhältnisse gesorgt hast.« Ich wusste, wovon ich sprach, denn in kleine Plastikkästen eingesperrt zu werden war mir ja nicht fremd.

Der Zauber verflog, und auch unser Interesse an weiteren Attraktionen à la »Wo ist das süße Hündchen denn nun wieder geblieben?« neigte sich dem Nullpunkt entgegen. Da musste auf dieser Messe doch mehr gehen. Das konnte doch nicht der Entertainmenthimmel der Hundewelt sein. Ich bin doch nicht extra den weiten Weg nach Las Vegas gereist, um mir nun hier diesen Kinderhokuspokus angucken zu müssen.

Der Zauberer war mittlerweile mit seiner Dressurnummer fertig, verabschiedete sich unter Mitleidsapplaus von seinem Publikum und verschwand dann hinter einem Vorhang.

Und nun wurde es erst richtig skurril. Der große Aufmarsch begann. Lemmy und ich wurden Zeugen, wie das große Hundekutschenrennen vorbereitet wurde. Ich kam mir vor wie ein Statist bei *Ben Hur*.

Unter tosendem Applaus betraten nun diverse Hundehalter das große Rund in der Showhalle. Flanierende Menschen, die sich eben noch an den benachbarten Messeständen über Hundetoiletten und Appetitspray fachkundig hatten beraten lassen, gesellten sich zu uns. Die Tribüne wurde immer voller, und ich traute meinen Augen nicht, als ich sah, wie zehn Hunde mit jeweils einer kleinen Kutsche im Schlepptau in die Arena gescheucht wurden. Daneben stolzierten die Frauchen und Herrchen in der jeweils zur Kutsche passenden Verkleidung.

»Lemmy, da soll noch mal einer sagen, Karneval, Halloween und Solveigs Wohnzimmervorhänge wären überflüssiger bunter Schnickschnack.«

Diese Clownsshow war definitiv der Gipfel der Geschmacklosigkeit in Sachen Hundeerziehung. Lemmy nickte bestätigend und schob sich ein paar glutenfreie Nachos in den Mund, die wir zuvor an einem Stand für Biofutter erworben hatten. Auch ich ließ mir die Gratisproben meiner Leberwurstkekse schmecken und lehnte mich zurück, um das Kutschenrennen nun auf mich wirken zu lassen.

Der erste Teilnehmer wurde vorgestellt. Es handelte sich um Bernie, im wahren Leben Fliesenleger. Also das Herrchen selbstverständlich, nicht der Hund. Bernie hatte in seinem Hobbykeller einen Streitwagen aus dem alten Rom gebastelt, vor dem nun sein grauer Königspudel geschnallt stand. Das arme Tier guckte überfordert und wirkte ein bisschen wie das Trojanische Pferd. Und siehe da, wir beobachteten, dass plötzlich auch aus seinem Inneren kleine, unwillkommene, müffelnde Soldaten hinten einen Ausgang suchten, genauso wie damals in Troja. Mein Gott, war seinem Fliesen-Bernie das peinlich. Der Moderator des Showevents wünschte ihm viel Glück und entließ die beiden in die Startaufstellung. Bernie rückte sich noch mal seinen Römerhelm zurecht, nahm seine Hellebarde unter den Arm und gab dem Pudel ein klares Kommando, nun endlich mal vorwärtszutraben: »Cäsar! Marsch!«

Ich hatte Mitleid mit dem armen Vierbeiner. Pudel sind generell eine bemitleidenswerte Rasse Hund, wie ich finde. Insbesondere die grauen Exemplare sehen auf dem Boden liegend immer so aus, als trügen sie kein Fell, sondern seien verschimmelt.

Nun wurde Kandidat zwei vorgestellt. Er war zusammen mit seiner Frau und seinem Sohn angereist. Die Familie machte einen auf *Bonanza* und stand im Westernlook vor ihrem Miniatur-Planwagen. Pferde gab es keine, aber dafür einen fast sechs Meter großen Berner Sennenhund, der das

Ungetüm aus Sperrholz ziehen musste. Zur noch größeren Qual des Hundes wurde der knapp zehnjährige, übergewichtige Sohn gleich mit in den Planwagen gesetzt, damit das Gesamtbild auch stimmte. Der minderjährige Cotton-Eye Joe kaute gelangweilt an einer Minisalami herum, während die Eltern voller Stolz jedes Schräubchen an der Bretterkonstruktion erklärten. Frauchen hatte extra eine alte Hundedecke umgenäht, damit der Planwagen auch stilecht bespannt werden konnte.

Toll, dachte ich mir. Während andere Menschen sinnvolleren Hobbys wie Kettensägen jonglieren, Crack rauchen oder Hahnenkämpfen nachgehen, entscheidet sich diese Familie für so eine abartige Freizeitbeschäftigung. Der Sennenhund tat mir ebenso leid. Die Familie trabte in die Startaufstellung, und der arme Vierbeiner hatte Mühe, den minderjährigen Wursthobel mit seinen 45 Kilogramm Knochenmett und der Minisalami im Gebiss hinter sich herzuschleppen.

Die Zeit rannte, und als ich auf die große Uhr der Messehalle blickte, entschied ich mich, Lemmy davon zu überzeugen, das Spektakel an dieser Stelle abzubrechen. Schließlich stand nun der Vortrag über Stress bei Hunden an, den ich mir nicht entgehen lassen wollte und der auch mir sicher einige nützliche Hinweise geben konnte, wie ich mich zukünftig etwas entspannter im Hause Klein-Urban bewegen konnte. Obwohl ich mir auch nach drei Tagen Wallfahrt immer noch nicht sicher war, ob ich wieder dorthin zurückwollte.

Lemmy und ich kamen an einem Messestand an, an dem IQ-Tests für Hunde angeboten wurden. Bei Menschen stehen

IQ-Tests zum zerebralen Schwanzvergleich ja ganz oben auf der Wichtigkeitsliste, und so wollte auch ich als Hund mal erfahren, was ich so auf dem Zauberkasten hatte.

Eine junge Dame kam auf uns zu und quatschte Lemmy direkt an: »Na, möchtest du denn auch herausfinden, wie hoch der IQ von deinem Hund ist?«

Die Dame hielt ein Brett hoch, in das drei Löcher gesägt worden waren. Eines dreieckig, ein Quadrat und ein Kreis. Dann gab sie Lemmy drei ebenso geformte Gegenstände aus Weichplastik.

»Na, dann wollen wir doch mal sehen, ob dein Hundi die drei Teile auch richtig zuordnen kann.«

Lemmy und ich schauten uns fassungslos an. War das ihr Ernst? Wie soll ein Hund wie ich denn so eine schwere, unlösbare Aufgabe meistern, ganz ohne Hände?

Ich nahm das Plastikdreieck ins Maul, dachte an Pythagoras und biss es so lange rund, bis es durch das quadratische Feld im Brett passte. Pi hatte über Pythagoras triumphiert. Dann nahm ich das Quadrat ins Maul und kaute eine Ecke ab. Das Quadrat ging plötzlich wunderbar durch die dreieckige Öffnung hindurch. Abschließend trat ich den Kreis wie einen Fußball durch die Messehalle und kritzelte mit unserem braunen Kuli »Hochbegabt!« auf das Brett.

Ich empfahl der jungen Dame, mal einen Schluck aus den gelben Wassernäpfen zu trinken, da ein permanent geöffneter Mund, in Kombination mit weit aufgerissenen Augen, für trockene Schleimhäute sorgen könne.

Wir wollten gerade zu dem Vortrag weiterziehen, als uns

endlich Sophia über den Weg lief. Sie hatte einen dicken Karton auf dem Arm und war wohl auf dem Weg zu ihrem Messestand für Hunde-Make-up und Nageldesign. Neben ihr flanierte Hundedame Cilly. Ich weiß nicht, wer von den beiden zuerst auf meine anale Wimperntusche aufmerksam geworden war, aber der Gesichtsausdruck der beiden sprach Bände. Schließlich sah Lemmy ja auch nicht cooler aus, und somit bestand für Sophia wohl Handlungsbedarf.

»Meine Güte, Finn, wie siehst du denn aus? Was ist denn mit euch passiert?«

Ich trat Lemmy vor das Schienbein, damit ihm auch die richtige Antwort einfiel und ich nicht vollends blamiert vor der wie immer perfekt gestylten Hundelady Cilly stand.

»Äh, Kinderschminken! Die hatten da eben so 'n Zauberer vom Studentenwerk, der alle Kinder und Hunde mit Make-up verzaubern wollte. Lady-Gaga-Lookalike-Contest. War aber kein Profi.«

Sophia lachte sich tot, und zum ersten Mal erkannte ich auch in Cillys Augen einen Funken Mitleidshumor. Sophia lud uns aufgrund unseres unprofessionellen Erscheinungsbildes erst einmal an ihren Messestand ein. Als Hunde-Stylistin fühlte sie sich natürlich dazu berufen, wieder vorzeigbare Menschen beziehungsweise Tiere aus uns beiden zu machen, und so willigten wir ein, uns ihr Handwerk zumindest mal anzuschauen. Ich hatte wohl Sorge, dass uns Sophia den ganzen hart erarbeiteten Straßen-Gangster-Rotzbengel-Look zunichtemachen würde, aber ihr Charme wirkte Wunder. Lemmy erzählte ihr von dem Vortrag, der in Sachen Stress bei

Hunden nun anstand und den wir beide ja unbedingt besuchen wollten. Wir versprachen Sophia, das Angebot mit dem Styling-Programm an ihrem Messestand unmittelbar nach dem Vortrag anzunehmen, und beeilten uns nun, um auch pünktlich im Seminarraum zu erscheinen. Schließlich waren wir beide neugierig darauf, einem echten Hundetherapeuten zu lauschen, was denn bei Hunden Stress auslösen kann und wie man ihn bekämpft.

Wir saßen planmäßig in der ersten Reihe, und der Mann im feinen Zwirn legte direkt los. Er schmiss mit einem Overhead-Projektor eine Liste an die Wand, auf der die wichtigsten Stresssymptome für Hunde beim Namen genannt wurden. Demzufolge wird ein Hund einem starken Stresslevel ausgesetzt, wenn beispielsweise folgende Lebensumstände gegeben sind:

1. Schlafdefizit und Erschöpfungszustände
   (Mir fiel spontan die durchzechte Nacht auf der Hollywoodschaukel ein.)
2. Trauer durch den Verlust eines enorm wichtigen Sozialpartners
   (Na ja, Lemmy saß ja neben mir, und ich vermisste weder Solveig noch Anna-Lena mit ihrer kopflosen Barbie.)
3. Kleine Kinder, die einen Hund noch nicht als Lebewesen begreifen und nicht tiergerecht behandeln
   (Verflucht nochmal, ich hatte schon wieder das Monsterkind Anna-Lena vor Augen.)
4. Zu viel Unruhe im häuslichen Bereich

(Mir kam der Panflöten-Heiligabend 2012 wieder ins Gedächtnis.)
5. Die fehlende Möglichkeit des Urin- und Kotabsatzes
(Schön formuliert, aber bei mir läuft es ganz gut und vor allem überall.)

Lemmy rief zudem noch: »Übervolle Seminarräume«, als Stressgrund bei Hunden in den Saal.

Als der Tiertherapeut nun anfing, irgendwas über »inneres Gleichgewicht« und Hundemeditation zu erzählen, entschieden wir uns, lieber das Angebot von Sophia anzunehmen und uns mal ein wenig professionell aufhübschen zu lassen. Schließlich hatte ich immer noch nicht aufgegeben, Hundedame Cilly anzubaggern, und ich war mir sicher, irgendwas könnte an diesem Tag noch gehen. Wir verschwanden aus dem Seminarraum und überließen die zahlreichen Kursteilnehmer mit ihren gestressten Hunden ihrem Schicksal. Die armen Tiere lagen währenddessen unter den Stühlen und erfuhren wohl ebenso begeistert wie ihre Frauchen und Herrchen, warum auch Langeweile ein nicht unbedeutender Stressgrund bei Hunden sein kann.

Wir kamen zu Sophias Messestand für professionelles Hunde-Styling zurück. Ich fasse mal zusammen: Nachdem Sophia es, nach dem Versuch mit Wasser und Hundeshampoo, erst mit Acetonlösung geschafft hatte, mir das Haargel von Little Miss Chemieunfall sowie die braune Kulisuppe aus dem Pelz zu waschen, sah ich eigentlich schon wieder ganz passabel aus. Die Sonnenbrille im Jack-Nicholson-Style ließ sie durchgehen, und auch die Lederkutte war ihrer Meinung nach passend zur Sonnenbrille im grünen Bereich. Ich wurde zusammen mit der Lederkutte ein wenig mit *Cool Wasser* beduftet und fühlte mich nun wie Brad Pitt nach der Werksauslieferung.

Wo war eigentlich Cilly abgeblieben? Die Hundedame musste sich wohl in dem kleinen Aufenthaltsraum versteckt haben, der an jeden Messestand angrenzte. Von meinem Frisierstuhl aus lugte ich in den Bereich hinter dem Vorhang, konnte aber nichts erkennen.

Lemmy musste sich derweil von seinem Patronengurt trennen und auch das mit pinkfarbenem Nagellack umcolorierte Motörhead-T-Shirt wurde von Sophia in eine große Tüte gesteckt. Die Tüte trug die Aufschrift »Bissig und sexy«. Siehe da, ich fühlte mich, gewaschen und professionell gestylt, endlich wieder wie ein normaler Mensch, äh, Hund. Ich stellte fest, dass ein Straßenleben ja schön und gut ist und man in seinen animalischen Vorstellungen auch gerne ein Leben, welches von Freiheit, Ungebundenheit und Anarchie geprägt ist, leben möchte, aber letztlich doch die Erkenntnis siegt, dass das nur ein zeitlich begrenzter Wunsch ist. Nun fühlte ich mich wieder wie ein gepflegtes Haustier, und nur die Lederkutte und die Sonnenbrille machten mich zu einem lässigen Terrier an der Seite eines ... Um Gottes willen! Wie sah Finn-Luca, also ich meine Lemmy, denn aus?

Sophia hatte es geschafft, ihn innerhalb von nur zehn Minuten von einem versifften Rotzbengel zu einem adretten jungen Mann zu stylen. Endlich war die goldene Mitte zwischen spießig gedresstem Muttersöhnchen im feinen, uncoolen Wollzwirn und einem durchgesifften Straßenkind gefunden. Der Junge sah zum ersten Mal in seinem Leben aus wie EIN NORMALES KIND! Sophia hatte ihm an einem benachbarten Stand das lässige Polohemd vom Sohn eines befreundeten Züchters besorgt und ihm von sich eine XS-Jeans angezogen. Die Beinenden sahen nach oben gekrempelt passend aus, und auch die abgefahrene Mütze des Labels »Beißer« machte aus ihm den perfekten Hundehalter auf Kinderbeinen.

Wir entstiegen den Frisierstühlen von Sophias Styling-Paradies, und als ich mich gerade mit einem festen Pfotendruck bei ihr bedanken wollte, ging die Sonne auf. Und das mitten am späten Nachmittag. Die dunkle Messehalle strahlte wie Meister Proppers Moped nach der Felgenreinigung. Denn nun kam SIE! Die Hundedame meiner feuchten Träum…, äh, also ich meine, ich bekam feuchte Augen vor Freude, als ich sie sah. Cilly!

Sophia hatte Cilly während unseres Besuchs des überflüssigen Stresskurses für Hunde nämlich von einer arrogant und adelig aussehenden Hundedame zu einem echten Hollywoodstar aufgehübscht. Sie sah einfach umwerfend aus. Nun waren wir zwei echte Leinwandhelden. Susi und Strolch? Lächerlich! Wir waren ein Herz und eine Krone.

Ich ging auf sie zu, und sie kam auf mich zu. Ich begann, die frisch polierten Beißerchen zu einer grinsenden Visage zu fletschen, und auch sie zeigte nun ihr strahlendes Lächeln. Die Pfoten weit ausgebreitet, wollte ich sie gerade in den Arm nehmen, da…

»Ich hab dich dann gleich mal mit angemeldet, Dandy.« Sophia unterbrach mein Schmachten, und mit einem Bums war ich zurück in der Realität. Es stand ja noch die große Hundeschau an, und Sophia hatte es sich nicht nehmen lassen, nicht nur sich selbst dort anzumelden, sondern uns beide als verliebtes Hundepärchen gleich mit. Ach du heilige Hundescheiße! Dann war das ganze Styling-Programm also nur eine billige Täuschung gewesen, um Lemmy und mich nun auch zu Teilnehmern dieser Hundeschau zu machen. Nein, so viel Vorausschau konnte ich mir bei Sophia nun wirklich nicht vorstellen.

Wir machten uns alle auf den Weg zur Folterhalle 4, der Halle, in der in zwanzig Minuten die Hundeschau starten sollte. Als Zuschauer war ich ja schon seit geraumer Zeit wild auf diese Hundekür, aber als Teilnehmer? Ich war zwar genauso neugierig wie Markus Lanz seinerzeit vor der Bekanntgabe der *Wetten, dass..?*-Einschaltquoten, ließ mir aber nicht anmerken, dass ich auf eine Teilnahme eigentlich keinen Bock hatte.

Die Folterhalle 4 war eine eher überschaubare Messehalle, in der zahlreiche kleine Plätze abgesteckt worden waren, auf denen die einzelnen Hundeküren stattfinden sollten. Rund um die Werbebanden standen etliche Familien mit ihren kleinen und großen Vierbeinern. Man hatte ein wenig das Gefühl, am Hockenheimring zu stehen und darauf zu warten, dass die Rennwagen nun endlich aus der Boxengasse auf die Strecke geschickt würden. Boxengasse ist gar nicht mal so ein schlechtes Stichwort, denn die Halle bestand größtenteils aus

Hundeboxen. Hundeboxen, die zwar wesentlich geräumiger waren als die Transportkiste im Hause Eulenkötter, aber von oben bis unten zugehängt mit bunten Plüschabzeichen, die Kenntnis darüber gaben, dass der familieneigene Malteser bereits Hunderte Hundeküren über sich hatte ergehen lassen und nicht selten als Gewinner vom Hof gezogen war.

Direkt neben den Hundeboxen standen irgendwelche Campingtische, die als Frisierplattformen für die Edelköter zweckentfremdet worden waren, und eifrige Frauchen, Herrchen und Kindchen warteten daneben wie Udo Walz auf Himbeerhanf.

Ich beobachtete eine Familie, die, ähnlich wie Little Miss Sunshine von ihrer Mutter zurechtgemacht wurde, ihren kleinen Havaneser zu Little Dog Sunshine aufpolierten. Da der hauseigene Friseur der Dame wohl für seine handwerkliche Abartigkeit schon vor langer Zeit ins Gefängnis gesteckt worden war, musste sie das Styling des Tieres selbst übernehmen. Während er, also Herrchen, mit zwei Fingern den Schwanz des Tieres majestätisch in die Luft hob, mühte sie sich, die darunterliegende Rosette des Hundes zu bürsten. Ob dieser Akt nun mehr mit Haarpflege oder mit sexueller Stimulation zu tun hatte, wurde mir leider nicht klar. Auf jeden Fall hatte der Hund einen halbwegs befriedigten Gesichtsausdruck und ließ die Prozedur still über sich ergehen. Die Hinternhaare des Vierbeiners waren danach haargenau in eine Richtung gekämmt.

Cilly und ich waren die Übernächsten, die an der Reihe waren. Doch bevor wir der Familien- und Hundewelt mit unserem Look nun Hollywood für lau bieten durften, sah ich, wie eine Gruppe feingekleideter Herren im Businessanzug auf die Freifläche marschierte, um mit ihren Cocker-Spaniels fröhlich hüpfend im Kreis zu laufen, während sich Punktrichter, die am Rand saßen, fleißig Notizen machten. Die Punktrichter, die alle schon den Spätwinter des Lebens erreicht hatten, schienen ihre Aufgabe sehr ernst zu nehmen. Ob sie mehr auf die hüpfende Performance der edelgekleideten Herrchen oder die der Hunde achteten, ließ sich nicht eindeutig klären.

Dann entdeckte ich endlich eine große Tafel, auf der penibel erläutert wurde, worauf die Punktrichter hier eigentlich achteten und was für die zahlreichen Frauchen und Herrchen wichtig war, um bei der Hundeschau einen guten Platz zu belegen. Die Bewertung der Hunde folgte nämlich folgendem Schema:

Punkt eins während so einer Kür ist der Einlass auf die Freifläche und die Aufstellung der Hunde und Besitzer. Das erinnerte zunächst mal an den klassischen Abschlussball einer Dorftanzschule, bei dem die großen dicken Kerle mit einer zarten Tanzpartnerin Aufstellung nehmen, bevor die Musik einsetzt. Häufig ist es auch andersherum, und die dicken großen Landpomeranzen suchen sich den kleinen Ziegenpeter als Tanzpartner aus. Beides sieht auf Abschlussbällen lustig aus. Man nennt das Tanzen dann auch Schränke schieben. Die Hunde standen mit ihren viel größeren Besitzern nun also aufgereiht wie kurz vor dem Startschuss zum Wiener Opernball.

Als Nächstes folgt die Zahnkontrolle. Ja, sorry, ich habe die Regeln nicht aufgestellt. Es folgt tatsächlich ein dentaler Befund der Jury, ob Street-Köter wie ich auch strahlende Beißerchen haben. Das ist dann ein bisschen so wie bei dem Zahnarzt, der immer in die Schule kommt und den Kindern mit einem kindischen Puppentheater erklärt, wie man den Übeltäter Karies aus dem Mund vertreibt. Die Herren im Businessanzug waren also bemüht, ihren lieben Hundis die vollgesabberte Pelle am Maul hochzuziehen, damit die älteren, leicht sehschwachen Herren aus der Jury die dicken Hauer begutachten konnten. Mir wurde beim Gedanken daran, diese Prozedur gleich auch überstehen zu müssen, schlecht. Die Leberwurstkekse waren bis dato allerdings unschuldig.

Als Drittes folgt das Abtasten des Hundes. Was? Das Abtasten? Hieß das, dass mir irgendein seniler Punktrichter, der noch die Bundesjugendspiele 1954 erlebt hatte, gleich ins Fell oder an andere hängende Errungenschaften packen wollte? Ich erinnerte mich an einen Zeitungsbericht über Musterungsärzte bei der Bundeswehr und musste schlucken. Warum musste ich bei einer Hundeschau denn abgetastet werden? Ich war doch nicht bei der Zollkontrolle in den USA. Nun kamen die Leberwurstkekse doch noch ins Spiel, und mir wurde im Magenbereich immer blümeranter.

Der vierte und einer der wichtigsten Punkte in der Hundekür, um ein gutes Ergebnis zu erzielen, ist die sogenannte Gangwerkskontrolle. Die Gangwerkskontrolle bei Hunden ähnelt der im Reitsport. Auch hier ist es enorm wichtig, dass der Hund während der Performance möglichst lächerlich, aber steif wie ein Brett vor sich hin stolziert wie ein waschechter Lipizzaner-Gaul. Mit so kurzen Beinen, wie sie mir Mutter Natur als Jack-Russell-Terrier gegeben hat, gar nicht mal so einfach. Mir taten ohnehin schon alle Pfoten weh, da unser Trip so langsam schlauchte und diese Messe als Abschluss auch nicht gerade fußschonend über die Bühne ging.

Als Schlussakt nach der ganzen Prozedur erfolgt dann die Abfassung des Richterberichts. Klingt ein bisschen wie der Urteilsspruch in einem Strafverfahren. Und irgendwie kam ich mir tatsächlich langsam vor wie der Insasse einer Todeszelle, der hier und heute auf dem Marktplatz zum Schafott gebracht werden sollte. Wenn nicht körperlich, dann zumindest seelisch.

Lemmy legte mir plötzlich eine Leine an, die ihm Sophia in die Hand gedrückt hatte und die ihrer Meinung nach Pflicht war, damit der Zusammenhalt zwischen Hundehalter und Tier besser gekennzeichnet werden könne. Ich gab also meinen eigenen freien Willen an der Messekasse ab und folgte nur noch intuitiv der gespielten Aktion. Und alles nur, um Hundedame Cilly zu imponieren.

Sophia marschierte gerade mit Cilly und Lemmy mit mir an der Leine auf die große Freifläche, als plötzlich eine Lautsprecherdurchsage ertönte: »Der kleine Finn-Luca Klein-Urban wird von seinen Eltern gesucht. Bitte begib dich zum Löseplatz 3 vor den Messehallen. Deine Eltern kommen dorthin.«

Ich traute meinen Ohren nicht. Lemmy schaute mich mit großen Augen an und bekam Panik.

»Löseplatz? Solveig und Gunnar sind hier?«

»Dandy, äh, Fleischmann, was machen wir denn jetzt? Wir müssen zum Löseplatz!«

Zugegeben, auch ich war etwas überrascht, dass die Klein-Urbans tatsächlich irgendwo auf der Messe herumliefen und Finn und mich suchten. Wie hatten sie von der Messe erfahren? Woher wussten sie, dass wir hier waren?

Die ersten vergreisten Punktrichter schauten bereits drängend auf ihre Flieger-Armbanduhren aus dem Zweiten Weltkrieg, während Sophia Lemmy und mich nun endgültig in die Startaufstellung schob.

Ich schaute zu Lemmy hoch. »Lemmy, wir können hier jetzt nicht weg. Wir müssen da durch. Wenn wir jetzt abhauen, dann seh ich Cilly nie wieder. Das würde die mir nie verzeihen.« Ausgerechnet jetzt, wo wir doch auf dem Weg waren, das perfekte Hollywoodtraumpaar zu werden.

Es dauerte keine fünf Minuten, bis die Lautsprecherdurchsage nochmals ertönte. Lemmy und ich waren gerade bei der Zahnkontrolle angekommen.

»Lemmy, kannsch d ma dn Finger ausch mei Maul nehm?«

Unmittelbar stoppte Lemmy die Befingerung meiner Beißerchen und zog wieder an der Leine, um dem kindlichen Drang zu folgen, nun mit mir, wie befohlen, zum Löseplatz vor der Halle zu marschieren, da dort wohl tatsächlich seine Eltern auf uns warteten.

Und während mir klar wurde, dass Gangwerkskontrollen und das Abtasten durch irgendwelche Punktrichter eigentlich gar nicht in meinem Wesen als stolzer Hund liegen, standen plötzlich Solveig und Gunnar am Rande des Schauplatzes. Sie hatten uns gefunden. Ein spitzer Schrei der Erleichterung flog durch die Halle. Die Punktrichter aus der Gruft schauten überrascht zu den Klein-Urbans.

Solveig und Gunnar hatten sich tatsächlich auf die mühevolle Suche nach Sohn und Hund gemacht. Auch wenn es seitens der Eltern vielleicht selbstverständlich ist, aber Lemmy und ich waren ein wenig mit Stolz erfüllt, dass die Klein-Urbans sich so viele Sorgen um uns gemacht hatten. Solveig hatte eine Mischung aus Panik sowie emanzipierter Aggression in den Augen und stürmte auf den Dressurplatz.

DIE GRÖSSTEN ERZIEHUNGSIRRTÜMER

Dressur ist Erziehung

Heimat? Los!

Der senile Punktrichter, der mich abtasten wollte, zog sich bereits einen Gummihandschuh an und kam bedrohlich auf Cilly und mich zu. Das altersschwache Grauen im waldgrünen Pullunder stand nun direkt vor uns.

Nachdem Solveig erzählt hatte, wie schwer es gewesen war, über die Eulenkötters und eine aufwendige Handyortung durch eine total überlastete Polizeidienststelle herauszufinden, dass wir nun auf der Hundemesse waren, schnappte sie sich ihren Sohn trotzdem herzlich, obwohl sie ihrem Finn-Luca wohl am liebsten eine geschmiert hätte. Gunnar schob mannhaft den Punkte-Opa zur Seite und nahm mich auf den Arm. Eine herzzerreißende Szene, die mit spontanem Applaus durch die anderen Hundebesitzer und Familien begrüßt wurde. Das hätte Hollywood nicht besser hinbekommen. Schön, dass Elternliebe prinzipiell stärker ist als der Zorn, den man seinem Kind gerne mal entgegenbringen möchte, wenn es riesigen Mist gebaut hat.

Die Szene war Entertainment pur. Alle gafften uns an. Gunnar drückte mich an seinen wie immer frisch rasierten Kopf. Ach, wie hatte ich dieses alkoholfreie Bio-After-Shave vermisst. Der Duft der Heimat wehte durch die Halle, und die Frage, ob ich als zeitweiliger Straßenköter nun wieder zu den Klein-Urbans zurückwollte, stellte sich mir erst einmal nicht.

Klar wollte ich zurück, nein, ich musste, denn eine Leine mit Halsband ließ in diesem Moment leider keine andere Entscheidung zu.

Unmittelbar wurden Lemmy und ich von den Klein-Urbans nach Hause geschleppt, und der Roadtrip in die Welt der deutschen Kinder- und Hundeerziehung fand somit ein plötzliches und abruptes, aber befriedigendes Ende. Lemmy hielt eine Jux-Urkunde für den coolsten Köter der Hundeschau in der Hand, und an meiner Lederkutte prangte nun ein kleiner goldener Orden in Sternform, auf dem ganz klein »Premiumhund« eingraviert worden war. Hollywood-Köter Dandy (Künstlername: Fleischmann) hat nun also seinen Hollywoodstern und dieses Roadmovie in Buchform ein Happy End.

Nee, Moment mal, ein Sachbuch ist doch eigentlich erst dann richtig beendet, wenn man ein Fazit in Bezug auf die Sache gezogen hat. Außerdem wollen Sie doch sicher noch wissen, wie sich die folgenden Tage, Wochen und Monate im Haus der Klein-Urbans entwickelt haben und was sich mittlerweile unter Umständen in der Erziehungsmethodik der Familie Klein-Urban in Bezug auf Kind und Hund verändert hat. Na schön, dann schauen wir doch mal.

Ein Jahr später

Ja, alles an diesem Tag strahlte wieder. So, wie man es bei den Klein-Urbans gewohnt war. Sowohl die Sonne am Himmel als auch Verwöhnmutter Solveig und sogar der Lattemacchiato-Trinknapf aus Edelstahl, den Lemmy zusammen mit dem Hundekaffee im Internet geordert hatte, glänzte in der Küche vor sich hin. Denn es war mal wieder so weit, und wie immer hätte Solveig die letzten Tage am liebsten damit verbracht, den Tag bis ins Kleinste perfekt perfide zu planen, zu timen und vor allem vorherzubestimmen.

Es war wieder Kindergeburtstag im Hause der Klein-Urbans, und normalerweise wären Finn und die anderen Kinder namens Lennart, Frinjo und Lars-Henrik damit beschäftigt gewesen, pädagogisch wertvolle Gartenspiele mit unlasiertem Holzspielzeug zu spielen, doch diesmal sah alles ganz anders aus. Der Roadtrip von Lemmy und mir hat nämlich im Haushalt der Klein-Urbans ein paar kleine, eigentlich unbedeutende, aber dennoch weitreichende Veränderungen bewirkt, die einzig und allein Lemmy und ich zu verantworten haben. Wir hatten den Klein-Urbans wohl die Augen dafür geöffnet, dass ein bisschen mehr Selbstbestimmung des eigenen Sohnes gar nicht mal so verkehrt ist und man auch auf die Wünsche von Kind und Hund hören sollte, bevor man die Erziehung und den Tagesablauf seiner lieben Zwei- und Vierbeiner bis ins Kleinste vorherbestimmt und zu einem Volkssport hochstilisiert.

Mit anderen Worten: Finn-Luca und ich lebten im Haushalt der Klein-Urbans neuerdings auf Augenhöhe, und das, obwohl meine Beine immer noch nicht gewachsen sind. Solveig lässt ihrem Spross seitdem viel mehr kindliche Freiräume, und bei mir hatte man festgestellt, dass auch ein Leben ohne Hundepyjama möglich ist. Nur Anna-Lena, die hypochondrische und plärrende Schulfreundin von Finn-Luca, war nicht aus der Welt zu bekommen und somit immer noch geladener Gast dieses Kindergeburtstages. Wir hatten allerdings Vorkehrungen getroffen und sie mit einem Knebel im Mund unmittelbar nach Erscheinen draußen im Garten an einen Baum gefesselt. Asterix ließ grüßen. Ansonsten wurde an diesem besonderen Tag aber alles ein klein wenig modifiziert.

Finn-Luca wird mittlerweile von allen, also auch von seinen Eltern und Schulfreunden, nur noch Lemmy genannt. Zwar hat keine Sau aus seinem Umfeld eine Ahnung, wer Motörhead überhaupt waren, aber Gunnar hatte für diesen Geburtstag extra eine alte Live-DVD mit einem Konzert der Band um Frontsänger Lemmy Kilmister besorgt. Zudem trugen alle Kinder die passenden T-Shirts und Gunnar sogar eine Langhaarperücke zum Headbangen. Statt hardcoremäßig Potter gab es also echten Hardrock als Beschäftigungsprogramm. Ich zeigte Gunnar, wie Headbangen funktioniert, und alle Kinder, auch der an diesem Tag gipsarmgeplagte Pelé, machten fröhlich mit.

Auch die üblichen Spiele, die ja auf keinem Kindergeburtstag fehlen dürfen, wurden an diesem Tag ein wenig umfunktioniert. Statt *Eierlaufen, Sackhüpfen* und Kartoffeldruck mit Biomüll gab es *Geocaching* mit Magenbitterfläschchen. Alle Kinder mussten in der matschigen Umgebung der Reihenhaussiedlung anhand von GPS-Koordinaten leere Schnapsfläschchen, die ich vorher ausgetrunken und versteckt hatte, finden und sammeln. Anschließend gab es im Garten der Klein-Urbans einen Hindernisparcours. Gunnar hatte dafür aus dem Baumarkt eine kleine Kehrmaschine angemietet, mit der die Kinder die Gartenmöbel der Klein-Urbans geschickt umkurven mussten.

Das Highlight war an diesem Tag aber die festliche Explosion eines Einweggrills, den die Klein-Urbans extra weit hinten im Garten aufgebaut hatten und der nach dem Essen unter großem Jubel der zahlreichen Kinder mit allerhand Chinaböllern in die Luft gejagt wurde. Sophia war diejenige, die die Lunte feierlich anzünden durfte. Sie war zur Feier des Tages mit Cilly gekommen. Wir hatten sie nach unserem Roadtrip noch einige Male gesehen, und zwischen ihr und Lemmy hatte sich eine Art Gassifreundschaft ergeben.

Die Sache mit dem Zirkus-Handy wurde auch noch aufgeklärt. Gunnar, der Lemmy das Handy bereits während der Hundemesse abgenommen hatte, bekam ein paar Tage später einen Anruf, dass er das Gerät unverzüglich im Eros-Center *Aphrodite* abgeben solle. Von dem bösen Clown auf dem Display extrem eingeschüchtert, hatte sich Gunnar mit seinem Liegefahrrad direkt auf den Weg zu dem stadtbekannten Bordell gemacht, um nach nur vier Stunden unmittelbar wieder den Rückweg einzuschlagen, nachdem er Aggro-Costa das Gerät feierlich im Darkroom übergeben hatte.

Und ich? Na ja, was soll ich sagen? Ach, in Sachen Hundeerziehung fühle ich mich in meinem neuen Leben nun wesentlich wohler. Der Hauswirtschaftsraum wird mit Cilly gerne mal zweckentfremdet. Ich sage nur: »Besenkammer-Knick-Knack«. Darüber hinaus bin ich froh, nun wieder ein geliebtes Haustier, allerdings mit viel mehr Freiheiten, zu sein.

Fazit? Klar, ein Fazit darf zum Schluss nicht fehlen, denn Sie wollen ja schließlich auch wissen, welche Erkenntnis man in Sachen Kinder- und Hundeerziehung aus dem ganzen Abenteuer ziehen kann.

Die wichtigste Frage, die Sie sich sicher während der Lektüre dieses Buches gestellt haben, ist: Welche Erziehung des kleinen Geschöpfes ist denn nun eigentlich die richtige? Nun, diese Frage lässt sich zum Glück nicht allgemein beantworten, denn dazu sind Menschen und Tiere einfach zu vielfältig.

Die zahlreichen Ratgeber, die Jahr für Jahr die Buchhandlungen überschwemmen, versuchen den angehenden oder bereits praktizierenden Eltern und Hundehaltern zwar weiszumachen, dass es für alle Erziehungsfragen eine klare Regel gibt, aber genau so ist es eben nicht. Wie zu Beginn dieses Buches bereits erwähnt, folgt eine durch die Eltern oder das Frauchen praktizierte Erziehung keinen wissenschaftlichen Regeln und Normen. Somit ist jeder selbst gefordert einzuschätzen, welche Erziehung für seine Liebsten am besten ist und welchen Erziehungsstil man schlussendlich anwenden möchte, damit der Nachwuchs oder der treue Vierbeiner zukünftig als wohlerzogen angesehen wird.

Wichtig ist meiner Meinung nach, dass man seinen eigenen Wünschen und seinem eigenen Wesen und Charakter folgt und sich nicht durch Medienberichte, Ratgeber oder halbwissende Schlauberger dazu verleiten lässt, sein Erziehungskonzept über den Haufen zu werfen. Für viele ist die goldene Mitte bisher der beste Weg, und daher kann man im Großen und Ganzen nur dafür plädieren, die Millionen Mütter, Väter und Hundehalter für die ganzen Anstrengungen, die sie tagtäglich unternehmen, hochleben zu lassen. Sie sind meist voller Eifer und Herzblut damit beschäftigt, den Geschöpfen, die sie in ihr Herz geschlossen haben, ein tolles, abwechslungsreiches und erfolgreiches Leben zu ermöglichen.

Und, liebe Kinder und liebe Promenadenmischungen, wenn das Maß dieser Fürsorge mal wieder eindeutig überschritten worden ist, dann macht darauf aufmerksam und zeigt, dass auch ein Elfjähriger die vorpubertäre Revolution ausrufen kann, um die praktizierte und häufig übertriebene Erziehung in Grenzen zu halten. Macht euren Eltern, Frauchen und Herrchen also frühzeitig klar, dass Erziehung das Normalste der Welt ist, egal, wie viel oder wie wenig ihr davon gerade genießt oder schon genossen habt.

Was sagt man?

Danke! Man sagt danke! Die ersten bewussten Erfahrungen, die ich, Kai Twilfer, in Sachen aktiver Erziehung durch die eigenen Eltern in meinem Leben machen durfte, bezogen sich auf das Wort »danke«. Ich erinnere mich noch sehr gut an die regelmäßigen Besuche mit meiner Mutter in der örtlichen Metzgerei zu Gelsenkirchen. Der kleine Kai streckte sich mit wackeligem Stand auf der Taschenablage des Wurstfachgeschäfts und drückte seine kleinen, gerne mal beschmierten Kinderhände gegen die frisch polierte Scheibe der Auslage. Häufig wurde mir dann von einer sympathischen Fleischerei-Fachverkäuferin eine Scheibe Fleischwurst, oder was sonst gerade so wegmusste, entgegengestreckt, damit das Kind frühzeitig als potentieller Kunde hofiert werden konnte. Einher ging diese Prozedur meist mit dem fragenden Blick meiner Mutter und dem Satzklassiker unter den Bemühungen, ein Kind zu einem wohlerzogenen Menschen heranreifen zu lassen: »Was sagt man?«

Es folgte dann meist ein verschüchtertes, kleinkindliches »Danke!«, obwohl ich als Heranwachsender auch mal den Mut hätte haben sollen, gewisse Futterspenden kritisch zu hinterfragen: »Mama, ist die mit Knoblauch oder ohne? Und überhaupt: Ist das hier eigentlich eine Biometzgerei?«

Ich habe das Dankesagen bis zum heutigen Tag zum Glück

nicht verlernt, und daher möchte ich auch in Bezug auf die Entstehung dieses Buches vielen Menschen aus tiefstem Herzen danken. Doch bevor ich dazu komme, möchte ich Ihnen als Leser einen kleinen Einblick geben, wie es zu diesem Buch gekommen ist.

Nach dem großen Erfolg meines Debüt-Buches *Schantall, tu ma die Omma winken!* und der Fortsetzung *Schantall, tu ma die Omma Prost sagen!* stand für mich fest, dass ich mich nun einem neuen, aber nicht minder unterhaltsamen Milieu widmen wollte. Zwar sollte das liebgewonnene Genre »erzählendes Sachbuch« mein literarischer Mittelpunkt bleiben, aber ich fand es spannend, mal zu schauen, was in anderen Familien in Deutschland, also fernab der Familie aus meinen Schantall-Büchern, so abgeht.

Die Vielfalt an erzieherischen Bemühungen, wie wir alle sie täglich auf den Straßen, in den Kindergärten und auf Spielplätzen beobachten können, hat mitunter etwas ungewollt Bizarres, Spaßiges und vor allem Unterhaltsames. Die oft krampfhaften Bemühungen, den Nachwuchs oder den eigenen Hund zu einem Premiumkind oder -hund zu drillen, produzieren lauter kleine Geschichten, die ich unbedingt zu einer großen Geschichte vereinen wollte. Als Beobachter des Phänomens wurde mir klar, dass hier durchaus Potential liegt, um daraus ein neues Buch zu machen. Um mir nicht vorwerfen lassen zu müssen, dass ich als Nichtvater und Nichthundehalter kein Fachmann für das Thema Erziehung sei, habe ich mich dazu entschlossen, das Buch aus der Sicht eines Hundes zu schreiben. Wer hat schon mal einen Hund nach seiner Meinung gefragt? Niemand. Umso passender fand ich es, inspiriert von der Achtziger-Jahre-Fernsehserie *ALF*, wenn nun mal ein treuer, leicht chaotischer und lebenslustiger Zottel zu Wort kommt und seine Sicht zum Thema Kinder- und Hundeerziehung in deutschen Haushalten kundtut.

Daher möchte ich zunächst mal allen Hunden danken, die uns jeden Tag mit unendlicher Treue und offener Ehrlichkeit den Alltag versüßen. Ihr seid nicht immer groß, aber großartig. Ein großes Dankeschön geht auch an alle Mütter, Väter, Omas, Opas, Lehrer, Dominas und Hausmeister, die uns alle zu vernünftigen und ordentlichen Menschen erzogen oder diesen Prozess immer noch nicht abgeschlossen haben. Ihr seid spitze! Ohne Eure aufwendigen Bemühungen wäre dieses Buch über Erziehung nicht möglich gewesen.

In eigener Sache möchte ich herzlich meiner ganzen Familie danken, die nun keine Hundefutterwerbung aus der Zeitung mehr zu Recherchezwecken sammeln muss. Ein großes Dankeschön speziell an meine Eltern für das mittlerweile übliche Vorablesen, inklusive knallharter Manöverkritik.

Danke auch an das Team des Fischer Verlages für Geduld, Teamwork und das Dach, unter dem ich nun schreiben darf. Danke an Anja und Saskia, zwei Agentinnen, die immer ein offenes Ohr für mich und meine bekloppten Ideen haben. Und ganz zum Schluss geht ein großes und extrafettes DANKE an meinen ganzen Freundeskreis und alle Menschen, die an mich und das Thema Buch seit vielen Jahren glauben.

Genauso wie bei meinen bisherigen Büchern, ist es mir auch bei diesem Buch und diesem Thema sehr wichtig, den Kontakt zu Ihnen, den Lesern, herzustellen. Wie ich gemerkt habe, funktioniert das am besten durch den persönlichen Kontakt auf einer meiner zahlreichen Comedy-Lesungen (Termine auf: www.kaitwilfer.de) oder per E-Mail unter: *kai@twilfer.de*

Schreiben oder erzählen Sie mir doch Ihre ganz persönlichen humorvollen Erfahrungen in Bezug auf das Thema Erziehung.

Und, liebe Wutbürger: Falls Ihnen das Buch gar nicht gefallen haben sollte, erzählen Sie es nicht anonym dem Internet, sondern akzeptieren Sie es mit Würde und Anstand.

Ich würde mich freuen, Sie auf einer meiner zukünftigen Live-Veranstaltungen persönlich begrüßen zu dürfen.

Tommy Jaud
Sean Brummel: Einen Scheiß muss ich
Das Manifest gegen das schlechte Gewissen

320 Seiten. Klappenbroschur

Müssen wir wirklich abnehmen, aufräumen und uns ökologisch korrekt verhalten? Vorwärtskommen im Job, zu allem eine Meinung haben und rausgehen, wenn die Sonne scheint?

»Nein!«, sagt US-Bestseller-Autor Sean Brummel alias Tommy Jaud (›Vollidiot‹, ›Hummeldumm‹), »einen Scheiß müssen wir! Die Leute sterben nicht, weil sie zu wenig Licht bekommen. Sie sterben, weil sie zu wenig Spaß haben.«

www.tommyjaud.de
www.einen-scheiß-muss-ich.de

Das gesamte Programm gibt es unter
www.fischerverlage.de